“中国人权：理论与实践”丛书

人权：中国道路

◎刘　杰　著

五洲传播出版社

图书在版编目（CIP）数据

人权 : 中国道路 / 刘杰著. -- 北京：五洲传播出版社，2023.1

ISBN 978-7-5085-5001-5

Ⅰ. ①人… Ⅱ. ①刘… Ⅲ. ①人权－研究－中国 Ⅳ. ①D621.5

中国版本图书馆CIP数据核字(2022)第246518号

人权：中国道路

著 者：刘 杰

责任编辑：高 磊

封面设计：杨婧飞

制 作：北京翰墨坊广告有限公司

出版发行：五洲传播出版社

地 址：北京市海淀区北三环中路 31 号生产力大楼 B 座 6 层

邮 编：100088

发行电话：010-82005927 010-82007837

网 址：http://www.cicc.org.cn, http://www.thatsbooks.com

印 刷：北京市房山腾龙印刷厂

版 次：2023 年 1 月第 1 版第 1 次印刷

开 本：787 mm × 1092 mm 1/16

印 张：17

字 数：300 千

定 价：98.00 元

目　录

绪 论

尊重和保障人权是中国宪法的基本精神之一。中华人民共和国成立以来、尤其是改革开放30多年来，中国在创造了前所未有的经济奇迹的同时，也取得了人权建设的巨大成就，这是任何一个不持偏见的人都承认的结论。然而，仅仅看到中国人权的进步是不够的，更加重要的是，需要分析中国取得这些人权成就的内在动因。中国是从社会普遍缺乏人权意识、国家严重缺乏人权保障资源的状态中开始人权建设的，这注定了中国必须走出一条与自身国情相适应的人权道路。对1个多世纪以来、尤其是过去30多年中国的人权发展实践进行经验提升，进而对其间蕴涵的内在逻辑作出规律性的理论抽象和普遍性的价值阐释，为中国的人权道路提供合理性和合法性支持，是本书写作的基本出发点。

在分析人权的中国道路时，面临的首要问题是：中国的人权道路是什么？正如后面要深入分析的那样，人权的中国道路不仅是过去1个多世纪以来中国历经辛亥革命、五四运动、新中国成立、改革开放而渐进式走出的一条始终与国家建设和民主进程相一致的独特道路，同时也是随着中国的进一步成长和民族复兴目标的逐步实现而处于不断发展和完善之中的动态进程。这样的道路与中国的发展步伐和民众的权利诉求相一致，与其他国家和民族的人权发展道路一起构成了今天这样一个多元文化和多元价值共生并存的世界人权发展局面。

前提性假设

本书的前提性假设，是人权在价值形态层面上的普遍性和实践层面上的特殊性。作为一种人类共同的遵循和认同的价值，人权早已成为一个习以为常的常识性概念，世界上所有国家和人民都认同尊重和保障人权是人类的核心价值，正如《世界人权宣言》开宗明义所宣布“对人类家庭所有成员的固有尊严及其平等的和不移的权利的承认，乃是世界自由、正义和和平的基础”。[1]绝大多数国家也确认，《世界人权宣言》、《经济、社会和文化权利国际公约》和《公民权利与政治权利国际公约》等国际人权规约提出的人权理念和规范应该得到共同遵守。但在人权的实践进程中，一个显而易见的基本事实却是不同国家在选择人权发展道路时展现出的巨大差异和不同，一些国家更愿意把人权的保障范畴局限于公民和政治权利而选择性地忽略同样重要的经济、社会和文化权利，另一些国家则立足于发展不足的现实而把保障人权的重心首先放在对人民基本生存权利和发展权利的促进上。从理论上说，这是不同国情决定的人权发展现实，也是不同国家选择走不同人权发展道路的内在动因。换言之，无论人权在价值层面的普遍性还是实践层面的特殊性都是合乎基本的假设逻辑的，二者之间并没有本质性的内在张力和不可调适之处。

然而，问题的关键却往往蕴藏在价值逻辑的推论之外，当今世界上人权理想和现实之间的巨大张力促使人们在讨论人权时仍然需要回到事实的原点：人权从进入实践之日起从价值层面转化到了工具层面，从至高无上的人类理想异化为政治国家的政策手段，在无所不在的资本面前，人权不过是用来掩饰资本控制国家权力的合法性工具而已。自从美国的《独立宣言》第一次公开宣布“我们认为下面这些真理是不言而喻的：人人生而平等，造物者赋予他们若干不可剥夺的权利，其中包括生命权、自由权和追求幸福的权利”[2]以来，人权从来就没有在包括美国在内的近代西方国家政治生活中受到过真正的尊重，通常只不过是空泛的宪法和法律条文而已。正如马克思所分析的那样，“为什么市民社会的成员称作‘人’，只是称作‘人’，为什么他的权利称为‘人权’呢？这个事实应该用什么来解释呢？只有用政治国家和市民社会的关系，用政治解放的本质来解释。”[3]

问题的复杂性显然还不限于此，人权的价值属性和政治属性常常不可避免地复杂交织并多向度互动。尽管人们可以在核心理念上达成共识，但在现实的人权实践中，人权的价值属性、利益属性、权力属性更加复杂地纠缠在一起，进一步增进了人权的工具化取向，一些人在谈论作为价值的人权时忽略其内在蕴涵的利益和权力目标，而另一些人在追求权力和利益时则又不断把价值和道义作为压迫和剥夺的掩饰。更为复杂的是，当人权超越国家界限

---

1 董云虎、刘武萍编著：《世界人权约法总览》，四川人民出版社 1991 年版，第 960 页。

2 赵一凡编：《美国的历史文献》，三联书店 1989 年版，第 17—21 页。

3 马克思：《论犹太人问题》，《马克思恩格斯全集》第 16 卷，第 20 页 .

时，不同国家在人权问题上的分歧更加明显而且难以弥合。在一些人权保障制度较为完善的国家，普通民众更多地以自己认同的价值来判断世界其他国家和地区的人权状况，甚至偏执地认定其他国家的政府和人民必须接受自己的人权标准，他们中的一些人不了解甚至拒绝了解真实的情况，或者接受的是那些经过加工乃至扭曲的舆论信息，从而造成道德和价值的虚幻优越感；而在一些国家的政府那里，人权蕴含的道德和价值要素因此也成为有力的政治工具，既可以通过批评和指责其他国家的人权状况来为自己在选举中争取尽可能多的选票，也可以通过对外施加人权压力而为本国获取更大的市场利益和额外报酬，进而在国际人权问题上获得三重的回报：国际道义的维护者、市场份额的获益者、人权标准的制定者。换言之，在对世界其他国家和地区持续不断的指责声中，西方不仅在国际政治舞台上以维护国际道义的名义保持了强势地位，更在道义的名义下迫使别国让渡出了更大的市场份额和资源；反过来，普遍人权标准的解读和衡量也就成了西方的专利，一种行为是否符合人权标准，完全由西方根据自己的价值偏好来决定。由此，即便西方国家自身创造财富的能力不断下降，在世界市场上占有的份额越来越低，它们对世界的控制力仍然没有受到实质性的影响和削弱。

然而，尽管人权问题的实质常常受到人为的混淆，但任何人都无法否定一个基本的事实，这就是在今天这样一个以主权国家为基本行为主体的世界上，任何国家都有权在承认人权作为一种普遍价值的基础上，自主选择与本国国情相一致的人权发展道路。这在理论上是合乎逻辑的，在实践中是可以得到经验性验证的。实际上，自 18、19 世纪西方国家将人权付诸政治实践至第二次世界大战之前，人权从来都是每个国家内部甚至较为次要的事务。直到罗斯福二战期间把维护人类尊严和自由提升为美国的参战理由[4]，进而促使民主国家共同认可并“深信完全战胜它们的敌国对于保卫生命、自由、独立和宗教自由并对于保全其本国和其他各国的人权和正义非常重要”[5]之后，人权才在二战结束后随着联合国的成立而超越国家的界限逐步成为国际性的问题。《联合国宪章》规定，“我联合国人民同兹决心，欲免后世再遭今代人类两度身历惨不堪言之战祸，重申基本人权和人格尊严与价值，以及男女、大小各国平等之权利。”但是，尽管联合国承认了人权的普遍性，人权的保

4 1941 年 1 月 6 日，在请求国会为援助西欧民主国家而通过“租借法案”的著名咨文中，罗斯福提出的理由是“我们应该告诉民主国家，我们美国人切身关切你们保卫自由的斗争，我们正在付出我们的精力、资源和组织力量，以使你们得到恢复和维护自由世界的力量……这是我们的宗旨，也是我们的保证”。在此基础上，他的著名的“四大自由”主张是：“言论和发表意见的自由……每个人以自己的方式崇奉上帝的自由……不虞匮乏的自由……不虞恐惧的自由。”

5 《国际条约集》（1934—1944），世界知识出版社 1961 年版，第 342 页。

障责任仍然被明确规定是国家主权范畴内的事务，按照宪章第二条第七款之规定，“本宪章不得人为授权联合国干涉在本质上属于任何国家国内管辖之事件”。[6] 这一原则，不仅迄今为止仍然构成当今国际关系的基本准则，也为中国根据自己的国情探索一条具有本国特色的人权道路提供了坚实的合法性支持。

澄清误读

在阐释中国式人权道路的内涵、价值和内在规律之前，首先需要厘清一个在表象上十分矛盾的问题：中国在过去30多年里取得了世界上最好的经济发展成就的同时，在保障人权方面的进步同样是显著而巨大的，但对于中国人权状况的评价却始终充斥着分歧和误读。在外部许多持偏见或感性立场的人看来，中国经济发展的成就固然是巨大的，但在人权保障方面却显著滞后；在内部，一些人也始终在谈论中国的民主、自由和人权问题时缺乏自信。这一矛盾现象背后隐含的实际上是一个几乎所有发展中国家都面临的普遍性问题，这就是对西方式人权价值的道德崇拜。必须强调的是，对于西方人权的崇拜并不像一些人认为的那样是天然存在并一直存在的。自二战后人权国际化趋势形成以来，西方尤其是美国长期以来并不是国际人权立法的主要推动力量，美国更是因长期拒绝承认经济、社会和文化权利而受到国际社会的普遍指责。态势的改变始于冷战结束，西方在世界政治舞台上的强势不可避免地投射到国际人权领域，导致它们轻易地把持了人权问题上的主导话语权，进而把自己的人权理念宣称为普世价值，强制性地要求所有国家按照西方的意愿重建人权保障制度。在西方强大的政治、经济压力乃至以“人道主义干预”为理由的军事干涉下，大多数发展中国家不得不在民主和人权问题上作出让步。

对中国而言，改革开放以来在向世界打开市场大门的同时，学术上也形成了引进西方理论的潮流，但在引进过程中，由于对西方思想和观念的认知导致了批判精神的消失，无论在经济学、哲学还是政治学领域，西方理论都在渐入的过程中逐步被许多人内化为对中国发展问题作出价值判断的核心标准，理论的臆断与现实的实践之间常常被人为割裂出一条难以弥合的鸿沟，中国人权在发展中取得的巨大进步也因此被下意识地回避抑或选择性地忽略。今天，人们要试图对中国的人权进步和人权发展道路作出合乎理性的客观判断，就必须正视这一思维误区，树立起中国的立场和态度。

---

6 董云虎、刘武萍编著：《世界人权约法总览》，第928、930页。

关于中国人权的一个显而易见的事实是：一个无视尊重和保障人权的国家是不可能在政府和民众的共同推动下取得今天这样巨大的经济和社会进步的，中国的发展已经并不断在进一步证明，经济发展不是单一的市场化和要素流动的结果，蕴藏于背后的是更为深刻的民主制度保障和人权精神支持。中国30多年的改革开放最为引人注目的是市场化改革，但与市场化改革并重的是政治体制和社会建设的同步推进，而以人为本的人权精神则始终内化于所有的改革之中并随着改革的深化而不断强化，不仅所有的中国人都在这一过程中培育出了日益自觉的人权意识，国家也在宪法中确认了尊重和保障人权的原则。可以作为证明的一个简单的例证是，在30年前物质匮乏的条件下，以能够购买基本消费品为最高目标的大多数中国人甚至不知道自己作为消费者应该拥有合法权利。而30年后的今天，不仅在经济社会生活中享有的权利早已得到了强有力的法律和制度保障，公民权利和政治权利的保障水平也不断得到提高。这是中国的人权道路最具经验性总结之处。

在对中国式人权道路取得的巨大进步作出肯定性判断的基础上，对于中国人权进步的质疑和扭曲的根源就可以得到合理的解释。长期以来，英、美等西方国家始终是出于发达国家的制度性傲慢和意识形态偏见来看待中国的人权问题的，尤其是冷战结束后，英、美和西方世界在占据了国际政治和世界经济的强势地位的同时，刻意把自己塑造成了国际道义的化身，在虚幻的“华盛顿共识”下，西方世界坚信“历史已经终结”，只有西方的社会制度和价值观念才是唯一合理的。在傲慢与偏见的双重形态下，英美等发达国家对其他地区和国家人权状况的评价简化为一条基本的标准，那就是只有按照西方的意志和西方的方式发展人权的国家才是可以接受的，任何与西方标准不一致的国家都不可避免地会受到压制和攻击。在这样的霸权标准下，继续坚持自己的社会制度并实行改革开放的中国自然会被视为“异端”。虽然中国日益强盛的综合国力和不断提高的国际地位决定了英美等国不能像任意对阿拉伯国家实施制裁乃至军事干预那样对中国进行强制性的压制，但它们始终会利用一切机会来对中国的人权问题横加指责和攻击。

近年来，中国在坚持自己的政治制度的同时取得了经济发展的巨大成就，日益强大的经济实力促使西方对中国的态度在过去的威胁、傲慢的基础上增加了新的内涵，这就是对中国发展的焦虑和不安。一方面，中国经济的持续增长促成了国际地位和影响力的相应提高，“北京共识”更表明中国道路正在成为越来越多的国家汲取发展养分的来源；另一方面，傲慢的西方则陷入了严重的金融危机，“以资为本”的发展模式和极端利己主义的国家利益观受到国际社会普遍的批评和质疑。在此消彼长的发展趋势下，西方对中国的发展更加缺乏制约手段，恐惧、傲慢和焦虑构成西方一些人扭曲中国形象的复合性内在逻辑链。在复杂心态的支配下，西方一些人从来不会认真考虑中国人民是如何看待自己的人权状况的，不愿承认中国的人权状况始终处于不断的发展和进步之中，扭曲中国的人权状况和国家形象成为其无奈的政治选择。

基本面向

中国式人权道路要解决的基本问题，是中国是通过怎样的方式和路径实现对人权的尊重和保障的。在作者的分析层面上，将具体从五个基本面向入手加以分析和阐释：

在理念上，任何一个国家在选择自己的人权发展道路时都无疑遵循着特定的价值理念。中国式人权道路的选择在核心理念上十分明确，这就是在价值理念上坚持“中国共产党领导”、“人民当家作主”和“依法治国”的基本原则，在实践理念上从“国家一切权力属于人民”的方针出发尊重和保障人权，“保证人民依法享有广泛权利和自由”。[7] 今天的中国不仅在保障人权的核心理念和实践理念上突出强调国家特色，同时也不排斥国际社会普遍的人权精神。在中国的社会主义核心价值体系中，除倡导富强、民主、文明、和谐，以及爱国、敬业、诚信、友善外，“自由、平等、公正、法治”同样被列为核心价值，这体现出中国在人权理念上从来就对普遍价值持开放和接纳的态度，并不因强调国家特色而在理念上陷入封闭。

在制度上，基于人民当家作主的国家信念，中国设计并逐步完善了一整套保障人权的制度体系。中国作为单一制国家，实行的根本制度是人民代表大会制度，由乡、县、市（地区）、省（市、自治区）逐级选举产生的全国人民代表大会作为国家最高权力机构拥有立法权、政府机构组成人员的人事决定和任免权、政府权力行使的监督权等广泛权力，为人权提供根本的制度保障和法律保障；同时，中国还为保障公民有序政治参与的权利设计了政治协商制度，为保障少数民族的合法权利构建了民族区域自治制度，为保障公民的民主选举、民主决策、民主管理、民主监督的权利而推行了基层民主自治制度，形成了以实现“一切权力属于人民”为目标的一整套有机融合的国家制度体系。

在体制上，中国主要采取嵌入的方式实现对人权的广泛保障，无论是政府、人大、政协还是司法机构等公共权力机构都从不同的职责层面承担着保障人

7 胡锦涛：《在中国共产党第十八次全国代表大会上的报告》，人民出版社 2013 年版，第 25 页。

权的责任，尤其是在与民众权利保障直接相关的政府体制方面，其改革方向始终努力以建设一个“让人民满意的政府”为导向，努力推动各级政府树立“执政为民”的理念，在职能上向创造良好法治环境、提供优质公共服务、维护社会公平正义方向转变。同时，为切实防止政府官员滥用公共权力来损害民众的合法权益，中国政府明确承诺保障人民的知情权、参与权、表达权、监督权，努力确保国家机关按照法定权限和程序行使权力，推进权力运行公开化、规范化，让人民监督权力，让权力在阳光下运行。

在规范上，在法治的基础上保障人权是世界各国采取的通行方式，中国在人权保障中也把法治作为治国理政的基本方式，为此确立了“法律面前人人平等”的原则，在构建起完善的中国特色社会主义法律体系的基础上，致力于进一步拓展民主有序参与立法的途径，严格规范与民众权益直接相关的行政执法，确保审判机关、检察机关依法独立行使审判权、检察权。既要求政府机构在宪法和法律范围之内行使权力，强调任何组织和个人不得享有超越宪法和法律的特权，也要求民众理性行使自己的合法权利，在法律规范的范畴内维护自身权利。

在实践中，为了切实防止政府权力在运行过程中侵犯和损害民众权利与利益，中国不断健全权力运行的制约和监督体系，努力在权力运行中保障民众的知情权、参与权、表达权和监督权，实现决策权、执行权和监督权之间的相互协调与相互制约，要求涉及民众切身权利和利益的决策都要充分听取民众意见，及时预防和纠正损害民众权益的做法。中国还加快推进权力运行的公开化、规范化，推行党务公开、政务公开、司法公开和各领域办事公开，不断强化党内监督、民主监督、法律监督、舆论监督，最大限度地防止权力侵犯权利。

制度特色

中国式人权道路的最根本特征，是中国共产党在人权保障体系中的核心和绝对主导地位。中国共产党在尊重和保障人权的理念下，对人权保障的体制、制度、法治建设作出宏观安排，对政府部门和公共机构各自承担的人权职能进行界定，对社会力量参与人权保障的方式和渠道加以有序规范，对公民的权利诉求和主张提供合理的保障，从而在中国构建起一整套以实现“人民当家作主”为最终目标的人权保障体系。这一执政党主导型的人权保障模式，与西方的国家主导型人权模式形成根本的区别。产生这一区别的根源，在于中西方之间党与国家关系的本质不同。在西方，近代国家是在政党之前兴起的，政党在既定的制度规范中产生并受到约束，这决定了政党在民主、自由、人权等根本的制度性问题上没有也不可能发挥实质性的作用，至多在执政过程中把自己的理念和主张部分作用于人权政策而已。在中国，新中国是在中国共产党领导下建立起来的，政党先于国家存在的事实决定了中国共产党必然在人权事务中具有绝对主导地位，根据自己的人权理念和制度设想走出一条与中国国情相适应的道路。而且，中国共产党的领导地位不是强加于中国人民的，作为一个在国民政府长期军事镇压之下成长起来的革命党，中国共产党之所以能够在成立后短短28年的时间里不断提升对民众的影响力和吸引力，进而最终在一场力量对比悬殊的战争中战胜国民党赢得国家政权，根源就在于中国共产党的制度和人权主张得到了更多普通民众的认同和支持，这也注定了中国从一开始就必然会在人权发展上走出一条与西方截然不同的道路。在此意义上，西方国家在人权道路上对中国共产党的批评和指责或者出于对中国和中国人民的无知，或者就是出于意识形态和政治目的的需要而策划的战略行动。

在人权保障的主体和基本方式上，中国人权道路的显著特色在于政府、社会与人民在保障人权方面的高度共识和协同行动。在西方的人权理念中，政府与人民之间是天然对立的，自人民把天赋人权以契约的方式部分委托给政府来行使之日起，人民就不得不始终警惕政府随时可能滥用权力，反过来侵犯人民甚至其决不让渡的生命、财产等权利。正是为了防止代表国家行使人民委托权力的政府反过来侵蚀人民的主权地位，西方国家才设计出了以“三权分立”为核心、不同权力之间相互制衡的复杂而繁琐的制度架构。简言之，在西方的人权逻辑下，政府是最有可能侵犯人权而不可能真正致力于保障人权的，人民必须随时警惕政府侵犯人民权利的行为发生。而与之根本不同的是，在中国的人权理念下，政府与人民之间不是相互对立的关系，政府、人民共同致力于国家成长和民族复兴的同一目标，政府本身就是从民众中产生出来并以维护和实现民众权益为己任的，如果政府大规模侵犯民众的权利，就难以得到广泛的支持，执政地位也就不可能长期巩固。中国政府的这一本质决定了它在理论上与保障人权精神的高度契合，在实践中不断提升保障人权的水平。

中国人权道路的重要表征之一还表现为在实践中对生存权和发展权给予优先强调。这是由中国庞大的人口数量和低下的经济发展水平决定的必然特色。中国的人权发展是在国家经济处于积弱积贫的状况下开始起步的。建国之初，中国面临的是一个残破的局面，为此，新中国成立后最为紧迫的要务，是尽快摆脱贫困落后的局面，为人民的基本生存提供起码的权利保障。改革开放以后，随着中国经济的高速发展，大多数中国人逐步实现了较为充分的生存权利保障，但在巨大的地区发展水平差异下，仍然有上亿人生活在贫困线以下，为了切实保障这一部分人群的生存权，以及使大多数人的生活状况得到更好的改善，中国在很长一个时期内仍然必须高度强调对发展权的维护和重视，这是不断改善经济、社会和文化权利保障状况的基础和前提。

值得一提的是，中国对生存权和发展权的重视不仅仅源于这是中国这样一个发展中国家逐步提高人权保障水平的现实路径，实际上，生存权和发展权也隐含着对于生命权和财产权这两大最基本人权的中国式解读和延展。生存权涵盖了广义的生命权，发展权则是财产权的基础和前提，在一个大多数人处于严重贫困状态的国家，生存的基础当然首先就是保障生命权，只有生存的权利得到了保障，法律和其他意义上的生命权才是有可能的。财产权同样如此，在大多数人根本不拥有财产的情况下抽象地谈论保障财产权没有任何实质性意义；只有当国家获得了发展，越来越多的人逐步拥有个人财产的情况下，财产权的保护才会成为一个水到渠成的话题。在中国，经过改革开放以来30多年的发展，随着公民个人财富的极大增长，依法保护公民个人财产权利也就随之纳入了宪法条文。宪法第13条规定："公民的合法的私有财产不受侵犯。国家依照法律规定保护公民的私有财产权和继承权。"这就以中国的方式充分验证了从发展权到财产权保障的合理逻辑。

在强调生存权的同时，中国式人权道路的特征也体现为对平衡推进人权发展的高度重视。换言之，中国从来没有把保障生存权、发展权等经济社会和文化权利与保障公民权利和政治权利对立起来，而是始终把这两种性质的权利视为一个整体加以平衡推进，二者同样受到高度的重视。在一些西方学者看来，中国改革开放以来走的是一条以保障经济、社会和文化权利为由压制公民权利和政治权利的道路，这样的观点或者是基于对中国的无知，或者是出于意识形态偏见下的无端推论。事实上，过去30多年来，中国在不断提高经济、社会和文化权利保障水平的同时，从来没有忽视过对公民权利和政治权利的保障，不仅宪法明确规定公民享有言论自由、信仰自由、出版自由等广泛的政治权利，《刑法》、《民法》等基本法律在保障公民人身权利、被羁押者权利、获得公正审判的权利等方面的规范也日益严格。中国还从自身的国情出发，把保障公民的知情权、参与权、表达权、监督权等具有典型中国特色的政治权利纳入了国家保障的范围，从而进一步拓展了公民权利和政治权利保障的视野。

以嵌入的方式保障人权也是中国式人权道路的重要特色。中国虽然没有成立国家层面的人权保障机构，但几乎所有的政府机构和大多数的公共部门（如工、青、妇、残联和老龄委）都承担着大量的人权保障职责，而且，这些政府机构和公共部门并不是各自为政地采取保障人权的行动，而是在执政党的规范和协调之下，在国家层面形成了各司其职、分工负责的协调一致保障人权的格局。这样的嵌入方式适应了中国人权发展的现实需要，不仅有助于将尊重和保障人权与推动经济发展、促进社会和谐结合起来，有效保障全体社会成员平等参与、平等发展的权利，也有助于将尊重和保障人权与民主和法治建设结合起来，依法保障公民权利和政治权利。

经验性特点

除上述制度性特点外，中国人权道路在长期的实践中还外化出诸多经验性特点，这些特点对理解中国的人权道路本质同样是富有深刻寓意的：

第一，中国的人权道路是一条内生的发展道路。中国发展人权从根本上说，是通过国家自身的经济、政治、社会和文化发展充分实现尊重和保障人权的目标，使人民可以更有尊严地生活。显然，这样的目标是符合人权发展的普遍目标和共同价值的，这样的方式和路径更是和平的和非扩张性的。它与西方推行的人权主张的最大的不同之处，是希望外部世界尊重中国人民的自主意志，按照自身的国情和特点来推进自己的人权发展，根据自己的方式和路径来实现自己的人权保障目标；它从不试图为世界确立一种人权标准，更不试图强迫其他国家和地区的人民必须接受这样的标准。在今天这一多元文化并存的世界上，这样以自主和平等精神对待多元人权发展道路的立场显然是合理的，没有任何可以任意指责之处。

第二，以高度的自省精神发展人权。中国是一个具有高度自省精神的国家，对国家建设如是，对人权建设亦如是。尽管在过去 30 多年中，中国可以说在提升人权保障水平方面取得了世界上最为显著的成就，人权状况也处于有史以来最好的时期，但中国的党、政府和人民从来没有满足于已经取得的进步，而是不断地反思自己在人权发展中存在的缺陷和不足。中共十八大报告公开承认当前中国“社会矛盾明显增多，教育、就业、社会保障、医疗、住房、生态环境、食品药品安全、安全生产、社会治安、执法司法等关系群众切身利益的问题较多，部分群众生活比较困难”。在执政党的政治报告中正式承认在保障人权方面存在不足，是其他国家的执政党没有的，这是中国独特的人权发展态度，也是在反思和自省基础上进一步推动人权发展的动力和方向。

第三，以务实的负责任态度发展人权。尽管已经成为世界上第二大经济体，但中国清醒地认识到自己仍然是发展中国家，人均 GDP 仍然在世界前 100 名之外，按照联合国制订的贫困标准，中国还有 1 亿多人生活在贫困线以下。这一现实决定了中国在发展人权时必须立足于自己的财政能力和资源提供能力，不能过度提高国民对人权保障水平的预期值，更不能对超出自身能力的过高诉求作出承诺。2009 年，中国制订并发布了《国家人权行动计划（2009—2010 年）》；2013 年，在经过对第一份行动计划的执行情况进行客观全面的评估后，中国又制订并发布了《国家人权行动计划（2012—2015 年）》。这表明，中国始终是在有计划、有步骤地推进人权的发展，致力于在不同的发展阶段上根据态势的变化负责任地发展人权，既注重不断提高人权的保障水平，又致力于维护国家的稳定和可持续发展。

第四，以试错的渐进式路径发展人权。改革开放以来，通过试错的方式逐步探索中国发展人权的道路，进而实现人权的渐进式发展，是中国的重要经验。中国始终坚信，人权发展不是一朝一夕的事情，任何期望中国在一夜之间全面改善人权状况的主张都是不切实际或者是别有用心的，因此，中国的选择是优先保障人民的生存权和发展权，在此基础上逐步改善其他的经济、社会、文化权利和公民权利与政治权利。同时，在这一渐进的推进过程中，中国从来没有在强调一种权利的同时忽视其他权利，而是注重根据经济社会发展的步伐来不断协调人权发展的重心，最终实现人权的全面发展。而且，中国不仅重视保障人权，更加注重不断改善人权发展的环境与生态，使人权的发展奠立在更加坚实的政治、经济、文化和社会土壤之上。人权发展的渐进性和可协调性是过去 30 多年中国人权发展的重要经验，今后仍将是人权发展的重要方式。

第五，以自主选择的立场发展人权。中国以开放的立场发展人权，目前已加入了包括《经济、社会和文化权利国际公约》在内的 27 份国际人权公约，签署了《公民权利和政治权利国际公约》。中国在履行国际人权文书相关规定的过程中，对自己的承诺是努力加以严格遵守的。但中国始终坚持认为，是否加入某一国际人权文书，取决于国家的自主意志和实际国情。国际法与国内法的本质区别就在于它是非强制性的，必须根据自身的实际情况来决定自己的行动。中国不能因为外部施加的压力而束缚自己的自主意志，更不会以放弃自己的主权为代价。

第六，以制订优先议程的方式发展人权。人权当然是一种人类社会共同追求的理想目标，但人权更是基于一个国家经济社会发展水平来推进的实践行动，受到诸多现实因素的影响和制约。人权的发展需要成本，需要巨大的财力支持。而作为一个发展中国家，中国的力量还远远不足以满足所有的人权要求，尤其是在保障就业权、平等的受教育权、社会保障权等方面。巨额的投入不仅中国难以承担，欧洲国家因高福利引发的主权债务危机表明，积累了巨大财富的发达国家也同样难以承受无度的福利要求。为此，中国清醒地认识到，在现实的条件下，不可能做到让每一个人都对人权状况感到满意。在13亿人中找出几个对现状不满意或者基于种种个人或片面原因而抱怨的人是十分容易的，中国在人权发展中需要确定优先项目，首先为与民生密切相关的权利保障提供更大的支持。正是基于这一认识，《国家人权行动计划（2012—2015年）》明确规定，“继续把保障人民的生存权和发展权放在首位。采取积极措施，切实保障和改善民生，着力解决关系群众切身利益的问题，提高经济、社会和文化权利保障水平。”[8]

第七，在动态调适中发展人权。人权发展需要平衡风险。中国发展已经进入了一个转型期，不同群体和不同个人有着不同的权利诉求，这些诉求不仅常常难以形成共识，甚至时而处于矛盾和对立的态势，当一些人试图追求不受限制的自由时，另一些人更加希望自己的工作权和受教育权受到起码的保障，这极大地增加了政府在保障人权时的选择难度，要求政府不仅成为权利的保障者，还要成为权利对立、冲突的调适者，防止任何一种借维护人权的名义损害他人权利的行为。在中国这样一个巨型国家里快速推进现代化，让数亿人摆脱贫困，这是一项前无古人的伟大工程，不可能做到尽善尽美，对所有人的权利和利益都照顾周全，只能是极少数人服从绝大多数。在这一态度基础上，中国力图防止任何一个群体把自己的权利诉求最大化，通过各种方式调适不同社会群体权利诉求之间的冲突。这一点，不仅正在成为中国人权道路在实践中的显著特点，也为那些因盲目选择西方人权模式而陷入政治混乱和社会冲突的国家提供了有益的借鉴。

第八，在坚持人权发展的自主意志基础上推进世界人权的包容性发展。中国在人权问题上的一贯立场是根据自己的国情独立自主地进行人权建设，同时也始终以开放的心态加强国际人权领域的交流与合作，但由于西方国家始终对中国的人权发展持有偏见，推动包容性的人权发展将成为中国今后的重要任务。这一包容性具有双重涵义：其一是中国自身人权发展的包容性，对于中国这样一个经济发展起步相对较晚，政治发展进程中又先后经历了多次曲折的国家来说，以包容的心态积极借鉴国际社会在保障人权方面的有益经验，尤其是尊重和接受普遍的国际人权规范更是推进人权发展的必然选择，当然，这样的包容性必须是审慎的、有区别的、有选择的，必须与中国的基本国情相适应；其二是国际社会对不同国家人权发展道路和模式的包容性，既然人类是多元文明并存的大家庭，在保障人权方面当然也应该存在不同的选择，这应该是基本的共识，但在西方的人权话语强势及其根深蒂固的意识

---

8 国务院新闻办公室：《国家人权行动计划（2012—2015年）》，人民出版社2013年版，第6页。

形态偏见难以改变的现实下，促使西方国家增强人权发展的包容性对中国而言是一项长期的艰巨任务。

中国的人权道路是一个开放性的命题，没有人认为它已经固化为一种封闭的状态，动态性本身就是中国人权发展的基本特质之一，但同时，一个取得了世界上最好经济发展成就的国家没有任何理由对自己选择的人权发展道路缺乏自信。中国的人权道路是现实的存在，不论是否喜欢，它都在那里以自主、自信的方式不断地发展和深化。作为一个拥有人类历史上文明持续存在时间最长的国家，中国不需要也没有理由让外部力量来教育自己应该选择怎样的人权发展道路。在当今世界上，没有任何一个国家像中国这样在国家的发展和成长过程中高度重视和强调人权，并且取得了巨大的人权保障成就，这也是中国应该并且能够对自己的人权道路保持充足自信的理由所在。

第一章　人权的中国道路：内涵、价值与内生逻辑

中国的人权道路涉及的首要问题，是需要对这一概念的内涵和外延作出一个操作性的界定。只有在概念内涵清晰的前提下，关于人权的中国道路涉及的具体问题的探讨才是有意义的，而且，概念蕴涵的并不仅仅是语义上的意思表示，还隐含着界定者的价值取向。这一取向投射到对于中国人权道路的实证过程中，内在规范着对于模式本身的价值判断，而中国人权的发展逻辑也正蕴涵于其中。

一、基本概念的再辨识

人权是当今世界普遍认同和接受的价值理念，所有国家和人民在保障人权这一共识上没有区别。但是，两个方面的本原性问题决定了不同国家从一开始就在理念上蕴涵着选择不同人权道路的内在必然性。一方面，人权是一种价值理念，是对人之所以为人应享有权利的价值认同，而保障人权则是现实的社会和政治实践，必须根据现实的条件来采取保障人权的法律和社会行动。另一方面，人权固然是“人”的权利，但应该如何理解“人”？如何理解“权”？如何理解作为整体概念的“人权”？西方、中国、伊朗、朝鲜等国家之间显然是有巨大差别的。换言之，人权应该受到保障是一种共识，而如何保障人权则没有也不可能达成共识，不同国家在社会制度、保障人权的意志、可提供的资源、历史文化传统、实际的经济能力等方面的悬殊差异决定了人权的保障状况在不同国家必然呈现出巨大的差异性，选择的保障方式和道路也相应地有所不同。这一点，是理解人、人权和人权道路时必须提及的基本前提。

基于不同国家和不同人群在理解上的区别，不能对人权进行纯粹理性层面的探讨。人权不仅是一种价值追求，也是现实的经济、政治与文化实践，仅仅从理性的价值层面来讨论人权是没有意义的。国际人权公约设定的是理想的人类目标，但也正因如此，意味着它是一个长远的追求，不可能在一夜之间实现。在此意义上，人权必须放在具体国家的具体发展进程中加以考察，不同国家基于不同的社会结构、经济发展水平、历史文化传统，对人的存在形态的理解是有所不同的，选择的人权保障方式和路径也必然表现出各自的国家特征，呈现出不同的人权发展道路。

西方理念认知下的“人”、“人权”

关于人权的一切问题的原点始于对“人”的理解。在当前西方的人权理念下，“人”在本质上是个体性的存在，而且这样的存在是绝对的、至高无上的和不容侵犯的。但回溯西方的历史变迁，对人的个体性理解只不过是近代以来才逐步兴起并固化起来的。在古希腊、罗马时代，“人”的称谓仅仅是少数贵族和市民的特权，大量的奴隶甚至不被视为“人”，当然更谈不上个体抑或其他存在形态。

可资佐证的是，即使在独立战争后的美国，宪法也没有把奴隶、妇女等视为具有独立人格的“人”。独立战争期间，黑人为革命的胜利作出了重大的贡献，大陆会议亦曾作出过终止奴隶贸易的决议，但革命结束后，黑人要求解放的强烈愿望不仅没有实现，反而奴隶制在南方还得到了进一步的巩固和发展。制宪过程中，虽然民主派提出过废除奴隶制的问题，但在南方种植园主的坚持下，双方达成了“最大的妥协”，正式的宪法条文中虽然用含糊其词的语句回避了保留奴隶制的问题，却在实际上确认了它的合法存在。如第一条第二款规定，“众议员人数及直接课税税额，应按联邦所辖各州的人口数比例分配，此项人口数目的计算法，应在全体自由人民——包括订有契约的短期仆役，但不包括未课税的印第安人——数目之外，再加上所有其他人口之五分之三”，这一史称“3/5 妥协”的条款把黑人奴隶只当成了 3/5 个人；第一条第九款规定，“对于现有任何一州所认为的应准其移民或入境的人，在 1808 年以前，国会不得加以禁止，但可以对入境者课税”，这实际上准许美国在 20 年之内继续进行奴隶贸易；第四条第二款规定，“凡根据一州之法律应在该州服役或服劳役，逃往另一州时，不得因另一州之任何法律或条例，解除其服役或劳役，而应依照有权要求该项服役或劳役之当事一方的要求，把人交出”，这等于责成联邦和州政府必须维护奴隶制的合法存在。

对于美国宪法中这些无视黑人权利的规定，后世学者莫里斯不无讽刺地写道，制宪者们“一面为了自己要求生存、自由和幸福，而同时却否定黑人的这些‘天赋权利’”[9]。恩格斯在《反杜林论》中进一步精辟地指出，“理性的王国不过是资产阶级的理想化的王国；永恒的正义在资产阶级的司法中得到实现；平等归结为法律面前的资产阶级的平等，被宣布为最主要的人权之一的是资产阶级的所有权；而理性的国家、卢梭的社会契约在实践中表现为而且也只能表现为资产阶级的民主共和国，自由平等也很自然地被宣布为人权。可以表明这种人权的特殊资产阶级性质的是美国宪法，它最先承认了人权，同时确认了存在于美国的有色人种奴隶制：阶级特权被置于法律保护之外，种族特权被神圣化了。”[10]

中世纪神权专制时代，西方进入了一个长达上千年的“黑暗”时期，罗马教廷借神的代言人的名义把持的神权高于一切世俗的“人”，在人依附于人的状态下，人是否是个体的存在完全成为一个无意义的命题。直到 14、15 世纪，随着“文艺复兴”时代的到来，欧洲人才重新思考人的存在价值和存在形态，诗人但丁在自己的作品中，更热切地呼唤自由，歌颂自由的理想、人的情感、人类天赋的理性和自由意志。在《论世界帝国》中，他第一个公开提出了人权的概念。他写道，人类要追求神圣的幸福，必须建立一个世界帝国，这个“帝国的基石是人权”，帝国“不能做任何违反人权的事”；只有在人权的基石上，世界才能解决所有国家之间的纷争，实现和平与正义，充分发挥人的智能，使其过上幸福的生活。[11]但是，“文艺复兴”还不是一场人权运动，人文主义者思考的还只是以“人”的存在性价值将“人”从“神”、将“人性”从“神性”的束缚中解放出来，没有将“人权”上升到国家的基本宗旨的高度。完成这一理念升华的，是首倡“天赋人权”口号的启蒙学者们。这一问题将在后面章节的分析中作进一步的阐释。

由此可见，即使在人们把“人”的个体性存在视作天经地义的西方世界，对“人”的认知仍然经历了曲折的长期过程。在此基础上，需要进一步探讨的问题是，近代以来西方世界为什么会把“人”视为孤立的个体存在？这一点，或许可以从两个维度加以解释：

其一是理论的维度。众所周知，西方关于人权的理论是以启蒙学者的天赋人权假设为核心展开的，而这一理论假设的起点，则是洛克虚构的“自然法”理论。洛克完整地分析了“天赋人权”理论从自然状态、自然权利到自然法的逻辑演绎过程。他设想，人类社会在出现国家之前处于一种“自然状态”

---

9 莫里森等编：《美利坚共和国的成长》（上卷），中译本，天津人民出版社 1980 年版，第 278 页。
10 恩格斯：《反杜林论》，《马克思恩格斯选集》（第 3 卷），人出版社 1995 年版，第 145—146 页。
11 但丁：《论世界帝国》，商务印书馆 1985 年版，第 4 页。

之中，在这样的生存状态下，每个人都是独立存在的，过着充分自由的生活，不受任何权力的限制和侵犯，平等地享受生命、财产、自由的权利；没有一个人享有多过别人的权利，也不必服从别人的意志，自然状态是和平、善意、互助和安全的状态。但是，自然状态是自由的却不是纵容的或放任的，自然状态得以维持的根源在于人们按照理性来生活，而这种理性，就是自然法。他写道，自然法“教导着有意遵从理性的全人类：人们既然都是平等和独立的，任何人就不得侵害他人的生命、健康、自由和财产”。

自然法规范着自然状态下人们的理性生活，然而，由于有些人因利害关系而存有偏见、有些人对自然法缺乏研究而一无所知，故而自然法的约束力又是有限的。这种有限性使自然状态仍有许多缺陷存在，如缺少一种判断是非的明确标准和裁判人们纠纷的尺度、一个有权根据既定法律来裁判人们争执的公正的裁判者、一种保证判决得以执行的权力机构等。由于这些缺陷，虽然自然状态是人类理想的生存状态，自然法是最合乎理性的维护人权的方式，自然权利也是人们生而有之的天赋权利，但它们毕竟不能长期存在。为了更好地确保人类天生具有的权利，人们选择了新的人权保障形式，这就是国家。由此可见，在以自然状态为起点的理论假设中，人的存在形态必然是个体的，而且，这些孤立的个体相互之间还可能是对立的和弱肉强食的。在这样的理论假设下，对人的权利保障当然也针对的是作为个体的人的权利。

自然状态当然是虚构的理论依据（尽管今天的西方人对此深信不疑），进化论早已证明了现实的人类社会从来就没有存在过自然的状态。因此，对于西方对人的个体性理解还需要从理念和历史事实的双重国家特性来寻求答案，而且，历史的事实抑或国家发展的现实需要在其中增加具有决定性的意义。洛克等启蒙思想家们之所以虚构出一个自然状态，进而引申出个人基础之上的“天赋人权”、“权力制衡”、“有限政府”等现代人权理论，根本的目的在于为当时正在兴起的资本主义制度提供合法性支持，隐藏于理念和价值背后的政治动机是显而易见的。

其二是历史的维度。中世纪以前的西方各国普遍施行的是人身依附制度，文艺复兴运动以来，虽然人们开始思考人的独立存在价值，但在罗马教廷至高无上的神权专制下，所谓人的存在价值充其量是少数君主和贵族们能够享有的特权。一切的变化始于资本主义这一新的生产方式的出现，新兴的资产阶级为了给迅速发展的工业革命提供廉价的劳动力，加快资本原始积累的步伐，就必须把大量依附于封建领主的劳动力解放出来，转变为拥有人身自由和独立选择权利的人，以便他们可以在市场上成为可供挑选和剥削的自由劳动力。而要实现这一转变，首要的前提是人作为个体性存在的合理性和合法性。

启蒙学者们所担负的职责，就是为此提供理论上的支持，这是近代西方人权观念滋生和固化的经济与社会基础。

基于理论和历史的双重维度，人们可以对西方理念下的“人”和“人权”有更加合乎逻辑的理解。在作为个体存在的“人”的理解前提下，西方的人权观念必然体现出如下几方面的基本特点：

第一，人权是个人的权利。既然人是以个体的方式存在于社会之中的，那么组成社会的每一个个体的权利都应该受到平等的保护。而且，虽然个人的权利是“天赋”的，但个人相对于国家和社会而言却是处于弱势的，因此强调个人权利更加重要。值得一提的是，在西方的人权观念下，人权不仅是所有个人需要受到保障的权利，少数人的权利更是应该受到重点保护，如果说通过民主和法治可以比较有效地防止大多数人的权利受到政府侵害，那么一旦出现大多数人以民主的名义侵犯少数人的权利（亦即“多数人的暴政”，希特勒时期的德国就是以多数人的名义推行暴政的最为典型的事例）的状况，基于个体的人权精神将荡然无存。当然，少数人权利的凸显是西方人权观在当代的延伸，至少在启蒙学者那里是不受关注的。

第二，人权是人性本“恶”观念下的消极权利。由无数个人组成的“人民”是国家的主权者，国家的一切权力都来源于人民。从理论上说，当代表国家的政府违背了人民的授权而肆意侵犯人民权利时，人民有权收回自己转让出去的权利，重新建立政府。但实际上，人民很清醒地知道，一旦自己通过契约的方式将自己的权利转让给政府，他们就丧失了对天赋权利的自主权，为了避免在授权后受到政府的侵害和压迫，不得不在契约中对政府的权力施加严格的限制，包括把权力区分为立法权、行政权、司法权，三种权力之间互不从属并相互制衡；政府的权力只能是有限的权力，因为人民转让给政府的权利不是天赋人权的全部，生命权、财产权等权利从来就被视为不可转让的；等等。在这里，人权实际上已经异化成为一种需要人民随时加以消极防卫的权利，人民不是期许政府保障权利而是要防止政府侵犯人民的权利。在消极防卫的权利心态下，人民也因此不再试图争取享有更多的权利，如经济平等的权利、社会公平的权利、文化和谐的权利等。

第三，人权是通过“法”的方式受到保障的权利。为进一步防止人权可能受到的侵犯，政府被施与了更多的限制，其中最为严格的是“法律至上”原则的确立：不仅政府必须在法律赋予的权力范围内活动，立法权、行政权、司法权之间的权力边界也以法律的方式加以明确的界定，以防止出现一种权力超越其他权力情况的出现。人民在权利受到损害时，更可以通过诉诸法律的方式得到救济和保障。

第四，人权是理念上无限但现实中有限的权利。在西方的人权理论中，始终存在着一个难以回避的内在矛盾，那就是既然在人民主权的观念下人权是无限受到保障的，但在现实的政治国家中人权又无所不在地可能受到侵犯，以至于能够得到确认的权利只不过是经由法律所能列举出来的有限权利，这就使人权在实践中被极大的弱化。那些无法通过法律的实施得到保障的重要权利，如少数族群的权利、受教育的权利、就业的权利等，都因难以通过法律的方式得到保障，反而不被政府视为自己的职责范围。

“人”、“人权”的中国式理解

与西方不同的是，中国自引入人权的概念以来，从一开始就对“人”原初的存在形态有着截然不同的理解和认识。中国的社会结构中，家庭历来是基本的社会细胞，在中国人的普遍理解中，人从出生之日起就不是以孤立的个体化、而是以集体的家庭化形态存在的，个体的人只不过是家庭和家族的附属品。进一步说，在中国社会，人从出生之日起，首先就是家庭的一名成员，为了家庭的存在和利益，没有任何一个人可以游离其外而单独享有权利。如果说有权利的话，首先也是家族的权利。只有家族的权利得到了维护，个人在其中才有权利可言。在必要的情况下，个人还必须为家族的权利作出牺牲。换言之，在传统理念下，中国话语体系中的“人”从一开始就不是西方式孤立存在的个体化的人，人从出生之日起就是高度社会化的作为家庭（家族）成员的人，他不能完全根据自己的利益或依意志来决定自己的价值判断和行为选择，在享受权利的同时必须承担相应的责任和义务。从更大的范畴看，“家国”理念下的人首先更是属于国家的人，个人的权利要服从于国家的权利。

就历史渊源而言，中国古代权利思想的发端大致始于春秋战国时代，“百家争鸣”局面在当时的出现反映出中国在很早就有了相当高程度的思想和言论自由水平。柳诒徵在《中国文化史》中提出，“周时虽无民主，而有民权，人民之钤制帝王，隐然具有一种伟大的势力，盖周代相传之训，以为天降下民，而后为之作君作师。故为君者，恒以畏天保民为主。”例如，周王朝的内史叔兴有过“吉凶由人”、郑国的子产有过“天道远，人道弥，非所及也”[12]的原始民本主义言论。司马子鱼更公开指出，“祭祀以为人也，民，神之主也，用人，其谁飨之！”[13]孔子的“仁”学中也有丰富的以人为本的思想，如“节用而爱人，使民以时”、“博施于民而能济众”、“因民之所利而利之”[14]等，

12 《左传》僖公十六年，昭公十八年。

13 《左传》僖公十九年。

14 《论语·学而》、《论语·雍也》、《论语·尧曰》。

都包含着保障民众权利的内涵。孟子在孔子“仁”学的基础上发展出了“仁政”观，提出“贵民”和“足民”的重要主张。在他看来，“足民”为为政之本，“民之产，必使仰足以事父母，俯足以畜妻子，乐岁终身饱，凶岁免于死亡，然后驱之以善，故民之从之也轻”，“贵民”则为为政之宗，“王者以民为天”[15]。先秦诸子中权利观念最为浓厚的显然是墨家，墨家作为代表社会下层的学派，其学说以反映“农与工肆之人”的利益为己任，主张“兼相爱、较互利”，对“农与工肆之人”“有能则举之，高予之爵，重予之禄”[16]。只不过，墨家学说由于没有为先秦诸侯所赏识，自战国以后逐渐衰落。

自汉武帝在董仲舒的建议下“罢黜百家，独尊儒术”以后，先秦时代的思想和言论自由局面从此不复存在，儒家学说基本上成为古代中国长达2000年的唯一的官方学说。尽管作为一种官方意识形态，儒家没有在保障民众权利方面提出过系统主张，但出于为国家权力服务的需要，儒家也有着一些与权利相类似的观点。如“民为本，君为末”观点即强调“水能载舟，亦能覆舟”的理念，认为治者必须顺乎民意，不能以民为敌，否则“为政不善，见叛天下”，唯“有益于政道者，以合人心而的事理也”。[17]著名的“贞观之治”主要即归功于唐太宗的治国理念“致安之本，唯在得人”。事实上，长期的历史经验也不断证明，治者重民时国则兴，轻民时国则衰乃至亡。这种继承于先秦的民本主义，是中国古代最重要的人权传统。又如“为政者，在乎足民”。中国是一个多灾之国，按今天的统计，自公元前206年至1936年的2142年间，仅中原地区就发生自然灾害多达5150起，平均每4个月遭灾一次。频繁的自然灾害，使一部中国史在此意义上就是一部与灾害和饥饿斗争的历史，统治者政权的巩固与否，直接取决于能否实现“家给人足”。在儒家的思想中，政权与社会的稳定也始终是与之相关的，认为“饥寒并至能无为非者寡”，相反，“温饱并立而能不为善者希”，“衣食足而礼义兴”。诸如此类的论述在历代思想家那里可谓不胜枚举。

中国的家族式社会结构及与之相适应的思想文化传统，在决定了人从出生之日起其生存形态就与西方对人的理解和认知有着先天的不同的基础上，对人权的理解也就必然有着巨大的差别。这表现在：

第一，人权首先是一种集体的权利。应该承认，在中国的历史传统中个人权利长期是受到忽视的，为了维护家族的稳定和整体利益，个人权利常常成为牺牲品。这一理念放大到家国层面，在很大程度上构成了国家政权的合

15 《孟子·梁惠王章句上》。

16 《墨子·经上》、《墨子·尚贤上》。

17 《后汉书》卷二八上《桓潭传》。

法性依据，在长达数千年的历史中，完全不计个人权益和得失的“忠臣”、“孝子”成为社会普遍赞颂和弘扬的典范，而那些只顾个人利益的自私自利者则是被批判和排斥的对象。在“士农工商”的职业排序中，拥有最强经济实力的商人之所以位居末位而为大多数人不屑，根本原因即在于“商人欲于利”，他们对个人利益的公开追求决定了这一群体即使能积累巨额的财富也难以受到社会的尊重。近代以来，这一专制时代的权利理念在西方式的人权冲击下渐趋改变，但对于集体人权的高度认同仍然因外强欺凌和家族结构的延续而长期延续下来，从而使西方的人权概念自引入中国之日起就注定烙上显著的民族痕迹。邓小平曾经提出，“什么是人权？首先一条，是多少人的人权？是少数人的人权，还是多数人的人权，全国人民的人权？西方世界的所谓‘人权’和我们讲的人权，本质上是两回事，观点不同。”[18] 这里直观表达的，就是中国传统上对集体权利的理解。

第二，人权是一种生存和发展优先的权利。而且，生存权和发展权受到特殊重视，是中国人对人及其权利观念延伸出来的自然而然的逻辑结果。作为一个长期自然经济状态下天灾人祸频繁发生的国家，任何一个单一的个体都无力与之抗衡，这在进一步增进了集体权利理念的同时也突出了与权利相关的另一个问题，就是在持续性的生存挑战面前，首先需要的不是每个人无效率地发表意见或强调个人的诉求，而是必须集中有限的资源高效率地应对各种挑战，在灾难到来时切实保障国家、民族、家庭以及个人的生存，在非紧急灾难发生的平时则努力发展，为下一轮随时可能发生的灾难应对做好充足准备。

第三，人权是人性本“善”的观念下的积极权利。与人权由个体权利向集体权利的必然嬗变相适应，大多数人之所以愿意主动让渡部分个人权利、交由集体来个体行使，根本在于他们相信人性本善的理念，相信集体行使权利不但可以更加有效地保障个人的自身权利，而且随着集体的发展和成长，个人享受权利的范围和水平可以得到更好的增进和维护。换言之，集体不是个人权利的对立面，从根本上不以侵犯个人权利为价值导向；在集体权利的状态下，个人可以更加积极增进集体和个人的双重权利。

第四，人权是规范与道德并重的权利。与西方出于权利受到侵犯而高度强调规范不同的是，中国人在重视规范的同时也十分重视道德角度的权利维护，在许多时候甚至更愿意相信道德约束对于保障权利的作用。这样的道德约束在国家层面表现为国家最高权力者的道义塑造，强调“内圣”方能“外王”，

18 《邓小平文选》（第3卷），人民出版社1993年版，第132页。

对于官员则要求其“爱民如子”、修身正己；在社会层面则倡导仁、义、礼、智、信的道德标准，在民众中推崇温、良、恭、俭、让的行为准则。在很大程度上，中国人更愿意相信只有通过道德培育的方式，才能在根本上使人的权利真正受到尊重和保障。

新中国成立后，单位取代家庭成为基本的社会细胞，中国对人的存在形态和人的权利保障方式的理解发生了新的变化：一方面，对集体权利的重视程度进一步提高，如果说家庭还是一个封闭性的小集体结构的话，单位制的出现则极大地放大了个人生活的公共化程度，私人化的生活空间被极大地窄化，个人权利的维护更加无从谈起；但另一方面，人们对于家庭理念的淡化也使人作为一种新的存在形态成为可能，人们逐渐习惯于在集体权利的实现中获得权利的享受感，并且愿意为了集体权利而主动放弃个人的权利诉求，甚至不惜为之而牺牲。

改革开放后，中国引入市场理念并逐步发展出现代市场经济体制，大量的人从单位中主动或被动地剥离出来，个体性的存在意识开始滋生。传统理念下的“人”的意识和内涵在市场法则的冲击下再次发生潜移默化的变化，个体“人”和社会“人”之间形成了显而易见的内在张力，越来越多的人在这样的张力下成为复杂的矛盾复合体：一方面，个人的利益诉求促使他倾向于个体化的人，另一方面，无所不在的社会约束又决定他必须在社会生活中以社会化的方式存在。这决定了个人权利的合理性和合法性在逐渐受到普遍认同的同时，也可能导致尚未养成理性权利意识的公民个体在表达权利诉求和维护个人权利时常常表现出极端化和感性化的取向，甚至在采取维权行动时不惜以牺牲公共利益和他人权利为代价来满足自己的权利欲望。

进而言之，“人”的内涵变化也对中国传统的集体性的人权保障理念带来了挑战，这就是在以生存权和发展权为核心体现的人权理念下，人权保障应该以哪一内涵的“人”的权利维护为本，如何在保障集体权利和个人权利之间保持相对的平衡。改革开放后中国社会的现实是，随着单位制的解体，中国的社会结构迅速发生了巨大的分化，尽管政治生活层面上的“人民”仍然保持着相对的整体形态，但经济和社会层面的“人：已经实际上逐步分化为由无数具有主体意识的人组成的、权利诉求不尽相同乃至相互对立的不同群体。在此情况下，是以每个单一的个人为本还是以整体意义的所有人为本在人权的意义上不可避免地会产生巨大的认知歧义。相应的问题还包括，在一个群体本身也不断发生着分化，而且群体之间的利益诉求差异乃至对立日益巨大的社会条件下，以哪一个或哪一些群体的人的权利为重心推动人权保障成为新的难题。或许，为这些挑战和难题找出合理的平衡点，是中国充分实现“尊重和保障人权”这一价值目标的重要内容。

人权道路

从语义学的角度阐释，“道路”就是供各种无轨车辆和行人通行的基础设施；另外还指达到某种目标的途径，事物发展、变化的途径。百度百科对这一观念的解释在本书的操作层面上蕴涵着双重涵义：一是道路的公共性涵义。道路是公共产品，任何一种道路的形成都不会是个人无目的的选择结果，而是基于特定目标、在大多数人形成共识基础上、由使用者共同提供资源而产生的结果，它取决于大多数人的共同意志，由大多数人共同推动，为大多数人带来福利；二是道路的实践性涵义。道路是一种供人们为达到某一目的地而提供的途径而非理念上的价值，而且只有当人们把达到目的地的目标转化为走在道路上的实践行动时才是有意义的。在实践的层面上，只要能够达到既定的目标，选择怎样的道路本身并不重要，西方曾有过一句“条条大路通罗马”的谚语，其所阐述的即是这一原理：每个人、每个国家都可以根据自己的具体情况选择一条最适合自己的道路。

在对“道路”进行了语义解析的基础上，人权道路的内涵界定就更加清晰可辨。就本原意义而言，人权道路就是不同国家人民实现尊重和保障人权的目标而采取的方式和途径。在当今世界的200多个主权国家中，不同社会制度、不同文化价值、不同经济发展水平、不同社会结构的并存是无法改变的现实。在这一现实下，不同国家在保障人权的方式、重心、手段、措施上当然是有所不同的，正如人们不能指望发展中国家在经济权利保障方面与发达国家水平相当一样，那些政局稳定的国家与陷入政治动荡乃至武装冲突的国家在保障公民权利方面也不可能是相同的。

事实上，即使在西方世界，不同国家保障人权的方式和力度也是随着国际国内局势的变化而有所不同的。冷战结束之初，西方一度认为“历史已经终结”，它们是以民主、自由和人权为武器战胜了曾经军事上超级强大的苏联及其东欧盟友，故而一度把人权视为放之四海而皆准的“普世价值”而试图在世界各地加以推广。但“9·11”以后，在现实的恐怖主义威胁面前，各国不得不重新审视国内的人权政策，国家安全的需求随之超越了作为宣传工具的人权保障，限制言论自由、侵犯公民隐私成为常见的现象并得到法律的确认。这反过来进一步说明，人权道路的多元化选择是必然的结果，中国选择了自己的人权发展道路，西方也在根据现实需要而对自己的人权道路进行着不断的修正和调整。

解析人权道路的核心价值，当然并不仅仅在于应对西方的持续批评和曲解，更为重要的是，人们可以通过对中国人权道路的分析和解读，从中把握中国人权发展的内生规律，进而在对历史规律的抽象和反思中更好地探索保障人权的方式和路径。

人权模式

与人权道路相关的概念，是近年来引起广泛讨论的“人权模式”。按照现代汉语词典的解释，模式是“某种事物的标准形式或使人可以照着做的标准样式”。[19]从语义分析，这一概念具有三个层面的涵义：其一，模式是一种“标准形式”；其二，模式是一种“标准样式”；其三，一种模式并不一定是标准形式和标准样式的整合体，它既可以是一种内生的形式也可能是一种外延的样式。这有助于从语义学上解决人们关于模式的争议。在本书的研究范畴内，中国的人权模式（如果有的话）从根本上说是一种内生的模式形态，是中国政府和人民基于尊重和保障人权的信念而构建的一种涵盖了法律、制度、体制、机制等要素的形态，它可以为其他国家和人民在发展人权进程中提供有益的经验和借鉴，但并不试图将自己的模式变成其他国家和人民“照着做”的标准样式，更不会采取强迫的手段达到目的。

关于模式问题的最初讨论是从“苏联模式”开始的。苏联模式当然不是一种人权模式，但作为曾经为世界上几乎所有社会主义国家以及建国初期的中国尊崇和模仿的制度模式形态，苏联模式对世界的影响一度是深刻而广泛的，也正是在关于苏联模式的思考和争论之中，中国才逐步走上了一条与自身国情相适应的成长道路。基于对苏联模式的艰难抛弃，许多中国人对“模式”具有本能的排斥心理，而这种排斥在实质上并不是基于理性的分析结论，更多体现出的是一种思维定式下的不承认。

近年来引发人们思考和讨论的是西方人权模式。尽管西方国家从不公开宣称自己拥有一种固化的人权模式，但自从华盛顿共识形成以来，它们实际上已经近乎病态地将自己的人权观念和制度视为人类社会无法超越的放之四海而皆准的模式。应该承认，改革开放以来由于种种原因，西方人权观对于中国的渗透是长期而持续的，以至于人们常常把西方人权观模式化为评判中国人权状况的不自觉的标准，在这样膜拜性的“模式内化”心态下，中国人权取得的任何进步都因此被选择性地忽视。这一状况如不能得到扭转，中国的人权状况始终会在西方人权模式的标准下难以得到客观公正的认可和评价。

由于长期的心理定式，人们在讨论模式问题时常常忘记模式的首要涵义

19 中国社会科学院语言研究所词典编辑室编：《现代汉语词典》（修订本），商务印书馆1996年版，第894页。

不是强调中国人权发展的特殊性以及制度优越性。提出中国人权模式的根本目的，不在于在世界上确立一种为其他国家学习和模仿的新的人权标准，而在于客观理性地总结和抽象一个多世纪以来、尤其是改革开放以来中国在发展人权方面走出了怎样一条与自身国情相适应的道路，形成了怎样一种具有国家特色的、为高度概括而称之为“模式”的人权发展形态。同时，中国也试图通过自己的经验抽象和理论概括验证当今世界人权发展多种模式并存的合理性和现实性。西方的人权模式不应该也事实上从来不是所谓的普世价值。在一个文化多元的世界上，任何一种强制性推销自己的价值理念并坚称其唯一道义性的做法，都是传统殖民主义在意识形态领域的延续。

二、中国人权道路的价值特性

在任何一个与当代中国相关的话题上，任何人都不能否认的基本事实都是过去 30 多年里中国经济的飞速发展和国家经济实力的急剧增强。在以经济建设为中心的方针指导下，中国开启了前所未有的经济社会变革进程。20 世纪 70 年代末以来短短的 30 多年中，中国走完了发达国家通过几个世纪的努力才逐步实现的现代化道路，从一个国民经济一度濒临崩溃边缘的贫困国家成长为拥有世界第二大经济实力的世界性强国，这是中国能够坚持走自己的人权发展道路的最为坚实的基础。从理论上说，经济发展与人权进步之间并不存在天然的互动逻辑，但对于中国而言，作为一个创造了近 30 多年世界上最显著经济成就的国家，其成功的内在奥秘显然不是仅仅从市场化和市场经济体制的建立本身可以得出合理解释的，经济奇迹的背后一定存在着强大的精神动力；而同时，经济发展创造的巨大财富又为人权保障水平的不断提高奠定了坚实的基础。这一事实，注定了中国的人权道路蕴涵着独特的价值特性。

“人民当家作主”与“人民主权”

在分析人权道路时，核心的问题在于不同人权道路不仅体现为不同国家选择的保障人权的方式和途径的不同，更在于一个国家之所以选择一条特定的人权道路，内在蕴涵着核心价值的理念支配。为此，探讨中国的人权道路，首先还需要对“人民当家作主”这一中国的核心价值与“人民主权”这一西方的核心价值在本质上的区别作出必要的界定。

在目前中国国内常见的分析中，许多人因为“人民当家作主”蕴涵的人民作为中国一切权力的拥有者理念而把其等同于西方意义上的“人民主权”。事实上，这是价值逻辑上的严重误读，两个概念在本质上有着根本的区别，内在的价值逻辑和外化的制度安排都有着本质上的不同。

在人民主权的逻辑下，人民是国家权力的终极拥有者，他们只是把天赋的人权以契约的方式部分委托给国家来行使，同时为了防止代表国家行使人民委托权力的政府反过来侵蚀人民的主权地位，西方国家设计出了三权分立的制度架构。但是，自启蒙运动提出这一口号以来，西方国家实际上仅限于用“人民主权”观对现代国家的政治合法性进行理论演绎，在现实的政治和社会生活中，这一观念从来没有被真正付诸政治实践。而且，从理念层面看，人民主权观蕴涵的政治哲学是消极的和悲观主义的：首先，它预设了“人性本恶”的前提，不相信政府可以是向善的，亦即等于排除了政府进步的可能；其次，它在维护人民主权地位的路径选择上遵循的是权力遏制权力的理念，这在根本上仍然是权力本位的价值理念；再次，它有意无意回避了权力与资本的内在关联，为实质上的资本控制权力埋下了伏笔。在西方的制衡理念中，权力是受到制约和监督的，而资本和金钱则是万能的、不受任何力量制约的，这意味着一旦受制约的权力成为不受制约的资本的附属品，所谓的权力制衡就成为一句空话，人民主权也就无从谈起；最后，由于政府是不可能在根本上为民众谋福利的，所以必须频繁地更迭和轮换，而显然，频繁的政府更迭不仅造成极大的资源浪费，而且有利于增进人权的公共政策也因此难以长期持续，这也并不有利于人权的进步和“人民主权”精神的彰显。

与之相反，“人民当家作主”蕴涵的是一种善意的权利主体观念，它的内在逻辑是人民基于政治和道德层面的“善”而主动将国家权力赋予中国共产党来行使，而这种“善”的根本源头是中国共产党来自于人民，能够通过自己的先进性和纯洁性来感召人民。在这样的共同善意基础上，中国共产党的政治权力不是凌驾于人民之上的，而是来自于人民并最终归于人民，人民在其中从来没有放弃过自己的权力主体地位，国家也从来就承认一切权力属于人民。人民相信在中国共产党的领导下自己的权利和利益能够得到最大限度的实现，中国共产党则始终牢记，只有植根人民、造福人民，自己才能永远立于不败之地。

“以人为本”

与“人民当家作主”一样，中国倡导的“以人为本”在人权保障意义上也是一个容易被人为误读的概念。一些人认为，“以人为本”的本质是要求政府在执政过程中更多地从人民的权利和利益出发，这就把人权置于政府的监护之下，是对人权价值的降格。但事实上，“以人为本”本质上是一种国家政权的治国理念而非人权观念，与保障人权相关，而与人权的地位和价值本身无关。它所强调的重心是政府在国家治理过程中的人文精神，以促使政府的决策和行动把维护民众的权益放在首要位置，更好地增进人民的福祉。

在“以人为本”的本位价值下，其根本的出发点是克服权力本位和货币本位观逆向互动带来的腐败和社会不公平弊端。首先，它不把政府视为人民的对立面，它相信政府权力从根本上是服务于民众的；其次，政府是有自我净化能力的，一个良好的政府不仅是外部监督和制衡的产物，更是自我净化、自我变革的结果；再次，为了更好地服务于民众，政府必须控制主要的经济资源，防止市场的丛林法则损害大多数人民的利益；最后，中国的发展和成长、人民的物质和文化生活需求的满足最终取决于国家的长治久安，这是中国共产党及其领导下的政府长期执政的必然逻辑。

当然，“以人为本”理念的内化不是短时期内可以实现的，必须经过一个漫长的灌输和培育过程，而且，在当前中国的现实条件下，“以人为本”还需要解决一些深层次的价值判断问题，这是中国下一步国家治理中需要逐步加以解决的课题。

“尊重和保障人权”

“尊重和保障人权”于2004年正式列入中国宪法文本，以此为起点，中国以最高法律规范的方式确认了人权的价值和地位。按照中国政府向全世界宣示的基本立场，“尊重和保障人权”是长期以来中国政府和人民的一贯目标。

改革开放以来，中国的人权建设取得了举世瞩目的巨大成就，人权状况处于前所未有的良好时期。在这一状况下，为了进一步推动中国的人权建设，2003年，中共十六届三中全会提出了将“尊重和保障人权”纳入宪法的重大建议；2004年3月，这一建议在十届全国人大二次全会上得到正式通过，这不仅意味着人权保障从此纳入了国家根本大法的规范范畴，极大地提升了人权保障在中国政治和社会发展中的地位和作用，更充分体现出对人权的尊重和保障作为治国理念已经贯穿到了国家政治、经济和社会生活的每一方面。

对于中国而言，将“尊重和保障人权”条款载入宪法具有两方面的政治价值：一方面，要求中国在继续发展经济，使人民过上更加富足生活的同时，也要更加健全民主，丰富民主形式，扩大公民有序的政治参与，保证人民依法实行民主选举、民主决策、民主管理和民主监督，享有广泛的权利和自由；另一方面，尽管中国始终致力于国内的人权建设，在人权保障方面取得了有目共睹的巨大成就，但一些西方国家的少数势力仍然坚持用意识形态的眼光来看待中国的人权状况，在人权、民主、自由、民族和宗教等诸多问题上不断指责和攻击中国，试图彻底从人权入手改变中国的社会制度。这样的严峻现实，也促使中国政府把尊重和保障人权的条款写入宪法，以在国际人权的对话和合作中处于更加有理有利的地位。

具体说来，将“尊重和保障人权”载入宪法将在如下几个方面促进中国人权的进一步发展：（1）有助于进一步提高人民各方面的权利保障水平，极大地改善中国的人权状况，不仅极大地增进中国人民的生存权和发展权，使人民的经济、社会和文化权利得到更好的实现，也将使公民权利和政治权利得到更加有效的保障，人民有序的政治参与得到空前的增强和扩大；（2）中国的人权发展从此奠立在更加坚实的法制基础之上，有助于进一步推进人权建设的规范化和制度化水平，使人民的合法权利经由制度认同和法律调整得到更加有效的保障；（3）有助于改善中国维护和保障人权的外部环境，树立良好的国际人权形象，也使中国在人权问题上与其他国家进行平等对话和交流的渠道得到极大的拓展，促使西方国家更多地站在战略需要的角度来重新审视对中国的人权态度，加强与中国的人权对话和沟通交流；（4）人权“入宪”还有助于推动中国加快与国际人权规则接轨的步伐。中国已经签署并批准了《经济、社会和文化权利国际公约》，另一份重要的国际人权约法《公民权利和政治权利国际公约》也已签署，全国人大正在认真探讨批准的可能性。

从纯粹理性的层面说，尊重和保障人权是超越社会制度和意识形态的价值范畴，与《世界人权宣言》强调的人权“作为所有人民和所有国家努力实现的共同标准，以期每一个人和社会机构经常铭念本宣言，努力通过教诲和教育促进对权利和自由的尊重，并通过国家和国际的渐进措施，这些权利和自由在各会员国本身人民及在其管辖下领土的人民中得到普遍和有效的承认和遵行”的精神高度契合。但在实践过程中，它又因社会制度、经济发展水平和历史文化传统等因素的影响而蕴涵着丰富的国家和民族特征：在国家特征方面，它是中国这样一个社会主义制度的国家推行的政治实践，与社会主义核心价值体系相一致，是人民当家作主的国家原则在人权领域的外化；在民族特征方面，它与一个拥有5000年历史和文化传统的民族内在的人文精神血脉相连，是人本主义传统与现代人权精神的有机契合。在此意义上可以说，对于任何一个国家而言，尊重和保障人权都是共同的价值目标，但在保障人权的道路和方式上则必然是千差万别的，没有任何“放之四海而皆准”的普遍经验可言。

普遍性和特殊性

关于中国人权道路的普遍性和特殊性问题，不同学者之间存在着激烈的争论。一种观点认为，既然中国承认人权是一种普遍性价值，就不应该以强调国情的特殊性为由拒绝采取国际社会通行的人权保障理念和方式，尤其是不能以特殊性压制普遍性；另一种观点则认为，普遍性和特殊性都是相对的，中国人权道路在体现出显著的特殊性的同时也内在蕴涵对于普遍性的认同和遵循。不论观点如何，这场争论背后隐藏的绝不是哲学思辨上的分歧，本质上仍然是中国应该选择怎样的人权道路这一重大现实问题上的对立。

应该强调，中国的人权道路在总体上展示出自己的国家特性也就是特殊性的同时，在人权保障的实践中并没有刻意强调自己的特殊性，相反，无论在理念、制度、法律层面还是履行国际义务时，都是与其他大多数国家的通常做法一致的，充分体现了对普遍性人权保障方式的包容和借鉴。

在理念上，中国从上世纪 90 年代起，就明确表达了对普遍人权精神的尊重和认同。1998 年，江泽民在致中国人权研究会的信中写道，“50 年前通过的《世界人权宣言》，是联合国关于人权问题的第一个专门性文件，对于指导国际人权理论与实践的发展，推动世界人权事业的进步，发挥了积极的作用。《世界人权宣言》的历史贡献，就是唤起了世界人民对人权理想的追求。第二次世界大战后，世界人民更加蓬勃地开展反对帝国主义、殖民主义、种族主义的伟大斗争，上百个原殖民地、附属国赢得了独立，十几亿人获得了民族解放，从而为实现人类的人权和基本自由开辟了广阔的前景。占世界人口近 1 / 4 的中华民族的独立和解放，是这一历史进步潮流中最具世界意义的成果。”十年后的 2008 年，时至《世界人权宣言》发布 60 周年之际，胡锦涛在致中国人权研究会的信中再次表示，“联合国在 60 年前发表的《世界人权宣言》，表达了世界各国人民对推进世界人权事业的共同愿望，对世界人权事业发展产生了重要影响。”

在制度和法律层面，中国的做法同样是与普遍的人权保障精神相一致的。将“尊重和保障人权”原则写入宪法本身就是这种普遍性的典型体现，与此同时，中国高度强调通过法治的方式保障人权，立法、行政和司法的各个环节都充分注入了保障人权的理念。到 2010 年底，中国已制定现行有效法律 236 件、行政法规 690 多件、地方性法规 8600 多件，中国特色的社会主义法律体系已经宣告形成，经济社会生活的各个领域和人权的各个方面实现了有法可依、有法提供全面的保障。

对国际社会共同制定和遵守的普遍人权规则，中国也采取了积极支持的态度和立场。2012 年 6 月中国政府发布的《国家人权行动计划（2012—2015 年）》公开承诺，“重视国际人权文书对促进和保护人权的重要作用。及时向相关条约机构提交履约报告，与条约机构开展建设性对话，并充分考虑条约机构提出的意见和建议，结合中国国情对合理可行的建议加以采纳和落实。”

在充分理解了中国人权发展道路对普遍性的人权保障理念和共同原则给予充分尊重的基础上，特殊性就成为一个十分容易理解的问题。中国从来就不刻意强调自己在保障人权方面需要选择一条特殊的发展道路，特殊性问题的凸现是一个与中国现代化道路相适应的合乎自然的结果，人们如果承认中国的现代化发展必须适应自己的国情，同时中国经济的高速成长也具有合理的内在必然性的话，就更加容易理解中国人权道路在特殊性中蕴涵的必然性。

在认识中国人权道路的特殊性时，必须放在四个维度中加以考量。换言之，讨论中国的人权问题，不能无视四个方面最基本的约束性条件：

首先，国家的现代化建设和国家成长是考量中国人权道路特殊性的第一个维度。中国是在极度贫困落后的条件下开始国家建设的，这从一开始就从两个方面影响着人权发展：一是面对始终保持世界第一的人口总量，相对薄弱的国家财富不足以为人权发展提供充分的物质保障；二是近代以来长期沦为半殖民地半封建国家的遭遇在很大程度上决定了中国是以一种屈辱的心态来对待国家建设的，绝大多数人认同国家在独立后应该通过赶超战略来浓缩现代化建设的步伐，为达此目标甚至可以暂时牺牲一部分人的权利。

其次，自然禀赋的特殊性。中国的自然禀赋曾长期被概括为“地大物博、人口众多”，但更为准确的表述应该是“地大物薄、人口众多”。“地大”意味着中国的地域广阔，但与之相伴的必然结果是不同的地域之间差异巨大，经济发展水平和地域文化特征十分显著，同时，自然灾难和公共危机发生的频率也随之提高；“物薄”则表明尽管中国拥有广袤的地域，但物产和资源并不丰富，无论是作为农业社会时代最基本的粮食还是工业社会时代最基本的能源，都明显不足且分布不均；“人口众多”则无疑使已经稀缺的物产资源在人均水平上被进一步摊薄，维持众多人口的需求并防止因争夺资源而造成的社会动荡成为任何一届政府在发展人权时必须面对的首要任务。了解了这样的自然禀赋，我们才可以更加理性地理解中国基于保障人权的需要而首先必须维持一个强有力的中央政府，采取单一制的国家结构形态，同时，基于自然禀赋的现实，中国在选择人权道路时必须首先强调“人”作为一个集体性的存在，把保障集体性的生存和发展的权利视为人权保障的首要任务。

再次，历史文化的特殊性。历史悠久决定了中国是一个具有特殊创造力的国家，作为世界上唯一一个保持了政治和文化连续性的文明古国，中国当然有着深邃的生存智慧和保护自己人民的独特经验。正因如此，当所有的文明古国早已湮没在历史的尘埃中时，中国这样一个历经多次外族入侵的民族仍然保存着顽强的生存动力。即使当近代西方世界的坚船利炮强制性地打开了中国大门，试图瓜分中国的时候，中国仍然勉力维持着自己政权的相对独立性。或许有必要强调的是，专制制度的覆灭并不是外部性力量颠覆的结果，而是辛亥革命这样一场内生的革命所带来的。这一独特现象引发的思考在于：在漫长的历史进程中，外部性的因素（制度和价值）到底在多大程度上可以影响甚至改造中国人的文化精神？抑或在一段时间的文化失落后中国又始终能回到自己的文化轨道的根源是什么？当前中国处于什么样的历史时段上？中国始终能够转化为自己的文化要素并融合出一种新的价值形态的内在机理何在？迟至今日显然还没有任何合理的解释系统，但不论如何，中国的人权道路即孕育于这些特殊的历史文化现象之中，既受之制约，又从其中吸取着丰富的养分。

最后，社会制度和主流意识形态的维护。在拥有悠久历史的同时，中国又是一个后发的现代化国家，其现代化进程几乎是从中国共产党执政后才得以实质性启动的。而在中国共产党执政这一特定的语境下，与现代化进程同步推进的人权发展在中国也就不可避免地具有了意识形态的色彩，在任何时候试图抛开共产党执政这一前提来谈论中国的人权保障都只能是一句空话。同时，人权的发展更不能脱离社会主义制度和社会主义核心价值体系的内在约束，不能偏离基本的政治方向。

从根本上说，中国人权道路最大的特殊性体现在它与中国人权发展的历史和现实国情相适应，所谓中国特色，它与其他国家相比本质的不同在于自主选择性。中国的人权发展必须始终立足于13亿人口这一最基本的现实，必须始终坚持自己的社会制度和意识形态的特殊性，必须适应人均GDP仍然处于发展中国家水平、经济能力尚不足以满足所有人的要求的事实，必须承认数千年封建传统与现代人权发展之间的张力在短时期内难以根除。中国的人权道路，就是在诸多复杂因素的共同制约中自主发展的结果。

三、合法性支持

中国的人权道路基于中国的自主选择，但这种选择从来就是与世界人权发展的潮流相一致的，建立在对国际人权共同原则的尊重之上，符合国际人权法规的精神和规范，具有坚实的合法性支持。

人权理念的世界性扩散是随着近代国际关系的发展和变迁而逐步开始超越欧洲的范畴，向世界其他国家和地区传播和发展的进程。在这一进程中，最为引人注目的特质之一在于它从根本上说不是一场无序的纯粹自发性的社会和政治运动，同时，从一开始，人权保障就或多或少地被纳入了国际法的视野，在相对规范化的轨道上运行和向前发展。二战后国际人权法制的高潮时期，出于规范发展和奠定合法性的需要，国际社会更从国际法中逐渐发展出了国际人权法这一专门的法律体系。按照前联合国秘书长佩雷斯·德奎利亚尔在《世界人权宣言》发布40周年纪念大会上的评价，“40多年来联合国在人权方面所作的努力成绩突出。一个全面的、以《宣言》所规定的各项共同权利为基础的法律体系已经形成……这是联合国最惊人的成就之一”。[20] 这一评价应该是比较客观和中肯的。

在更为深刻的意义上说，国际法提供的法律保障不仅意味着人权在一个相对有序的环境和条件下逐步发展，越来越得到世界绝大多数国家和人民的支持与认同，还在于它反映了国际社会的交往方式和国际关系的互动范式的内在变迁，反映了国际关系的无政府状态下国家对绝对权力和利益的无序追求越来越不适应时代和人类进步的共同要求。一切国家和国际行为都应该逐步纳入规范化的轨道，这其中蕴涵着人类社会和国际关系发展的内在规律。

国际人权法脱胎于国际法，在当代已经成为国际法体系中不可分割的重要组成部分。按照中国国际法学家王铁崖的说法，“对国际人权法规的研究产生了新的国际法部门——国际人权法”。[21] 根据中国学者许崇德等人的界定，“国际人权法是国际法的一个部门。它是研究有关国际人权保障的公约和其他文件的人权法部门，具有国际法的性质。国际人权法是第二次世界大战的产物，反映了世界人民反对战争、热爱和平、保障基本人权和自由的愿望。随着人权的国际化，国际人权法已经发展为内容丰富、体系完备的新国际法部门。国际人权法主要包括自决权方面的规则和个人人权法规则”。[22]

相对说来，加拿大学者约翰·汉弗莱对国际人权法的界定或许更加接近西方的理念情况。他认为，“国际人权法如同其他法律体系一样，旨在调整人的行为，是一种行为规范：其规则规定什么情况应该出现，而并不一定说什么情况肯定会出现。它仍是一种不完备的法律，尚处于发展的早期阶段。国际人权法所管辖的社会也仍然是一个不完备的社会，这个社会几乎没有什么中央化的立法、司法和行政机关。由此看来，国际人权法是一种弱法，但这一法律存在的事实是当代具有巨大重要意义的现象，是任何真正的世界秩序发展过程中的一个关键步骤。”[23] 与此同时，他还分析了国际人权法的重要性和必要性，在他看来，国际人权法的兴起基于三个方面的理由：其一，经过第二次世界大战及导致大战发生的那些事件的惨痛教训，人们应该清楚地

---

20 《人民日报》，1989年12月9日。
21 王铁崖：《联合国与国际法》，载于《中国国际法年鉴》，1986年，第12页。
22 许崇德、张正钊主编：《人权思想与人权立法》，中国人民大学出版社1992年版，第204页。
23 约翰·汉弗莱：《国际人权法》，世界知识出版社1992年版，第7页。

认识到，粗暴侵犯人权可以成为而且常常成为战争的起因，因此，最大限度减少对人权的侵犯符合整个国际社会以及各国的利益，特别是在意识形态、政治和国家间激烈冲突，我们的世界受到核毁灭威胁的情况下；其二，尽管保护人权的主要责任在于国家，但说到底，人权还必须由一种超越国家秩序之上的法律秩序来加以保护，需要一种更高一级的法律秩序，以便按照它对国家秩序加以评判，因为国家的法律，包括宪法规定的法律，对人权可能未提供充分的保障，或者提供了保障但却可以更改；其三，由于世界变得日益狭小，跨国交流今后会更趋平常，国际法的主体也将增加。如果我们的世界有前途的话，其前途则越来越有赖于各国当前所残存的权利。正因为如此，世界法正在成为现实，它应该承认并保护国际交往及管理中的某些人的价值，这一点已经变得越来越重要。

对于不同的理论出发点，不同的国家在各自的立场上对人权保障的基本主体当然会有不同的看法，特别是对于国际法与主权国家关系的评价和立场始终存在着激烈的争论。但不管怎样，国际人权法体系的形成已经成为当今世界无可回避的客观现实，它至少在如下几个方面取得出了明显的进展：

第一，人权在世界范围内的法制从起步之日起就受到国际法和国际人权法的有效制约，在规范化的轨道上发展和深化。人们今天看到的人权走向国际化的进程始终是与大量国际人权公约、条约、宣言等规范化和法制化的国际人权文件的不断制订和发布紧密联系在一起的，国际社会衡量一个国家的国际和国内行为是否合乎人权的精神，或者是否对人权构成了侵犯和损害的客观标准，也是这些国际人权法文献及其公认的国际人权准则。此外，一种新的人权主张要在国际社会得到普遍的接受和认同，也往往需要得到国际人权法的确认。

第二，人权的法制化主要是在联合国及其他以主权国家为主要成员的国际组织主导和推动下得以顺利发展的。联合国及其他以主权国家为主要成员的国际组织是当代国际社会处理相互关系的协调者，也是国际人权法的主持者和实施者。没有这些组织的存在和发挥作用，人权就可能成为少数国家推行霸权和强权政治的借口，人权在国际政治生活中就会偏离正常发展的轨道，不可能取得今天这样的巨大成就。

第三，普通国际法和国际关系规则中的人权色彩日益浓厚，这表明越来越多的国际行为被纳入了人权的范畴，人权法制化的视野越来越广阔。在人类已经进入 21 世纪的今天，传统国际法和国际关系中几乎所有的规范性问题都在一定层面上或多或少地与国际人权问题相关联。以和平与发展这一当代人类社会的主题为例，传统的国际法和国际关系将其视为最普通的国际问题，只是在一般性的意义上加以规范和界定，但是，自从联合国大会于 1984 年发布《人民享有和平权利宣言》和 1986 年发布《发展权利宣言》以来，和平和发展问题就与人权紧密地联系在一起，成为当代国际人权不可分割的组成部分。

第四，国际人权法对国家人权行为的规范强度不断提高。在国际人权法的起步时期，有关的国际人权文献大多是以宣言或声明等非强制性的形式发布的，这一方面说明当时各国立场的一致性还不够，只能首先以规范化的形式表明共同的态度和决心，同时，在当时两种社会制度和意识形态的国家相互对峙和冲突的国际关系现实下，这也是人类社会表达国际人权保障信念的唯一方式。随着冷战的逐步缓解和国际社会中呼唤人权保障的浪潮日益高涨，增强人权国际化的规范强度、提升国际人权法的规范效力成为越来越多国家和人民的共同愿望，这一愿望的直接结果，是《公民权利和政治权利国际公约》和《经济、社会和文化权利国际公约》这两份国际人权法宪章性文件的通过和生效；当前，则进一步体现为更加具有强制性效力的《公民权利和政治权利国际公约》两份《任择议定书》的批准和国际刑事法庭这样的人权审判机构的作用，国际人权法在人权国际化的发展进程中规范强度的不断提高越来越成为所有国家难以回避的现实。

第五，在与国家主权相关的这一根本性的问题上，国际人权法进一步公开确认和强调了主权国家在人权保障领域的主要责任，从而使国家主权原则不仅被公认为一般国际关系的基本准则，也成为当代人权国际化进程中不可超越的基本准则。在此意义上，国际人权法的兴起及其对国家主权原则的合法性的认同有助于当代国家主权原则的强化而不是相反。

当然，对于国际人权的法制化取向也应该持客观的辩证态度。一方面，国际人权法的兴起和约束力的增强在很大程度上确保了人权的世界性传播在一个相对稳定轨道上的发展和深化，普遍人权准则得到了越来越多的国家和人民的尊重和接受；但另一方面，国际人权法毕竟是超越主权国家之上的国际性法律，它在得到了主权国家的认同和接受的同时，必然有着脱离单一的国家意愿和国家利益的价值取向，在大多数国家的名义下，它常常会在实践中对某些国家的人权事务构成主权干预，这就是国际政治生活中的“多数人的暴政”[24]问题。在国际人权法与国家主权之间复杂的双重悖论下，如何调适

24 “多数人的暴政”问题最初出现于美国独立战争后的制宪过程中。制宪会议期间，一些利益集团担心人民的权力过于强大会产生所谓的“暴民”政治，导致国家在多数人的名义下肆无忌惮地侵犯和损害少数人的权利。关于这一问题的争论最终使美国宪法成为政治妥协的产物，“人民主权”这一在当时最激进的启蒙思想没有在宪法中得到反映和体现。二战后，美国学者进一步把“多数人暴政”的理念运用到国际事务中，美国代表曾在 60 年代发展中国家主导联合国决策的时期公开宣称联合国是“多数人的暴政”。

二者之间的矛盾与冲突将成为主权国家在人权国际化进一步发展和深化进程中越来越必须面对的结构性难题，而大多数国家最终的主权抉择也将直接关系到国际人权法的未来发展取向。

在论证国际人权法的国家主权基础时，一个不容忽视的基本命题是：人权在本质上属于国家主权范畴内的事务。这一命题可以从国际人权法的法理渊源中得到显而易见的证实。国际人权法的国家主权基础源自普通国际法原则，是普通国际法中公认的国家主权原则在国际人权法领域的自然延伸和逻辑结论，国家主权因而也构成人权国际化最为坚实的法律保障来源。

在近代国际法中，人权被理所当然地视为国家主权范畴，国际法文件几乎没有涉及人权的规范问题，传统的国际法一般说来只适用于调整和处理主权国家之间的关系问题。这正如美国著名人权学者伯根索尔所承认的那样，"国际法不适用于一个国家在对待其本国国民时所采取的方式，当他们受到伤害的时候，任何其他国家的权利都不受影响，因为国际法并不调整个人人权同他们国籍所属国家之间的矛盾，在这方面的全部问题都被认为是属于每个国家绝对的国内管辖范畴，这一原则否定了其他国家具有为受到本国虐待的国民进行调解或干预的权利。"[25] 曾任联合国人权司首任司长的约翰·汉弗莱也证实，"在传统国际法上，国家是唯一主体，因此只涉及国家之间的关系，而各国国民的人权问题则被视为完全受到各国排他性的管辖。" "正是国家及其法律秩序应对保护人权负有主要责任。有人说，国家及其法律秩序的主要目的就是保护这些权利。由于国家及其法律秩序比有组织的国际社会更接近公民个人，因而保护人权不仅是国家及其法律秩序的一个目的，而且国家在保护人权方面处于更为有利的位置。国家在保护人权方面有优先权利这一点已得到习惯性国际法规的承认。因为只有在国内或国家一级的补救措施已经全部用尽而问题仍未得到解决时，国际机构才对个人的争端享有管辖权。"[26]

在早期的国际法规范中，有一些条约和公约性质的文件涉及具体的人权保障问题。但是，所有这些公约和条约在基本原则上都把基本的保障权力赋予了各主权国家。如 1921 年的《关于农业工人结社权的公约》："国际劳工组织的每一成员国承诺一切从事农业的人均享有与产业工人同样的结社权，废除限制从事农业的人享有这些权利的任何法令或规定"；1926 年的《禁奴公约》则规定："缔约各国，如尚未采取必要措施，承允就各自范围内在其主权、管辖、保护、宗主权或监护下各领土内防止和惩罚奴隶贩卖；逐步地

25 托马斯·伯根索尔：《国际人权法概论》，中国社会科学出版社 1995 年版，第 2 页。
26 约翰·汉弗莱：《国际人权法》，世界知识出版社 1992 年版，第 3 页。

和尽快地促成完全消灭一切形式的奴隶制。”换言之，人权被理所当然地视为主权国家权力范畴内的事务，主权国家是保障有关权利的唯一合法主体，其他任何组织都不能在其中发挥任何强制性的作用。

第二次世界大战后，随着国际人权法的逐步发展和完善，国家基于主权而拥有的对人权国内事务的管辖权进一步得到了明确规定。《联合国宪章》在宣布“各会员国主权平等之原则”的同时，实际上把保障人权的主要责任赋予了国家。在具体的条文中，宪章共有6处直接提到了人权及人权的国际保障问题，明确规定要“增进并激励对于全体人类之权利及基本自由的尊重”，“应发动研究，并作成建议……以促进经济、社会、文化、教育及卫生各部门之国际合作，且不分种族、性别、语言或宗教，助成全体人类之人权及基本自由之实现”，等等。这些条文规定了人权在国际化进程中的基本原则和价值取向，也明确了主权国家和联合国在人权保障中各自明确的权力界限：

第一，联合国在保障方面效力的非强制性。联合国在人权保障方面的权限和宗旨仅在于发挥“研究”、“促进”、“激励”、“作成建议”等一般性的推动作用，主要是在国际社会营造一种有利于人权的环境和气氛，从外部向国家提供保障人权的动力和支持。它不直接介入和干预国家内部的人权事务，更不插手个人的人权保障问题，它对人权的所有关注都是通过国家的政策和行为来表达的。

第二，适用范围的普遍性。保障人权是所有国家和所有人民的共同职责，联合国制定的人权标准既已得到各成员国的共同认可，就应该得到严格的遵守和维护，任何国家都不应该有任何例外。这实际上包含了两个方面的重要内涵：一是对于所有国家的普遍适用性。任何国家都必须自觉地担负起保障人权和不断改善本国人权状况的责任，不得以任何借口加以推脱或减损，更不能肆意践踏和大规模侵犯人权；一是保障人权的国际法原则的普遍适用性。任何国家都有义务遵守联合国宪章和国际法规定的人权原则，尊重国家在保障人权方面的主权，即使某些国家在某些时候的人权状况不能令人满意，其他国家也不得以此为理由横加干涉，更不得打着帮助别国促进和改善人权状况的旗号推行霸权主义和强权政治。

第三，国家的主体性。联合国成立的基本前提和宗旨，是确认国家作为国际关系基本行为主体的地位，只有拥有主权的国家才有资格参加联合国、成为其成员体，因此，联合国宪章把保障人权的基本责任赋予了主权国家，人权在本质上属于国家主权范围内的事务，联合国不对任何个人授予权利，个人也不是国际人权法上的主体。

应该说，联合国宪章确立的这些人权原则是合乎国际关系和国际法的基本准则的，既体现了当时国际社会对人权精神的高度关注和追求，又维护了国家在保障人权方面的主体地位，较好地反映了人类进步的历史逻辑。在宪章精神的指导下，二战后联合国和国际法制定的其他有关人权保障的法规都较好体现了对国家主权原则的尊重。联合国大会 1946 年 12 月 6 日通过的《国家权利义务宣言草案》宣布，“各国对其领土以及境内之一切人与物，除国际法公认豁免者外，有行使管辖之权”，“各国对其管辖下之所有人民，有不分种族、性别、语言或宗教，尊重其人权及基本自由之义务。”

与人权被国际法确认为国家主权范畴内事务的规范相紧密关联的，是人权保障中主权不受干涉的原则。换言之，既然人权属于主权范畴内的事务，基于主权的独立性和平等性，主权国家在行使管辖或促进人权的权力过程中当然也享有不受任何干预的排他性的绝对权力。实际上，自从《威斯特伐利亚和约》制定以来，国际关系和国际法实践中一个公认的基本原则就是任何国家和国际组织不得干涉别国的主权和内政。第二次世界大战以来，国际法在确认国家主权原则的同时，对干涉行为施加了严格的规范和限制。《联合国宪章》第 2 条第 4 款明确规定，“各会员国在其国际关系上不得使用威胁或武力，或以与联合国宗旨不符之任何其他方法，侵害任何会员国或国家之领土完整或政治独立。”

在宪章规定的指导下，国际社会还制定了大量专门禁止干涉的国际法文件。1946 年联合国大会通过的《国家权利义务宣言草案》规定不干涉原则是国家的基本义务，强调“各国对任何他国之内政外交，有不加干涉之义务”，“各国有不在他国境内鼓动内乱，并防止境内有组织鼓动此项内乱活动之责任”。1965 年，联合国大会通过的《关于各国内政不容干涉及其独立与主权之保护宣言》进一步规定：（1）任何国家，不论为任何理由，均无权直接或间接干涉任何其他国家之内政、外交，故武装干涉及其他任何方式之干预或对于一国人格或其政治、经济及文化事宜之威胁企图，均在谴责之列；（2）任何国家均不得使用或鼓励使用经济、政治或其他任何措施胁迫他国，以谋自该国获得主权行使之屈服，或取得任何利益。同时任何国家亦均不得组织、协助、制造、资助、煽动或纵容意在以暴力手段推翻另一国家政权之颠覆、恐怖或武装活动，或干涉另一国家之内乱；（3）使用武力以消除一民族之特性构成对于该民族不可剥夺权利之侵犯及不干涉原则之破坏；（4）严格遵守此类义务，为确保国与国间彼此和平共处之必要条件，因任何形式之干涉行为不但违背宪章之明文与意旨，且将引致威胁国际和平与安全之情势；（5）各国均有不受任何国家任何方式之干涉，自择其政治、经济、社会及文化制度之不可剥夺权利；（6）所有国家均应尊重各民族及国家之自决及独立权利，俾能在不受外国压力并绝对尊重人权及基本自由之情形下，自由行使，故所有国家均应致力于各种形式与表现之种族侵蚀及殖民地主义之彻底消除。

普通国际法上有关不干涉原则的规定，在国际人权法上也得到了鲜明的体现。联合国大会1948年12月10日通过的《世界人权宣言》第30条规定，“本宣言的任何条文，不得解释为默许任何国家、集团或个人有权进行任何旨在破坏本宣言所载的任何权利和自由的活动或行为。”这一条文虽然没有直接禁止干涉行为，但鉴于宣言中列举的权利都是纳入国家保障的范畴的，这实际上蕴涵了不得干涉国家保障人权行为的内涵。

值得一提的是，在战后国际人权法制定初期，当时的大国也都是把人权保障纳入国家主权范畴加以考虑的。如在讨论《世界人权宣言》时，当时的苏联外交部长维辛斯基表示，“有人说人权宣言与国家问题无关，因为它只着眼于个人权利，对于这个意见是不能同意的，因为随便怎样也不能想象在国家以外还有人权存在，权利和法律概念本身就是与国家概念相联系的，除非得到国家的保证和保护，否则它将变为纯粹的抽象概念，空洞的想象容易创造也容易毁灭。”[27]同样，美国也是从国家主权出发确立自己的立场，只不过，它从反面得出结论，认为国际人权法有损美国的主权，因而在很长一段时期内对国际人权法采取了排斥和拒绝的政策。如20世纪50年代初，美国国会在讨论是否接受正在制定的《国际人权公约》时，许多反对派议员就提出，公约一旦生效，将逐渐导致世界上出现一个“条约创造的政府”，“这个政府将使我们作为主权国家的某些重要成分为国际所拥有，而在这个组织中我们却只占有少数票”，其结果，美国将付出的代价是：“我们失去许多——如果不是全部的话——主权”。[28]在这样的立场主导下，美国迟至1992年才最终批准了作为国际人权公约一部分的《公民权利与政治权利国际公约》，而作为公约另一重要组成部分的《经济、社会和文化权利国家公约》则至今仍然没有批准。

当然，人权在本质上属于国家主权和内政范畴这一命题也不是绝对的，不能完全排斥外部世界的合理关注，特别是当一个国家内部发生本国政府无力解决的人权灾难时，应该国合法政府的呼吁或申请，国际社会有义务施与必要的援助，以防止事态进一步恶化，甚至向其他国家蔓延。只不过，外部的援助性行动只能是辅助性质的，问题的最终解决还是必须依靠事态发生国政府和人民的共同努力。

---

27 刘星汉：《国际人权保障与美国人权外交》，载于《复旦学报》（社会科学版），1988年第2期。
28 刘杰：《美国与国际人权法》，上海社会科学院出版社1996年版，第104页。

20世纪90年代以来，国家在人权保障方面的不干涉原则并没有因人权国际化进程的不断深化而为国际社会所忽视，相反，国际社会达成的有关国际人权规范还进一步对其加以强调。1993年6月25日维也纳世界人权大会发布的《维也纳宣言》和《行动纲领》宣布，“重申坚决维护《联合国宪章》和《世界人权宣言》所载宗旨和原则”，维护人权“不得解释为授权或鼓励采取任何行动去全面或局部地肢解或侵犯独立国家的主权和领土完整或政治统一，只要这些主权和独立国家是遵从平等权利和民族自决的原则行事，因而拥有一个代表无区别地属于领土内的全体人民的政府”。

如果说《维也纳宣言》作为国际社会保障人权精神的共同体现而比较强调联合国的作用，没有明确强调不干涉原则的话，世界各地区在世界人权大会召开前各自在筹备会议上发表的宣言中则更加注重这一原则。

1993年4月2日亚洲区域筹备会议发表的《曼谷宣言》宣布，“强调尊重国家主权和领土完整、不干涉他国内政以及不利用人权作为施加政治压力的手段等原则”，“不赞成任何人利用人权作为提供发展援助的条件”，“重申国家不论大小，都有权决定它们的政治制度，控制和自由利用其资源，并自由谋求其经济、社会和文化发展”，“尽管人权具有普遍性，但应铭记各国和各区域的情况各有特点，并有不同的历史、文化和宗教背景，应根据国际准则不断重订的过程来看待人权”，“又认为国家负有主要责任，通过适当基础设施和机制来促进和保护人权，并认为必须主要通过这种机制和程序来寻求和给予补救”。

同样，1992年11月6日非洲区域筹备会议发表的《突尼斯宣言》也确认，“实施和促进人权的职责主要在于各国政府”，“不能在全球一级规定任何预想的模式”，“非洲重申所有国家均有自决权利和在尊重国家主权基础上自由选择其政治和经济制度与机构的权利”。

1993年1月22日拉丁美洲和加勒比区域筹备会议上通过的《圣约瑟宣言》宣布，“重申决不放弃致力于在本区域内保卫和促进代议民主制和人权，包括尊重自决和不干涉原则”，“我们强调尊重人权和基本自由，加强发展、民主和国际关系中的多元化，充分尊重国家的主权、领土完整和政治独立，充分尊重各国人民的主权平等和自决是我们区域体系的支柱”，“我们认为需要思考以人道主义为由的干涉对各国人民自决和尊重国家主权的原则以及尊重人权原则的影响后果，因这些原则是形成美洲体系的基础”。这一切，都充分表明了世界上绝大多数国家对人权问题上坚持不干涉原则的高度重视。

《经济、社会和文化权利国际公约》与《公民权利和政治权利国际公约》是当今国际人权法体系的核心和宪章性文件，它们承袭了《联合国宪章》和《世界人权宣言》的基本精神，把宣言中表述的各项人权具体转化为受到国际法保障的基本权利和自由，从而不仅对各成员国的人权行为构成了强有力的制约，也为其他国际人权法文献的制定和实施提供了基本的原则和思路。

联合国大会1966年分别通过的《经济、社会和文化权利国际公约》与《公民权利和政治权利国际公约》都把保障人权的责任明确地界定为主权国家。两份公约在第一条中均明确规定，“所有人民都有自决权，他们凭这种权利自由决定他们的政治地位，并自由谋求他们的经济、社会和文化的发展。所有人民得为他们自己的目的自由处置他们的天然财富和资源，而不损害根据基于互利原则的国际经济合作和国际法而产生的任何义务。在任何情况下不得剥夺一个人民自己的生存手段。”

《经济、社会和文化权利国际公约》进一步强调，“本公约的任何部分不得解释为有损联合国宪章和各专门机构组织法中确定联合国各机构和各专门机构在本公约所涉及事项方面的责任的规定”，“本公约中任何部分不得解释为有损所有人民充分地和自由地享受和利用他们的天然财富与资源的固有权利”，规定“每一缔约各国承担保证，本公约所宣布的权利应予普遍行使，而不得有例如种族、肤色、性别、语言、宗教、政治或其他见解、国籍或社会出身、财产、出生或其他身份等任何区分”。考虑到不同国家基于经济发展水平差异而导致的保障经济权利能力的不同，公约还对发展中国家作了专门的规定，允许它们“在适当顾及人权及它们的民族经济的情况下，得决定它们对于非本国国民的享受本公约中所承认的经济权利给予什么程度的保证”，这就充分体现了公约对国家主权的尊重。

《公民权利和政治权利国际公约》也对主权国家作为人权保障者的地位作出了明确规定：“本公约每一成员国承担尊重和保证在其领土内和受其管辖的一切个人享有本公约所承认的权利，不分种族、肤色、性别、语言、宗教、政治或其他见解、国籍或社会出身、财产、出生或其他身份等任何区别；凡未经现行立法或其他措施予以规定者，本公约每一缔约国承担按照其宪法程序和本公约的规定采取必要步骤，以采纳为实施本公约所承认的权利所需要的立法或其他措施。”公约还具体规定了国家为此应采取的具体人权保障措施，包括：“（甲）保证任何一个被侵犯了本公约所承认的权利或自由的人，能得到有效的补救，尽管此种侵犯是以官方资格行事的人所为；（乙）保证任何要求此种补救的人能由合格的司法、行政或立法当局或由国家法律制度规定的任何其他合格当局断定其在这方面的权利，并发展司法补救的可能性；（丙）保证合格当局在准予此等补救时，确能付诸实施。”

在明确确认人权属于主权管辖范围内事务，主权国家在保障人权方面享有完全的独立和自主权利的同时，两份公约对禁止外部主权干预问题作了较为严格的规范。其中，鉴于《经济、社会和文化权利国际公约》涉及的权利均是需要随着各国经济和社会的发展而逐步才能得到解决的，国际社会在这方面难以发挥直接的推动性作用，因而不仅明确地确认国家在其中承担主要责任，在所有的条款中也没有涉及国际干涉的问题。在公约第四部分规定的限制性条款中，仅要求缔约国“提出关于在遵行本公约所承认的权利方面所采取的措施和所取得的进展的报告”，而联合国负责这方面事务的经济及社会理事会的权限只在于：“按照其根据联合国宪章在人权方面的责任，得和专门机构就专门机构向理事会报告在使本公约中属于各专门机构活动范围的规定获得遵行方面的进展作出安排”；“将各国按照……规定提出的关于人权的报告和各专门机构按照……规定提出的关于人权的报告转交人权委员会以供研究和提出一般性的建议或在适当时候参考”；“缔约各国以及有关的专门机构得就……规定的任何一般建议或就人权委员会的任何报告中的此种一般建议或其中提及的任何文件，向经济和社会理事会提出意见”；“经济和社会理事会得随时和其本身的报告一起向大会提出一般性的建议以及从本公约各缔约国和专门机构收到的关于在普遍遵行本公约所承认的权利方面所采取的措施和所取得的进展的材料的摘要”；“提请从事技术援助的其他联合国机构和它们的辅助机构以及有关的专门机构对本公约这一部分提到的各种报告所引起的任何事项予以注意，这些事项可能帮助这些机构在它们各自的权限内决定是否需要采取有助于促进本公约的逐步切实履行的国际措施”。

从这些权限可见，《经济、社会和文化权利国际公约》几乎没有对缔约国相关人权事务的干涉性规定，各国的义务仅在于“同意为实现本公约所承认的权利而采取的国际行动应包括签订公约、提出建议、进行技术援助，以及为磋商和研究的目的同有关政府共同召开区域会议和技术会议等方法”。而且，为了突出公约的不干涉原则，还专门在第 24、25 条中分别规定：“本公约的任何部分不得解释为有损联合国宪章和各专门机构组织法中规定确定联合国各机构和各专门机构在本公约所涉及事项方面的责任的规定”，“本公约中任何部分不得解释为有损所有人民充分地和自由地享受和利用它们的天然财富和资源的固有权利”。

相比之下，《公民权利和政治权利国际公约》涉及的权利在保障方式上有所不同。如果说前一种权利只能逐步得到实现的话，后一种权利则主要可以通过国家的法律保护而加以确认和实现，因此，在《公民权利和政治权利国际公约》的有关规范中，联合国的作用表现出了一定的干预色彩，缔约国也承担了更为直接的责任和义务，受到的限制和制约也更大。例如，公约不仅要求缔约国承担按照其宪法程序和公约的规定采取必要步骤，承担尊重和保证在其领土内和受其管辖的一切个人享有公约所承认的权利，还必须采取有效的补救措施保证任何一个被侵犯公约所承认的权利或自由的人得到补偿，即使在社会紧急状态威胁到国家的生命并经正式宣布时，公约的缔约国可以采取措施克减其在公约下承担的义务，但克减的程度须以紧急情势所严格需要者为限，此等措施并不得与它根据国际法所负有的其他义务相矛盾，且不得包含纯粹基于种族、肤色、性别、语言、宗教或社会出身的理由的歧视。此外，任何援用克减权的公约缔约国应立即经由联合国秘书长将它已克减的各项规定、实行克减的理由和终止这种克减的日期通知公约的其他缔约国家。

公约在起草过程中就一直充满了维护国家主权与进行跨国界人权监督之间的争论，在公约的规定实施机制中，实际上包含了由其监督机构（人权事务委员会）行使某种程度上的普遍司法管辖权的取向。这不仅表现在它与《经济、社会和文化权利国际公约》相比多设立了一个监督和实施机构，而且早在 1954 年联合国人权委员会准备公约草案时，就曾设想将人权事务委员会变成一个以处理指控和申诉为主的强制性机构，只是由于当时苏联等国家的强烈反对，公约才最终将其权限界定为“研究”、“转交”、“提请注意”等非强制性的权力。公约涉及国际干预的有关规定主要体现在第四部分有关成立“人权事务委员会”的规定方面。按照有关条款的规定，委员会由 18 名委员组成，委员必须由缔约国国民以个人身份担任，应“具有崇高道义地位和在人权方面有公认的专长，并且还应考虑使若干具有法律经验的人参加委员会是有用的”。委员会的日常工作，是研究各缔约国提出的关于它们已经采取而使本公约所承认的各项权利得以实施的措施和关于在享受这些权利方面所作出的进展的报告，并把它经研究后提出的报告以及它可能认为适当的一般建议送交各缔约国，也可以把这些意见同它从本公约各缔约国收到的报告的副本一起转交经济与社会理事会。委员会最重要的职责，是接受和审议由曾经声明承认委员会有权的缔约国提出的、指控另一个缔约国不履行它在公约下的义务的通知。接受通知后，委员会应对有关的缔约国提供斡旋，以便在尊重公约所承认的人权和基本自由的基础上求得此事项的友好解决。为此，委员会可以要求有关缔约国提供任何有关情报，各国则有权派代表出席委员会的审议，提出口头或书面的说明。如果该事项在规定的条件下未能获得使各有关缔约国满意的解决，委员会在事先经过缔约国同意的情况下，还可以再指派一个专设和解委员会提供进一步的斡旋。

与《经济、社会和文化权利国际公约》相比，《公民权利和政治权利国际公约》开始涉及对缔约国人权事务的干预问题，但从公约本身的规范看，这样的干预还是十分有限的。人权事务委员会的干预效力也受到很大的制约，对各缔约国不能采取强制性的干预措施，只能发挥“中间人”的斡旋作用。公约第44条还要求关于人权事务委员会的有关规定的适用“不得妨碍联合国及各专门机构的组织法及公约所订的程序，亦不得阻止本公约各缔约国依照彼此间现行的一般或特别国际协定，采用其他程序解决争端”。在第46、47条中，还规定了与《经济、社会和文化权利国际公约》第24、25条相同的限制性条款。具体说来，人权事务委员会约束缔约国人权行为和司法意志的规范主要包括：

第一，国家承担义务规范。公约规定，“缔约国承担保证任何一个被侵犯了本公约所承认的权利或自由的人，能得到有效的补救，尽管此种侵犯是以官方资格行事的人所为；保证任何要求此种补救的人能由合格的司法、行政或立法当局或由国家法律制度规定的任何其他合格当局断定其在这方面的权利，并发展司法补救的可能性；保证合格当局在准予此等补救时，确能付诸实施。”（第二条第三款）

第二，国家间指控机制。“缔约国得按照本条规定，随时声明它承认委员会有权接受和审议一缔约国指控另一缔约国不履行它在本公约下的义务的通知”（第四十一条第一款），这是相互监督的机制。

第三，个人申诉机制。这一规范在公约中虽未涉及，但在《任择议定书》中得到专门的强调。该议定书第一条即宣布，“缔约国承认委员会有权接受并审查该国管辖下的个人声称为该缔约国侵害公约所载任何权利的受害者的来文。”这是过去的国际法文件中从未有过的。

第四，报告机制。“缔约国承担在（甲）本公约对有关缔约国生效后的一年内及（乙）此后每逢委员会要求这样做的时候，提出关于它们已经采取而使本公约所承认的各项权利得以实施的措施和关于享受这些权利方面所作出的进展的报告。”（第四十条第一款）这是明显的超国家管辖思路。

第五，和解机制。如果“提交委员会处理的事项未能获得使各有关缔约国满意的解决，委员会得经各有关缔约国事先同意，指派一个专设和解委员会，和委会应对有关缔约国提供斡旋，以便在尊重本公约的基础上求得此事项的友好解决”（第四十二条第一款）。

一般认为，在《任择议定书》中，人权事务委员会对缔约国人权问题的干预性质发生了较大的变化。该议定书极大地延伸了人权事务委员会的权限，把人权干预的领域拓展到了联合国成立以来一直严格界定为国家主权和内政范畴的个人权利领域。议定书第1条开宗明义地宣布，“成为本议定书缔约国的公约缔约国承认委员会有权接受并审查该国管辖下的个人声称为该缔约国侵害公约所载权利的受害人的来文。”根据这一条款，凡是议定书缔约国的声称在公约规定下的任何权利遭受了侵害的个人，如对可以运用的国内补救办法悉已援用无遗，均可以向委员会提出书面申请，由委员会审查。委员会经审查后，应将有关来文提请被控违反公约任何规定的议定书缔约国注意；得到通知的国家应于6个月内书面向委员会提出解释或声明，说明原委，如果该国业已采取救济办法，则亦应一并说明。由于《任择议定书》中有较强的约束性条款，各国一旦批准，将承担更大的责任，也因此等于更多地认可了外部力量对本国主权和内政事务的干预。所以迄今为止，它得到的支持程度远远不及公约——目前签署和批准这份文件的成员国仅为61个，而公约的成员国则在20世纪90年代达到了100个。

必须强调的是，无论是在两份公约还是《任择议定书》中，涉及的有关规范在国际法意义上都是非强制干预性质的，如果说有差别的话，则主要在于程度有所不同而已。尽管《任择议定书》将人权干预视野投向了缔约国的内部事务，把个人权利这一传统上属于国际私法范畴的问题纳入了国际公法的管辖范畴，从而直接对国家行使主权权力构成了一定制约和约束，它也只有权提请有关国家注意并采取有效的补救办法，而无法授权人权事务委员会对有关缔约国违反人权的行为进行强制性的干涉。至于其他国家采取单边干涉行动，对另一主权国家进行人权干涉的行为，更无论在两份公约还是《任择议定书》中都找不到任何依据。

19世纪法国作家查尔斯—莫拉斯曾经表示，“在人类所有的自由中最珍贵的是国家独立。”这一表述至今仍然可以被看作关于国家主权的最好命题。一个命题是否成立，取决于它的价值理念和实践标准，具体到国家主权之于人权国际化的指导和规范作用而言，评判国家主权原则是否仍然具有不可超越性的首要标准，在很大程度上取决于它是否有助于推进人权国际化进程的正常发展，是否能为人权国际化提供一个良好的国际政治环境和稳定的政治秩序，使人权国际化得以在平稳有序的轨道上加速发展。如果答案是否定的，它当然应该被放弃（这是当代大多数对国家主权理论持怀疑和批评态度的学者和政治家们的推理过程）；相反，如果答案是肯定的，它就仍然是人权国际化进程中不可超越的基本准则。

人权是全人类的共同追求，但这种追求最终是从每一个国家的政府和人民的共同努力中体现出来的，而在一个政治、经济、社会和文化条件千差万别的世界上，每一个国家不可能也更不应该按照某种特定的发展模式、根据某些人的政治意志来推进自己的人权建设。人权的中国道路这一命题的提出不是凭空臆想出来的，而是经过1个多世纪、尤其是新中国成立以来的长期探索而形成的一条与国情相适应的人权发展道路，这一道路在多元的人权选择中充分体现了合理性，在国际人权法的层面上也有着充足的合法性基础。中国的人权道路从来就不是避开国际人权的普遍法则而采取的违背规则的行动。中国早就签署并批准了包括《经济、社会和文化权利国际公约》在内的30多份主要的国际人权文书，积极按照这些规约的精神和条文规定推进国内的人权发展；中国也签署了《公民权利和政治权利国际公约》，并正积极研究适当的批准方式。由此可见，中国的人权发展始终是在尊重国际人权法的前提下进行的，中国人权道路的合法性也在尊重和参与国际人权法制化的进程中得到了确认和体现。

四、中国人权道路的内生逻辑

中国的人权道路不是一个由某个政党或政府人为塑造出来的产物，它的形成具有一条合乎逻辑的内生线索，是一个多世纪以来、尤其是近30多年来改革开放和人权发展的必然结果。换言之，中国的人权道路是遵循着中国发展和成长进程中内在蕴涵的历史和现实逻辑而逐步成长起来的。今天，人们需要的不是去盲目否定这些任何人为力量都无法改变的逻辑，而是努力加以探索和把握，从中找出中国人权道路形成的真实的内在根源，进而为这一道路的不断拓展和中国人权保障水平的不断提高提供具有建设性的正确方向。

在分析中国人权道路的内生逻辑时，人们有必要回到历史的原点，从历史的长周期回溯中寻求真实的答案。如前所述，与“人权”价值相类似的理念在中国古代社会很早就已得到一定的发育，但现代意义上的“人权”精神之所以没有在中国的政治土壤中滋生出来，根本在于这些思想是从属于皇权专制并服务于巩固皇权和国家稳定与统一的需要，这一特质决定了中国古代权利思想的非独立性地位，它没有也不可能像欧洲那样发展出足以制约和与专制体制抗衡的独立的人权意识，零散的人本主义思想和权利主张在本质上更多的是一种统治术而非革命性的理论。正因如此，近代中国的民主思想家们不得不注重从西方而非传统学说中去寻求人权和民主革命的理论依据。

但是，作为一个具有5000年历史文化传统的国家，根深蒂固的制度和文化惯性决定了世俗的君主是中国毋庸置疑的主权者，近代民主思想的任何引进都始终难以摆脱这一根本性的制约。然而，中国与西方列强交往中的屡战屡败促使人们开始思考西方坚船利炮背后的制度和价值因素，不论体用问题，核心都是国家的富强和民族的复兴。当然，体用之争在今天关于中国人权模式的讨论中仍然是一个若隐若现的隐性话题，但从国家和民族本位的价值共识基础之上，以民主、自由、人权为核心的西学还是注定要被逐渐引入中国并成为近代以来中国国家建设和国家成长中的一个主题。

由此可见，中国人权道路的第一条内生逻辑显然是文化性的，中国的文化特性是注定中国人权道路呈现出内生性特征的内在基因。近代中国对西方人权观念的引入最初无疑是带有价值崇拜特征的，这是当时皇权衰落情况下人们普遍性的文化失落心态的必然反映。以至于尽管西方列强常常打着人权的口号对中国进行侵略和掠夺，但人们还是愿意相信人权本身代表着人类社会的进步思潮，在本质上是合乎人的生存和发展要求的，而且客观上，中国要推翻封建专制统治，建立起保障人权的民主制度，一开始也只有从西方那里去学习和借鉴经验与规范。这就决定了中国的近现代人权发展过程中，不可避免地受到西方人权观念的诸多影响，在许多要素上成为西方人权主张在东方的延伸。从林则徐到孙中山、从立宪派到民主派，他们的治国方案都是从西方的政治思想中衍生出来的；从魏源、郑观应到康有为、梁启超，也无一不是在接触了西方的人权学说后提出自己的政治和人权主张的；无论是“以夷制夷”还是“西学中用”的主张，前提都是要接纳西方的观念，至于所谓的“全盘西化”论，更是西方影响的极端体现。

然而，延续数千年的历史和文化仍然是有强大的惯性和内在传承性的，所以中国在国家层面推进人权建设的尝试从一开始就带有自身的文化色彩。具有典型西方色彩的人权概念在进入中国本土后，不管人们主观愿望如何，它都不可避免地与中国的传统制度和文化密不可分地纠结起来，从一开始就体现了浓厚的中国文化特色。近代民主派推广人权的每一步，都遭遇到各种传统政治力量的抵制和中国式解读，从而使这一西方理念不断受到“西学为用，中学为体”思想的消融。作为近代以来内化于大多数学者和政治家对待西方技术和文化时的不变价值立场，体用思想意识外化于人权的政治实践时，更必然体现为试图在中西方之间找到一条可以调适的现实路径，中国保障人权的立场、观念、体制机制和方式手段因而也就不可避免地呈现出中西合璧的特征。即便如现代相对而言在条文上对人权限制最少的《中华民国临时约法》，也没有像西方那样只规定公民应享受的权利，而是规定诸多公民权利在行使中必须施予的限制，强调“人民之权利，有认为增加公益、维持治安或非常紧急必要时，得依法律限制之”。而最能体现近代人权保障的中国文化特质的，是国家对权利和义务的辩证规范。满清王朝诚然基于维持专制而在《钦定宪法大纲》中规定了纳税、当兵和遵守国家法律的义务；在孙中山主持制订的《临时约法》和民国的《宪法》中，也同样规定了类似的公民义务。至于在政府构成形式中采取“五院制”而非西方式的“三权分立制”、孙中山提出的“民生主义”及其经济和社会权利主张，更是基于对中国科举考试制度和监察制度的继承、对中国社会贫困落后面貌的深刻认识而在宪法中加以规范的。

中国人权道路的内生逻辑不仅体现为对西方人权观念的文化性消融和制度保障实践中的“内需”至上选择，同样，作为一种内生型的人权发展道路，它的形成逻辑还在于国家的生存本能和被动打开国家的对外大门经历的政治过程，这是决定中国人权道路呈现内生性特征的政治动因。换言之，中国式人权道路的第一条内生逻辑是根深蒂固的文化性逻辑，第二条逻辑则是基于历史选择的政治性逻辑。

众所周知，中国的封闭状态是在西方的坚船利炮下被强制性打破的，从1840年鸦片战争开始的1个多世纪中，中国始终没有能够改变内忧外患的生存威胁。在这一现实下，国家没有也不可能走出一条西方式的人权发展道路来，只能在局部或阶段性时段上取得片段的零散进展，而这样的人权发展实践，也进一步注定了中国人权道路的内生逻辑。

清朝末年，国家在外强侵略的危机下不断陷入羸弱不堪的泥沼，无法给予人们对人权任何的实质性保障，最后时期的人权承诺不仅没有能够挽救这一垂亡的政权，反而为革命者提供了合法性理由。辛亥革命后，新生的国家政权一度开启了人们对民主和人权的向往，但专制的残余和共识的缺乏仍然把保障人权变成了一纸空文。一战后，中国作为战胜国在巴黎和会上的屈辱待遇固然激发了五四运动的爆发，民主和人权在进步政治力量中开始成为共识，但在国家政治实践的层面，这一共识转化为制度化的保障努力仍然是虚幻的天真理想，以至于在整个民国时期，中国的人权发展呈现出一个几乎是极端的悖反现象：一方面，以民主和人权为政权合法性口号的国民政府不仅没有在保障人权方面作出过任何认真的努力，反而在国民党一党之私和蒋氏家族的一己之利下变异为一个以压制民主和人权为己任的独裁政府；另一方面，被称为“共匪”的共产党却从一开始就把人权作为自己的政治旗帜，并在自己的根据地进行了与中国国情相适应的人权保障实践。

20世纪初期马克思主义在中国的兴起构成了中国人权道路的第三条内生逻辑，这是中国人权道路呈现内生性特征的意识形态根源。从成立之日起，新生的中国共产党在革命纲领和主张上一度深受苏联的影响，但在人权价值上，中国共产党却非但没有像苏联共产党那样在十月革命后轻易地把保障人权让给了西方，进而导致日后在长期的冷战中陷入意识形态斗争中的不利地位，而是从一开始就鲜明地把追求民主和人权树立为自己的政治纲领，从而在与国民党的近30年较量中不断树立起良好的政党形象，在道义上受到民众的广泛支持和拥护。在人权的意义上，三年的解放战争最终显示出民众对共产党主张的认同，新中国的成立是民众选择的必然结果。建国后，国家对人权的重视和强调一度得到了延续，但遗憾的是，1956年后，随着中国宣布进入社会主义建设的新时期，尊重人权的政治传统还是在向苏联“一边倒”的意识形态选择中受到影响，人权被认为是资本主义制度的产物而在政治原则层面被选择性地忽视。人们更愿意坚信在人民当家作主的现代民主政治原则下，国家不会出现侵犯人权的现象，自然也就不需要在制度上对保障人权加以专门的强调。当然，这一转变并不意味着中国不再尊重和保障人权，而是不再受西方意识形态下的人权观念的约束，试图以一种更加优越的社会制度从根本上实现对人民权利的保障。在此意义上，或许可以认为这一时期中国放弃的是西方式的“人权”理念，本质意义的人权在中国并没有不受保障，只不过保障的方式和理念发生了巨大的转变。

然而，由于在当时的历史条件下，人与国家的关系没有得到清晰地界定，造成了与民主和人权相关的制度安排的不足，在超强势的国家集权体制趋势下，民众逐步成为政治动员的对象，个体意义上的人及其权利诉求相应受到忽视，为了更大多数人、甚至“全人类”的权利的充分实现而奋斗，为此目标可以暂时牺牲一部分人权利的理想主义精神一步步走向极端。最终，“文化大革命”这一在人权意义上的灾难性运动的发生成为无法避免的结果。

改革开放后，随着国家、市场、社会之间关系的逐步理顺，国家与人之间的政治张力也日益得到极大的缓解，以制度化的方式和路径实现对人权的尊重和保障也随之成为国家成长的内生逻辑。而且，在这一逻辑的支撑下，只要国家的基本制度继续得到保持，国家的发展和成长步伐不被中断，尊重和保障人权的精神就能不断得到广泛的普及，人权的保障水平就会不断提高。

从中国人权发展的历史脉络和内在规律中，可以抽象出一条清晰的历史逻辑，那就是中国的人权道路与国家成长的历史轨迹始终是同步推进的，中国从来没有放弃过对保障人权的努力；同时，中国对于人权的理解始终是开放式的，从来没有排斥来自任何方面的有益的人权经验，中国的人权道路是在国家和人民理性人权意识逐步养成并正向互动过程中形成的。简言之，这一切蕴涵的内在逻辑是，近代以来中国人权道路的形成是一个自然的过程，这条道路植根于不断提高中国人民的人权保障水平这一不变的目标，适应了中国的历史和现实发展的需要，与国家的富强和社会的进步基本保持同步。在此意义上，中国的人权道路不是任何人为的力量根据自身意志加以塑造的结果，也不是任何力量施加给中国人民的负担，因此，任何人为的力量都不可能改变这一道路的基本走向。

第二章　中国人权道路变迁和衍进的历史脉络

在对中国人权道路的内生逻辑进行抽象分析的基础之上，有必要进一步把这一逻辑放在历史的发展和变迁中加以经验性的验证和考察，这不仅有助于人们对中国走上一条具有国家特色的人权道路的历史必然性有更加显性的认识和把握，从历史的回归分析中，也可以更好地把握中国人权发展的历史进程中蕴涵的历史逻辑和内在规律，证明中国人权道路的渐进形成不是人为的选择，而是与国家建设和国家成长过程相一致的合乎社会发展规律的结果。

一、专制困境与晚清政府保障人权的失败尝试

众所周知，以鸦片战争为起点，中国进入了一个饱受外部力量欺凌和掠夺的屈辱时期，经历了数千年的封建专制制度后面临着国家存亡的严峻挑战。但西方列强对中国的多次侵略战争在迫使满清政府不断地割让土地、赔偿军费的同时，也把西方的民主、自由和人权主张输入了中国，促使越来越多的人在接受这些新主张的同时开始把批判的矛头对准现行的专制制度，争民主、救国亡成为中国的历史大势。在内忧外患面前，为维持摇摇欲坠的统治，1905年开始，满清政府被迫开始了体制内的立宪运动，试图在继续维持皇权专制的前提下部分引入西方的制度要素，对人权表示认同并提供有限的制度保障随之提上议事日程。

1906年9月，清政府在派员赴西洋考察宪政后，宣布将从改革官制入手，"预备仿行宪政"。经过两年多的犹豫，1908年，内外交困的清政府颁布了《钦定宪法大纲》，试图以有限的人权赐予挽救和维持摇摇欲坠的专制政权。《大

纲》在中国历史上第一次由政府正式确认了人民享有的6项权利和3项义务。这6项权利包括：（1）参政权。“臣民中有合于法律命令所定资格者，得为文武官吏及议员”；（2）基本自由。“臣民于法律范围以内，所有言论、著作、出版及集会、结社等事，均准其自由”；（3）人身权。“臣民非按照法律所定，不加以逮捕、监禁、处罚”；（4）司法诉讼权。“臣民可以请法官审判其案件”；（5）公正审判权。“臣民应专受法律所定审判衙门之审判”；（6）财产和居住权。“臣民之财产及居住，无故不加侵扰”。3项义务是：（1）“臣民按照法律所定，有纳税、当兵之义务”；（2）“臣民现完之赋税，非经新定法律更改，悉仍照旧输纳”；（3）“臣民有遵守法律之义务”。

由此可见，尽管人权观念和主张最初来自对西方规范的借鉴，但从一开始，中国对人权的理解和保障方式就体现出一些明显的国家特征。比如，《大纲》在强调权利的同时也同样强调义务；又如，所有的权利都强调法律的确认，这是对权利滥用的预防性限定。当然，《大纲》所列的6项权利仅仅涵盖了部分的人权内容，而且它并不承认“人民”这一现代国家中最基本的体现人人平等的概念，人民在皇权面前仍然只是“臣民”，皇权仍然被认为是至高无上的权力。按照《大纲》的表述，“大清皇帝统治大清帝国，万世一系，永永尊戴。君上神圣尊严，不可侵犯”。而且，大清皇帝拥有召集和解散议会权、颁布法律权、任命官吏权、最高司法权、军事统率权、宣战和议和权、戒严权等几乎所有重要的政治权力，人民的权利仍被认为是钦赐的，且没有具体的组织形式和措施来加以保障，这也就意味着这些权利随时可能遭到剥夺。因而在严格意义上，《钦定宪法大纲》并没有确立起真正意义上的人权保障理念，只是在人民的强烈要求下为维持风雨飘摇的封建王朝而作出的有限让步。

1911年10月，饱受封建专制之苦的中国人民迎来了辛亥革命。在政权处于奄奄一息之际，满清政府终于抛出了《十九信条》，宣布建立立宪君主政体，从形式上废止皇权专制制度。

在《十九信条》中，清政府仍然试图维持皇权的至上地位，规定“大清帝国皇统万世不易，皇帝神圣不可侵犯”。但与《钦定宪法大纲》相比，这一信条在制度规范上有了较大的进步，人民权利受到了较大程度的保障：（1）按照信条的规定，起草宪法的权力被赋予了由指定产生的资政院，而选举产生的国会则拥有修改宪法的权力：“宪法由资政院起草议决，由皇帝颁布之，宪法改正提案权属于国会，上院由国民于有法定特别资格者公选之”；（2）在政府体制上，拥有行政权力的总理由国会选举产生，并不得由皇族担任：“总理大臣由国会公举，皇帝任命……总理大臣受国会弹劾时，非国会解散，即内阁辞职”；（3）皇帝名义上仍然拥有军事统率权，但须经国会的批准方能行使：“陆海军直接皇帝统率，但对内使用时，应依国会议决之特别条件，此外不得调遣”；（4）非经国会批准，皇帝不得违反法律规定行使权力，“不得以命令代法律，除紧急命令，应特定条件外，以执行法律及法律所委任者为限”；（5）缔结条约的权力由国会拥有：“国际条约，非经国会议决，不得缔结”。这些规定虽然没有列举具体的人权保障内容，但在体制规范上试图与日本式的君主立宪政体相接近。《信条》与《钦定宪法大纲》一起，构成了晚清政府有限的人权保障制度的大致框架。

从制度意义上说，《钦定宪法大纲》和《十九信条》的制订是近代中国在人权保障道路上走出的实质性一步。但是，由于这样的改革从根本目的上说是为了维系一个专制政权的生存而采取的被动措施，并不真正出于制度进步和国家信仰的精神，有限的人权保障尝试更远不足以满足当时中国人倡导国富民强的普遍要求。随着辛亥革命后清政府很快被推翻，这一尝试并没有在政治实践中付诸行动，日益觉醒的人民已经不再满足于由君主来赐予自己权利，在经过了辛亥革命的民主革命洗礼后，他们要求彻底地推翻封建帝制，在中国的大地上树起民主和共和的旗帜，争取更充分的人权保障。以此为起点，中国开始走上了一条试图通过建立民主制度来实现保障人权目标的人权发展道路。

二、辛亥革命与民国时期人权发展的曲折经历

用今天的眼光看，辛亥革命无疑是一场失败的民主革命。它既没有能够改变中国半殖民地半封建的社会性质，也没有使中国实现真正的民主政治和民族独立，甚至满清时期尚能勉力维持的国家统一的局面也很快被军阀混战所代替，中国进入了一个军阀割据、大小战争持续不断的时期，以民主制度实现人权保障的目标被彻底束之高阁。但是，辛亥革命毕竟适应了当时中国社会中普遍的革命性国家改造要求，它对建立一个民主国家的追求成为中国革命的主线，民主、共和、人权思想从此在中国广为流传。在争取民主和共和的进程中，中国的人权保障至少在国家制度的层面得到了比较全面的确认。

辛亥革命是中国历史上第一次以重建国家制度来实现民主、自由和人权目标的政治革命。在过去 5000 年的漫长历史中，中国虽然不断爆发农民起义，但每一次的政治目标都是推翻在位的专制君主，每次改朝换代的本质也都是以一个新的君主取代旧的君主、以一个新的皇权取代旧的皇权。在人权保障

的意义上，辛亥革命最具历史意义的进步之处，在于它所推翻的不仅是一位旧君主，更是君主现象背后的封建专制制度，它试图在中国建立起一种全新的民主制度，实现对人权的尊重和保障。虽然在当时的历史条件下，这一目标没有也不可能通过一次革命得到实现，但它开创了中国推进人权建设的一条新路径，为一个世纪以来中国对民主制度和人权保障的不懈探索和努力提供了一条富有创制性的实践思路。

作为中国历史上第一次重建民主和人权制度的政治启蒙运动，辛亥革命开启了中国走向现代国家的历史进程，为中国建立现代国家制度和人权建设留下了丰富的历史遗产。这主要体现在：

第一，保障民权是国家制度建设的核心目标。1924 年，中国国民党第一次全国代表大会在回顾辛亥革命时曾经总结道，“革命之目的，非仅仅在于颠覆满洲而已，乃在于满洲颠覆以后，得从事于再造中国”，而“再造中国”在政治制度方面的涵义，就是“由专制制度过渡于民权制度”。由此可见，辛亥革命倡议的民主共和理想为近代以来中国的国家制度建设确立了明确的目标，以此为起点，所有的政治主张都只有奠立在“民主”、“民权”之上才能为社会广泛认同，所有人都越来越强烈地意识到，只有创建一个尊重民众权利的国家制度，中国才有可能改变黑暗和愚昧的面貌，实现社会的发展和政治的进步。

第二，以中国方式走中国的人权道路，构建与国情相适应的国家制度。实现民主是辛亥革命的政治目标，但辛亥革命也同时促使人们深刻地认识到仅仅推翻皇权专制还是不够的，20 世纪初的中国面临的不仅是建立一个独立的民主国家，还包括了抵御外来干涉、摆脱贫困、维护国家统一等紧迫的国家建设使命。这注定了从一开始中国就必须走一条独特的发展道路，中国的人权发展必须适应国家建设和国家成长的现实要求。这一点，既是中国走向现代国家的内在规律，也是中国的人权道路不可避免体现出显著的国家特征的必然逻辑。

第三，中国的人权进步需要强有力的现代政党领导。辛亥革命虽然是由同盟会这一类似于政党的组织发动起来的，但其有限的政治力量决定了它在革命后不可能成为国家建设的强有力的推动者和领导者，新的国家制度也注定是革命者与旧势力之间较量和妥协的产物，革命的果实最终落到北洋军阀手中也就是必然的结果。辛亥革命留下的这一教训，为今天中国的人权保障必须坚持中国共产党领导提供了重要的历史依据。

第四，合作和共识是人权发展的重要动力。辛亥革命最大的成功经验之一，在于它聚合了各种不同的政治力量，尽管这些力量在各自的政治主张上千差万别，但在推翻满清王朝、建立民主国家、保障人权等核心目标上达成了广泛的共识，进而在最大程度上促进了各方的合作行动，最终以革命的方式宣告了封建专制制度在中国的寿终正寝。这充分表明，在当时中国这样一个高度分散和势力众多的国家中，没有合作和共识的达成，人权事业的不断发展是不可想象的。同样，在社会结构日趋多元化的当前，中国要实现国家富强和民族复兴的目标，也必须在广泛合作和共识的基础上才是可能的。

辛亥革命不是一次完美的革命，它只是一次民主和人权的启蒙运动而没有在中国建立起真正的民主，理想主义与封建主义之间不可调和的内在冲突决定了革命最终难以达到彻底改变国家制度的政治目标，也注定了中国的现代国家制度建设不可避免地长期在矛盾和曲折中渐进式发展，不可能期望通过一次乃至数次疾风暴雨式的革命和运动实现政治民主和充分保障人权。在此意义上，辛亥革命折射出来的近代以来中国革命和建设的复杂性与曲折性，既有助于理解当前中国人权建设任务的艰巨性，也为中国进一步加快人权保障制度建设注入了内在的动力。

1912 年 3 月 31 日，中国民主革命的先驱孙中山主持制定了《中华民国临时约法》。这是中国历史上第一部在近代人权精神指导下制订出来的宪法性文件，标志着中国在真正意义上开始以制度化的方式保障人权。

《临时约法》共分 7 章 56 条，较为全面系统地规范了中国的民主和人权体制。它首先宣布了两条中华民国遵循的根本人权原则：人民主权原则和平等原则。其第 1、2 条规定，“中华民国由中华人民组织之”，“中华民国之主权，属于国民全体”；第 5 条规定，“中华民国人民，一律平等，无论种族、阶级、宗教之区别。”

在人权的具体内容方面，《约法》共列举了 13 项基本自由和公民权利。主要包括：人身权，“人民之身体，非依法律，不得逮捕、拘禁、审问、处罚”；住宅权，“人民之家宅，非依法律，不得侵入或搜索”；财产权，“人民有保有财产及营业之自由”；基本自由，“人民有言论、著作、刊行及集会、结社之自由”；通信自由，“人民有书信秘密之自由”；自由迁徙权，“人民有居住迁徙之自由”；信仰自由，“人民有信教之自由”；请愿权，“人民有陈述于行政官署之权”；诉讼权，“人民有诉讼于法院，受其审判之权”；陈情权，“人民对于官吏违法损害权利之行为，有陈述于平政院之权”；参政权，“人民有应任官考试之权”，“选举与被选举之权”。

在保障人权的组织形式方面，《约法》规定了较典型的三权分立体制。其中参议院作为立法机构，除拥有通过立法等形式保障人权外，还拥有“受理人民之请愿”这一对政府行为构成有力制约的权力，其他权力还包括“以关于法律及其他事件之意见建议于政府"，"提出质询书于国务院，并要求其出席答复"，等等；临时大总统及国务院则除了承担"总揽政务，公布法律"这一基本行政职责外，还可以通过"宣告大赦、特赦、减刑、复权"等方式来保障人权；法院系统作为直接的司法权拥有者，可以"依法律审判民事诉讼及刑事诉讼"，公开、独立地审判案件。为防止行政权力干涉司法，维护司法独立，《约法》还专门规定法官"在任中不得减俸或转职，非依法律受刑罚宣告，或应免职之惩戒处分，不得解职"。

《中华民国临时约法》确立了中国近代人权保障的基本原则和规范措施，但这一约法与《十九信条》一样，从来没有能够真正付诸实施，很快就因时势的变化而被束之高阁。以孙中山为临时大总统的南京政府只存在了 3 个月，国家的统治权就落到了前满清内阁总理大臣袁世凯手中。1913 年，袁世凯下令解散国民党和国会，授意制定了赋予他个人独裁权力的《中华民国约法》，这一约法虽然名义上仍然承认人民拥有的基本自由和权利，但却取消了实现这些权利的组织形式和保障措施，把人权变成了一纸空文。1915 年 12 月，袁世凯宣布复辟帝制，试图使中国重新沦为封建专制国家，这场闹剧虽因全体民众的强烈反对而很快以失败而收场，但却因其严重的政治后果而再度延迟了中国走向民主和人权的历史进程。中国从此陷入了长期的军阀割据和混战局面，在国家政权四分五裂的状况下，人权发展当然也无从谈起。

1924 年 4 月 12 日，孙中山拟定《建国大纲》，提出了他对构建国家制度和人权保障的全面构想。在"三民主义"主张中，孙中山不仅提出了他对国家建设的阶段性主张，在人权保障方面也开始更加注重与中国的国情相适应，试图把保障人权奠立在合乎现实的基础之上。如在"民生"方面，孙中山着眼于"全国人民之衣食住行四大需要"，提出了最早的保障生存权和发展权的构想。他认为，"政府当与人民协力共谋农业之发展，以足民食；共谋织造之发展，以裕民衣；建筑大计划之各式住舍，以乐民居；修治道路运河，以利民行"；在"民权"方面，他提出，维护民权的根本出路在于，"对于人民之政治知识能力，政府当训导之，以行使其选举权，行使其罢官权，行使其创制权，行使其复决权"；在"民族"方面，他表示"对于国内之弱小民族，政府当扶植之，使之能自决自治；对于国外之侵略强权，政府当抵御之，并同时修改各国条约，以恢复我国际平等，国家独立"。显然，这些主张与"西学东渐"初期大多数人对西方人权主张盲目崇拜的心态已经有了根本性的不同，孙中山不再把思考的重点放在中国人应该享有哪些人权这样的抽象理解上，他开始更多地思考中国人首先需要的是什么权利，怎样才能使这些权利在中国当时的条件下更有可能得到实现。

正是基于人权发展的目标绝非一夕之功可以奏效，孙中山具体设计了国家建设的三个阶段来试图加以逐步实现。在他看来，当时处于军阀割据状态下的中国要推进国家建设需要经历的第一阶段是“军政时期”，这一时期的基本特征是“一切制度，悉隶于军政之下。政府一面用兵力以扫除国内之障碍，一面宣传主义，以开化全国之人心，而促进国家之统一”；第二阶段为“训政时期”，这一时期的基本特征是“政府当派曾经训练考试合格之员，到各县协助人民筹备自治，其程度以全县人口调查清楚，全县土地测量完竣，全县警卫办理妥善，四境纵横之道路修筑成功；而其人民曾受四权使用之训练，而完毕其国民之义务，誓行革命之主义者得选举县官，以执行一县之政事；得选举议员，以议立一县之法律。”简言之，训政阶段的目标是实现以县为单位的基层民主，人民得以“有直接选举官员之权，有直接罢免官员之权，有直接创制法律之权，有直接复决法律之权”；国家建设的第三阶段为“宪政时期”，这一时期的特征是国家制度从基层直接民主上升到间接代议民主，到“全省之地方自治完全成立时期，则开国民大会，决定宪法而颁布之。宪法颁布之后，中央统治权，则规于国民大会行使之，即国民大会对于中央政府官员，有选举权，有罢免权，对于中央法律，有创制权，有复决权”。

值得一提的是，孙中山对宪政时期的国家制度也作了中国特色的改造，在他看来，这样的改造更加有助于在中国实现民主和人权。他把中央政府的构成设想为“五院制”，即“设立五院，以实行五种之治，其序列如下：曰行政院、立法院、司法院、考试院、监察院”。这一设想超越了“三权分立”的制衡理念，突出了“考试”和“监察”这两种在中国历史上长期推行而行之有效的制度的重要性。“考试”制度不仅使每个人有公平竞争公职的机会，更有助于防止西方式等级制度的固化效应，保障了下层民众通过考试的方式实现阶层流动，进而获得平等发展权利的机会；“监察”制度则在理念上解决了西方三权分立状态下各权力内部的监督不足且难以实现的问题，把权力制约和监督的触角从权力的平面结构深入到了权力的行使过程。尽管这一构想在民国时期转化为制度后并没有像孙中山的理想那样发挥功效，但至少充分体现了他对中国特色政治发展和人权保障道路的初步思考。

大致而言，孙中山的人权主张具有三方面的突出特点：第一，它较完整地体现了天赋人权的精神，为国家建设提供了较为完备的制度构想，而且这个制度构想中贯彻了保障人权的理念；第二，他提出了具有早期中国特色的系统的人权主张，不仅着眼于保障人民的公民权利和基本自由，而且把保障“民生”这一经济和社会生活方面的权利摆到了首要的位置，还根据中国受列强控制下缺乏民族独立权的现实提出了“民族权”主张，这实际上已经涵盖了今天发展中国家对人权的基本要求和看法，对后来发展中国家人权主张的形成产生了很大的影响，苏加诺、尼赫鲁等殖民地国家独立运动的早期领导人都因此对孙中山推崇备至；第三，孙中山还清楚地意识到，在中国这样一个灾难深重、内忧外患的落后国家里，要真正实现对人权的全面保障，需要一个逐步发展的渐进过程。这是符合中国实际的观念和主张。

在三民主义思想的指导下，民国时期的民主和人权建设经历了一个十分缓慢的发展过程。当然，这个过程并不完全是为了遵循孙中山的渐进主张，蒋介石为首的国民党政权更多地只是在表面上沿袭了孙中山的三民主义主张，在实践中并没有真正重视这些主张并加以落实，其所一直采取的实质上是独裁统治。在孙中山去世后的20多年时间里，国民党政府先后制定了四份宪法草案，包括1930年的《太原扩大会议约法草案》、1931年的《中华民国训政时期约法》、1934年的《中华民国宪法草案》、1936年的《中华民国宪法草案》，但迟至抗日战争结束后，才于1946年12月25日通过了正式的《中华民国宪法》。

《中华民国宪法》在观念上大致继承了孙中山的民主和人权思想。在人权保障的规范方面，这一宪法主要包含如下主要条文：

首先，宪法的基本宗旨界定为“巩固国权，保障民权，奠定社会安宁，增进人民福利”。在最前面几条的条文中，确认了4项基本的人权原则：（1）“中华民国基于三民主义，为民有民治民享之民主共和国”（第一条）；（2）“中华民国之主权属于国民全体”（第二条）；（3）“中华民国各民族一律平等”（第五条）；（4）“中华民国人民，不分男女、宗教、种族、阶级、党派，在法律上一律平等”（第七条）。

在公民自由和各项权利方面，主要规定包括：（1）人身自由应予保障，除现役军人外，人民不受军事审判权；（2）居住及迁徙自由；（3）言论、讲学、著作及出版自由；（3）秘密通讯的自由；（4）信仰宗教之自由；（5）集会及结社之自由；（6）人民的生存权、工作权及财产权应予保障；（7）人民有请愿、诉愿及诉讼权；人民有选举、罢免、创制及复决权；（8）人民有考试、服公职权；（9）有受国民教育之权利和义务。

对于“民生”这一突出重要的经济和社会权利，宪法虽然没有用专门章节加以规定，但在诸多具体条文中均有所涉及。其中主要有：（1）“实施平均地权，节制资本，以谋国计民生之均足”（第141条）；（2）“土地所有权应受法律之保障与限制”（第143条）；（3）国家对“侨居国外之国民”应予扶助并保护其经济事业之发展（第151条）；（4）“人民有工作能力者，国家应予以适当之工作机会”（第152条）；（5）国家“应制定保护劳工及农民之法律，实施保护劳工及农民之政策。妇女儿童从事劳动者，应按其年龄及身体状态，予以特别之保护”（第153条）；（6）“国家为谋社会福利，应实施社会保险制度，人民之老弱残废，无力生活，及受非常灾害者，国家应予以适当之扶助与救济”（第155条）；（7）“国家为奠定民族生存发展之基础，应保护母性，并实施妇女儿童福利政策”（第156条）；（8）“国家为增进民族健康，应普遍推行卫生保健及公医制度（第157条）”；（9）“国民受教育之机会一律平等”（第159条）；（10）“国家应保障教育、科学、艺术工作者之生活，并依国民经济之进展，随时提高其待遇”（第165条）；（11）“国家对于边疆各民族之地位，应予以合法之保障，并于其地方自治事业，特别予以扶植”（第168条）；（12）“国家对于边疆地区各民族之教育、文化、交通、水利、卫生及其他经济、社会事业，应积极举办，并扶助其发展，对于土地使用，应依其气候、土壤特质，及人民生活习惯之所宜，予以保障及发展”（第169条）。

应该说，《中华民国宪法》中关于人权的规范单纯从理论上看是较为完备的，超越了当时西方各国的人权保障视野。只不过，这些规定在当时的情况下，没有也不可能真正得到实现。尤其是该宪法实际上确认了总统的独裁权力，在关于“总统”的一章中，规定了18项条款，远远超过行政、立法和司法各章的条款，这也就实际上确认了对人权的保障将不是绝对的，总统随时可以找到借口限制人权。事实上，国民党的独裁和高压统治决定了它完全没有履行在宪法中标榜的人权保障职责，中国人民长期生活在水深火热之中，在政治和经济生活中都根本没有多少权利可言。

三、新型道路的萌芽：根据地时期的人权建设

1917年的俄国十月革命对中国对人权的理解和认识产生了划时代的影响，标志着中国在近代以来人权理念最重大的一次转变，从根本上改变了人权道路的基本方向。从十月革命的启示和一战后西方普遍发生的社会政治危机中，中国先进的知识分子敏锐地认识到世界潮流正在发生的深刻变化，开始思考选择中国革命新的道路。十月革命后，马克思主义开始在中国传播，并且逐步取代西方民主主义而在中国的先进思想潮流中居于主导地位。1921年中国共产党的成立标志着中国革命进入了新的历史阶段，也使中国开展人权建设、保障人民权利的努力进入了一个全新的时期。从苏区的最初探索到边区和解放区人权建设的不断发展，中国人民在共产党领导下逐渐探索出了一条与国民党主导下的国民政府在人权保障的根本性质和实践上均有根本不同的新理念和新道路，为未来新中国的人权建设和人权发展奠定了坚实的实践基础。

苏区对人权保障的最初探索

追求民族独立和实现对人民权利的根本保障是中国共产党自成立之日起就明确提出的目标。1921 年中国共产党诞生之初，就在政治纲领中明确提出了“推翻国际帝国主义的压迫，达到中华民族的完全独立”，“打倒军阀，统一中国为真正民主共和国”的人权口号。1922 年，中共发表《第一次对时局的主张》，提出了实现普选，保障人民结社、集会、言论、出版自由等一系列人权主张。在 1923 年的“二七”大罢工中，“争自由、争人权”更是两大基本口号。

1927 年 12 月 11 日，中共领导的广州起义胜利后，在发布的《广州苏维埃宣言》中制定了一系列保障人权方面的规定。如宣布“广州一切政权属于工人、农民、兵士”，“红军不是为军阀的腰包奋斗的，是为给米与工人吃，给土地与农民耕，解放一切被压迫阶级及给帝国主义与一切反革命的死亡而奋斗的”，“应该即刻给工人八小时工制”，“苏维埃政府应该维持失业工人的生活，其需要若干，先由各自工会制定预算，呈报苏维埃核发”。这些规定虽因广州起义很快失败而未能实现，但充分体现了中国共产党人强烈的人权意识。

农村革命根据地建立后，中共在根据地开始了以自己的方式保障人权的最初实践。1931 年 11 月，经中共中央提议，在中央苏区召开的中国工农兵会议第一次全国代表大会中央准备委员会全体会议通过了《中华苏维埃共和国国家根本法（宪法）大纲草案》，制定了 7 条基本的宪法原则：第一，实现代表广大民众真正的民主主义，只有苏维埃政权能够保障劳动群众一切自由，也只有苏维埃政权能够保障劳动群众的平等；第二，真正实现劳动群众自己的政权，使政权掌握在最大多数工农群众自己手里；第三，不但彻底地实行妇女解放，而且还要实行各种保护女性和母性的办法；不但要保障青年的一切权利和教育，而且积极地引导青年参加政治和文化生活，创造社会发展的新力量；第四，彻底承认并且实行民族自决；第五，争取并且确立中国经济上政治上真正的解放；第六，实行工农民权的革命独裁；第七，彻底拥护工人利益，实行土地革命，消灭一切封建残余。显然，这 7 条原则无一不是与争取和维护人权紧密相关的。

在草案基础上，11 月 7 日正式召开的中华苏维埃第一次全国代表大会通过了《中华苏维埃共和国宪法大纲》，确立了中共主导下的第一个较系统的新型人权保障制度。《大纲》规定，中华苏维埃政权的性质是“工人和农民民主专政的国家，苏维埃全部政权是属于工人农民红军士兵及一切劳苦民众的”；苏维埃最高政权为“全国工农兵会议的大会”。

在具体的人权保障方面，《大纲》规定的内容主要包括：第一，人民不分男女种族和宗教，在法律面前一律平等，16岁以上的苏维埃公民均有选举权和被选举权；第二，为彻底改善工人阶级的生活状况，制定劳动法，宣布八小时工作制，规定最低限度的工资标准，创立社会保险制度与国家失业津贴，并宣布工人有监督生产之权；第三，改善农民生活；第四，取消一切苛捐杂税，征收累进所得税；第五，宣布中华民族的完全自主与独立，不承认帝国主义在华的政治上经济上的一切特权；第六，工农劳苦群众有言论出版集会结社的自由，并保障他们取得这些自由的物质基础；第七，彻底的实行解放妇女，承认婚姻自由，实行保护妇女的各种办法；第八，保证工农劳苦群众有受教育的权利，首先应在青年劳动群众中施行并保障青年劳动群众的一切权利；第九，保证真正的信教自由；第十，承认中国境内少数民族的自决权；第十一，对受到反动统治迫害的中国民众和世界的革命战士给予庇护权，对居住在苏维埃区域内从事劳动的外国人，一律使其享受苏维埃法律规定的一切政治上的权利。

根据宪法大纲的原则和有关规定，新生的苏维埃还在具体的人权方面制定了进一步的法律规范，以便更好地实现对人权的切实保障。这些具体的人权规范主要包括：

第一，进一步落实人民的选举权和被选举权。在通过《宪法大纲》的同时，中央执行委员会第一次全体会议通过了《中华苏维埃共和国选举细则》，对拥有选举权和被选举权的资格作了详细的规定，拥有这类权利的人包括：一切不剥削他人劳动的人、服军役的人和现时不能工作或失业的人。被剥夺选举权的人则包括：剥削他人劳动的；靠土地资本的盈利为生而自己不劳动的；商人、资本家及其代理人、中间人和买办；各宗教的传教士、牧师、僧侣、道士、地理和阴阳先生及一切以传教为职业的人；国民党及其他反动政府的警察、侦探、宪兵、官僚、军阀及参加反对工农利益的反动派；有神经病的人；经法庭判决有罪，而在服刑期间的人等。

第二，针对少数民族的权利问题，苏维埃专门制定了《关于中国境内少数民族的决议案》。该决议案除了再度强调“绝对地无条件地承认这些少数民族自决权”外，还具体规定：“凡是居住在苏维埃共和国的少数民族劳动者，在汉人占多数的区域，亦须和汉族的劳苦人民一律平等，享有法律上的一切权利义务，而不加以任何限制和民族歧视；特别注意少数民族共和国或自治域内的生产力的发展，文化程度的提高与当地干部的培养与提拔，以消灭民族间的仇视与成见，建立一个没有任何民族界限的工农国家；设法积极地具体地赞助和拥护少数民族反抗帝国主义和中国国民党军阀以及一切反对中国与非中国的地主和资本家的革命斗争及民族解放运动”。

第三，在妇女权利保障方面，针对旧中国妇女在经济社会生活中受到严重歧视，毫无任何权利可言的状况，苏维埃政权对妇女权利的保障和实现给予了高度重视，先后于1932年6月制定了“关于保护妇女权利与建立妇女生活改善委员会的组织和工作”的《人民委员会训令》（第6号）和《中华苏维埃妇女生活改善委员会组织纲要》，11月又制定了《中华苏维埃共和国婚姻条例》，1934年4月还公布了《中华苏维埃共和国婚姻法》等一系列文件，对妇女的政治地位、平等权利，妇女的经济和劳动保障，婚姻自由，一夫一妻制等作了全面的规定。

第四，制定了《劳动法》以切实保障工人的权利。在《劳动法》中，对雇佣的手续、集体合同与劳动合同、工作时间、休息时间、工资，女工青工和童工的权利，劳动保护，工会的组织和权利，社会保险，劳资冲突的解决，企业对违反劳动法行为的惩罚等作了全方位的规定。

第五，制定了保护农民权利的《土地法》。对中国这样一个人口众多、基本的温饱尚未实现的落后国家而言，土地问题是中国革命中所有问题、当然也是人权保障问题的基础，也直接关系到广大农民最基本的权利。早在建立井冈山根据地之初，当时的湘赣边界政府就颁布了井冈山《土地法》，规定了“没收一切土地归苏维埃政府所有”，“以人口为标准，男女老幼平均分配”的新土地原则；1929年，毛泽东主持制定了兴国县《土地法》，将过去的“没收一切土地”原则改为“没收一切公共土地和地主阶级的土地”，从而对中小农户的土地权给予了充分保障。在此基础上，1931年12月，颁布了《中华苏维埃共和国土地法》，对没收压迫者土地、保障农民拥有土地的权利作了详尽的规定。

在初步建立起苏区的人权保障制度基础上，中国共产党还根据革命形势的变化作了进一步的发展和完善。1933年，苏维埃政府制定《中华苏维埃共和国十大政纲》，突出强调了苏维埃共和国在人权方面的十大政治主张。这十大主张包括:推翻帝国主义在中国的一切统治势力,达到完全的独立与统一，在相互平等的基础上，另行订立平等的条约，收回租界和外国资本在华特权；建立工农民主专政；承认各民族的完全自决权；保障工人，特别是青工、女工和童工的权利；平均地权；红军士兵及家属的优先权；解除剥削者武装以防止其重新掌权；准许私人资本的合法经营权；联合全世界的无产阶级和弱小民族的被压迫群众。此外，1934年1月召开的第二次全国苏维埃代表大会还再次通过了《中华苏维埃共和国宪法大纲》，对过去规定的权利及保障权利的方式进行了系统的归纳和整理。

中共领导下的苏区人权制度的构建和发展，充分体现了共产党全新的人权主张和对人权保障道路的初步探索。这些主张和实践道路的探索与近代以孙中山为代表的人权主张相比，体现出许多新的基本特点：

第一，享受权利主体的阶级性。在阶级理论的指导下，它不空洞或虚伪地声称保障所有人的权利，而是根据当时的国内政治斗争的现实，把保障工农兵等劳动阶级的权利摆在了首要位置，进而明确突出了人权的主体性。

第二，人权内涵的集体性。苏维埃共和国所称的人权始终是把人作为一个集体概念来看待的，即使在言论、集会和结社等基本自由方面也是如此，这体现了中国的传统文化对中国共产党人权主张的内在影响。

第三，充分重视对经济权利的保障。这一重点的突出适应了当时中国人民摆脱贫穷和落后的迫切需要，也从一开始就体现出了人权保障观念的全面性。

第四，与西方国家通常批评共产党人不承认自由和公民权利相对照的事实是，苏维埃共和国从来就没有忽视过对基本自由和公民权利的保障。

第五，苏维埃人权建设还十分注重为权利的落实提供必要的保障手段。这一点是与西方和国民政府在人权理念上的根本区别之一，也表明共产党不仅重视尊重人权，而且重视对人权提供的切实保障。或许，这才是探讨中国人权道路时最具有真实意义的历史事实。

边区时期的人权保障

抗日战争爆发后，为了共同应对国家和民族面临的最紧迫危机，致力于在自己的根据地建设新政权的中国共产党立即宣布捐弃前嫌，与国民政府及一切爱国团体和人民组成全民族的抗日统一战线，共同维护民族的独立权。卢沟桥事变后第二天，中共就向全国发出通电，指出只有全民族实行抗战，才是中国的出路。1937 年 7 月 13 日，中共又将起草的《中共中央为公布国共合作宣言》送交国民政府，提出迅速发动全民族抗战、实行民权政治、改善人民生活等基本主张。这些主张虽然是政治性的宣示，但其中也可看到人权精神的高度体现。

抗日统一战线形成后，在与日本法西斯进行艰苦战争的环境中，中国共产党同样没有忽视人权的保障和人权建设工作，而且创造性地把保障人权与抗日战争和统一战线结合起来，在理念上吸纳了三民主义的合理内涵，草创了比苏区时期更为系统和完整的人权保障制度。

在中共中央所在地陕甘宁边区，早在 1937 年 5 月，就根据建立抗日统一战线的要求制定了《陕甘宁边区选举条例》，对苏区时期的选举权原则作了适当的修改。《条例》宣布，边区的民主选举“遵照国民政府国民代表大会选举法的民主原则，并依据陕甘宁边区的特殊情况而制定”，“采取普遍的、直接的、平等的、无记名的选举制，保证实现彻底的民主”。其具体的选举权规定是，除卖国者、罪犯和神经病人外，“凡居住陕甘宁边区的人民，在选举之日，年满16岁的，无男女、宗教、民族、财产、文化的区别，都有选举权和被选举权”。这改变了苏区按阶级划分的原则，体现了国共合作的精神。

1939年4月，边区政府公布《陕甘宁边区抗战时期施政纲领》，进一步表明了在人权保障方面遵循抗日统一战线要求的立场。《纲领》明确宣布将“三民主义”和“抗战建国纲领”作为边区政府施政的原则。《纲领》根据“民族主义”规定：“坚持巩固与扩大抗日民族统一战线”，“实现蒙、回民族在政治上、经济上与汉族的平等权利”，“尊重蒙、回之信仰、宗教、文化、风俗、习惯，并扶助其文化的发展”，“在不损害边区主权的原则下，保护一切同情中共抗战国家的人民、工商业者、教民在边区生产、经营与文化事业方面的活动”。根据“民权主义”规定：民主选举，健全民主集中制的政治机构，增强人民的自治能力；“保障人民言论、出版、集会、结社、信仰、居住、迁徙与通信之自由”；实行男女平等；建立便利人民的司法制度；建立工作检查制度；实行普及免费的儿童教育；发展民众教育，消灭文盲。根据“民生主义”规定：确认私人财产所有权；保护商人自由营业；确定八小时工作制度，改善劳动待遇，保护工人利益；优待抗日军人与工作人员之家属；保育儿童，禁止对于儿童的虐待；抚恤老弱孤寡，救济难民灾民，不使流离失所。

1941年，边区政府又先后制定了一系列与保障人权相关的重要文件，如中共边区中央局制定的《陕甘宁边区施政纲领》、陕甘宁边区第二届参议会制定的《陕甘宁边区各级参议会选举条例》等。特别是与《选举条例》同时制定的《陕甘宁边区保障人权财权条例》，具体规范了边区政府对人权的保障内容和方式，比较完整地体现了这一时期中国共产党的人权保障主张。

《陕甘宁边区保障人权财权条例》明确宣布，边区政府的目的和宗旨是“保障边区人民之人权财权不受非法之侵害”。在具体的22项条文中，主要规定了如下几方面的人权内容及其保障措施：

第一，在私有财产权方面，条例规定“保障边区一切人民的私有财产权及依法使用及收益自由权（包括土地、房屋、债权及一切资财）”，“在土地已经分配区域，保证一切取得土地的农民之私有土地权。在未经分配区域，保证地主的土地所有权及债主的债权”，“一切租佃债约的缔结，须依双方自愿”，“除因公益有特别法令规定外，人民之财产、住宅不被非法征收、查封、侵入或搜捕”。与过去相比，条例对私有财产权的确认是至为重要的变化。

第二，在基本自由方面，规定“边区一切抗日人民，不分民族、阶级、党派、性别、职业与宗教，都有言论、出版、集会、结社、居住、迁徙及思想、信仰之自由，并享有平等之民主权利”。

第三，在司法过程中的人权保障方面，边区首次规定对人权提供司法保障。而且，在《条例》中这方面规定所占的比例最大，在22项条款中占了15条。其中重要的内容包括：除司法或公安机关依法执行其职务外，任何人不受逮捕、审问、处罚；人民利益受损时可用任何方式控告任何公务人员之非法行为；逮捕人犯须有充分证据并以法定手续执行；非司法和公安机关拘留人犯不得超过24小时，司法和公安机关亦应在24小时内侦讯；人犯不受侮辱、殴打及刑讯逼供；民事案件于30日内判决；诉讼不收费用；非经判决人犯财产不得没收；人民拥有上诉权；不究既往犯罪；等等。

值得一提的是，《条例》没有像过去那样在内容中专门规定人民在经济和社会文化方面的权利，但这并不意味着边区政府不重视这方面的权利保障，其主要考虑是为了突出与国民政府人权规范上的相对一致性。在其他与人权有关的政策文件中，对这方面的权利仍有明确的规定。

不仅陕甘宁边区对人权的保障给予了高度重视，其他根据地政府也都通过各种文件规定了有关保障人权的原则和方式。这些文件包括1940年的《山东省人权保障条例》、1941年的《晋鲁豫边区人民权利暂行条例》、1942年的《晋西北保障人权条例》、1943年的《渤海区人权保障条例》及其《执行规则》等。这些条例都详细规定了当地苏区政府保障各方面人民权利的法律措施，突出了司法行为中的人权保障问题以及许多保障人权的程序性规定，显示了共产党领导下的边区政府对人权保障的重视和承诺。

解放区对人权保障的新探索

进入解放战争时期，随着中国人民解放事业的不断推进和新的政治形势的要求，共产党领导下的解放区在人权保障方面又有了进一步的发展，由抗战时期的民族统一战线性质向新民主主义和人民政治协商性质方向发展，为新中国建立后中国特色人权道路的逐步成熟奠定了坚实的基础。

1946年4月23日，陕甘宁边区第3届参议会第1次会议通过《陕甘宁边区宪法原则》，根据抗战胜利后中国革命和边区政治的新特点，确立了新的政治制度设想和人权保障框架，这一框架在很大程度上超越了过去的临时性特征，在文字表述上体现出作为根本性文件的规范性，在保障思路上体现出更加的广泛性和全面性。

《宪法原则》首先规定了新的政权构成和组织形式，简明扼要地规定：第一，边区、县、乡人民代表会议（即参议会）为三级人民政权机关；第二，实行普遍选举制，“人民普遍直接平等无记名选举各级代表”，各级代表会选举政府人员；第三，逐级负责制，各级政府对各级代表会负责，各级代表对选举人负责，其中乡一级代表会即直接的政务执行机关；第四，人代会的权力，每届人代会检查上届人代会决议执行情况，斥责或罢免各级政府人员中违反人民的决议或忽于职务者；第五，在少数民族居住集中区划建民族区，组织民族自治政权，订立自治法规。这些规定，大多在建国后的政权建设中得到了确认。

《原则》规定了人民享有的6大基本权利：政治上的各项自由权利；免于经济上偏枯与贫困的权利；免于愚昧及不健康的权利；武装自卫的权利；不分民族的平等权利；妇女与男子的平等权利。所有这些权利，都规定了具体的保障措施和方法，如经济权利的保障方法是改善工人生活与提高劳动效率，大量发展经济建设，救济灾荒，扶养老弱残废等；免于愚昧和不健康权利的保障方法是免费的国民教育，免费的高等教育，优等生受到优待，普施为人民服务的社会教育，发展卫生教育与医药设备等。

此外，《原则》还对人权的司法保障、经济保障和文化保障作了规定。特别是在司法保障方面，规定了司法独立、非司法公安机关不得有逮捕审讯行为、人民有权不论用任何方法控告失职的任何公务员、对犯人采用感化主义等保障人权的措施。

1946年后，随着解放战争的不断胜利，新的解放区不断出现，新生的人民民主政权很快在各地建立，新的政权组织形式和人权保障制度也随之在各地相应建立起来。在全国解放之前，这些制度一般都通过人民政府颁布施政纲领的形式来确立。1946年8月，最早解放的东北在各省代表联席会议上通过了《东北各省市（特别市）民主政府共同施政纲领》，首先在东北确立了新人权制度的雏形，其内容主要包括：“反对独裁内战，建设和平、民主、繁荣的新东北”；“实行东北人民的民主地方自治，建立民选的各级参议会，选举各民主党派与无党派合作的联合的各级政府”；“以民主为教育的中心内容”；“保障东北人民的人身、言论、出版、集会、结社、思想、宗教、信仰、选举、迁移与职业的自由，妇女在政治上、经济上、教育上、社会上与男子一律平等，提高妇女地位，保护妇孺生活”；“各民族一律平等”；等等。随后，内蒙古、华北等解放区也先后制定了类似的施政方针或施政纲领。

值得一提的是，新生的人民政权不仅在政权建设中高度突出对人权保障的重视，而且在实践中也始终高度重视这些保障规范的实施与落实，一旦出现违反人权的现象，即马上采取有力措施予以纠正和改善。1948 年前后，一些地方在政权建设中采取了过激做法，出现了非法拘捕、乱抓乱打和肉刑逼供的现象，为此，许多地方政府都发出了专门的文件纠正这一现象。如 1948 年 4 月，哈尔滨特别市政府颁布布告规定：禁止任何机关、团体、学校、商店不按司法程序，召开带有侵犯人权、打人罚款等之任何斗争会议，侵犯人权的任何行为“概以侵害罪论处”。同年 5 月，豫皖苏边区行政公署发布命令，“训令各级政府切实保障人权、严禁乱抓乱打肉刑逼供”，训令指出，“查保障人权，为我解放区建立民主秩序主要政策之一，执行以来，已得到广大人民的拥护与良好的政治影响，惟近来各地政府注意不够……侵犯人权等事件屡有所闻……此种现象如不及早纠正，其危害所及将不堪设想。”训令还为此制定了 6 项“明确规定保障人权的办法”，包括“县级政府无权杀人”，“逮捕案犯须经区以上机关批准”，“在县区地方武装及民兵中普遍进行保障人权政策教育”，对“部队少数人员违反保障人权的规定，政府应先进行说服，说服无效的，可将其人员送回原部队处理”等。

对人权保障的充分重视，确保了民众对人民民主政权的普遍支持和高度认同，政权建设本身也得到了民众的广泛支持和拥护。在人权保障及人权制度不断强化和完善的基础上，建国前夕，中国人民政治协商会议制定了《共同纲领》，初步构建起新中国人权保障的基本制度框架。

四、新中国早期：探索一条人权保障的新道路

建国前共产党领导下的人权保障制度的建设和发展，主要是战争时期的产物，在观念上充分体现了中国共产党对维护和实行人民权利的重视与承诺的同时，在制度规范和突出重点上又带有较强的适应性和可变性，在不同的阶段体现出不同的特点。然而在基本的宗旨和主张上，却始终贯穿着一条清晰的主线，那就是维护民族独立和国家主权、人民基本的政治自由和生存与发展的权利的精神是始终不变的。这一精神在新中国成立后的人权保障实践中得到了进一步的体现和发展，奠定了中国特色社会主义人权道路的价值基础。

新中国人权保障制度的确立

新中国人权保障制度的基本框架是在建国前夕由中国人民政治协商会议

第1次全体会议上通过的《共同纲领》确立起来的。在总纲中，《共同纲领》规定了新中国的人权宗旨和主要的人权内容。纲领宣布，“中华人民共和国为新民主主义即人民民主主义的国家，实行工人阶级领导的、以工农联盟为基础的、团结各民主阶级和国内各民族的人民民主专政，反对帝国主义、封建主义和官僚资本主义，为中国的独立、民主、和平、统一和富强而奋斗。”这一对新中国国家性质的宣示，实际上确立了共和国三方面的人权宗旨：一是新中国的基本性质是人民民主主义的，即民主的宗旨；二是民主的广泛性宗旨，享受民主的主体既有工农，也包括各民主阶级和国内各民族；三是国家的独立和富强宗旨。

根据这些宗旨，《共同纲领》规定的基本人权主要包括：第一，人民依法享有选举权和被选举权；第二，人民有思想、言论、出版、集会、结社、通讯、人身、居住、迁徙、宗教信仰和示威游行这11种基本自由；第三，妇女在政治的、经济的、文化教育的、社会的生活各方面，均有与男子平等的权利，男女婚姻自由；第四，各民族享有平等的权利。

以保障人民的民主和权利为核心，《共同纲领》确定了国家政权机关的组织形式及国家保障人权的基本原则。首先，纲领宣布了“政权属于人民”这一基本原则，人民行使国家权力的机关为各级人民代表大会和各级人民政府。各级人民代表大会由人民用普选的方法产生，各级人民政府则由各级人民代表大会选举产生；其次，政治协商原则。其组织形式为包含有工人阶级、农民阶级、革命军人、知识分子、小资产阶级、民族资产阶级、少数民族、国外华侨及其他爱国民主分子的代表组成的中国人民政治协商会议；再次，民主集中制原则。人民代表大会向人民负责并报告工作，人民政府委员会向人民代表大会负责并报告工作，在人代会内实行少数服从多数，在人民政府内实行下级服从上级、地方服从中央；第四，法制原则，制定保护人民的法律、法令，建立人民司法制度；第五，廉洁原则，国家机关厉行廉洁的、朴素的、为人民服务的作风，严惩贪污，禁止浪费，反对脱离人民群众的官僚主义作风；最后，人民监察原则。在县市以上的各级人民政府内，设人民监察机关，以监督各级国家机关和各种公务员是否履行其职责，并纠举其中之违法失职的机关和人员。

《共同纲领》没有列举人民具体享有的经济、社会和文化权利，但通过有关的经济和社会政策的规定，体现了对这方面权利的高度重视。这些与人权保障相关的政策主要有：保护农民的土地所有权；实行工人参加生产管理的制度；八至十小时工作制；规定最低工资，逐步实行劳保制度；保护青工、女工的特殊利益；有计划、有步骤地普及教育；保护报道真实新闻的自由等。

《共同纲领》是具有宪法性质的根本文件，但它毕竟不是宪法本身。它确立了新中国的根本制度及相应的人权保障制度，但在文字表述上不像宪法那么规范和严密。它也没有确立一个十分完备的权利体系，规定的权利内容主要是在当时的现实中必须重视并有可能很快得到实现的基本权利；对那些应该在宪法中明确加以确认，并通过努力逐步加以实现的权利则较少涉及。这一缺陷，在1954年的宪法中得到了弥补和完善。

1954年9月20日，第一届全国人民代表大会通过《中华人民共和国宪法》。这是新中国成立后制定的第一部正式确认国家的社会主义性质的宪法。它以《共同纲领》为基础，又反映了建国以来中国政治、经济和社会制度及人权保障方面的发展和变化，正式确立了新中国的人权保障制度。

宪法首先继续确认了“中华人民共和国是工人阶级领导的，以工农联盟为基础的人民民主国家。中华人民共和国的一切权力属于人民”，“实行民主集中制”，“各民族一律平等，禁止对任何民族的歧视和压迫，禁止破坏各民族团结的行为”等一贯的人权宗旨和基本原则。同时，作为对共同纲领的重大发展，宪法强调了对保障个人财产权的高度重视，专门制定了5项条文规定这方面的权利。这些条文包括：“国家依照法律保护农民的土地所有权和其他生产资料所有权”（第八条）；“保护手工业者和其他非农业的个体劳动者的生产资料所有权”（第九条）；“保护资本家的生产资料所有权和其他资本所有权”（第十条）；“保护公民的合法收入、储蓄、房屋和各种生活资料的所有权”（第十一条）；“保护公民的私有财产的继承权”（第十二条）。宪法条文中对个人财产权的重视和保障内容的详细程度，都是过去从未有过的。

在宪法的第三章，专门规定了“公民的基本权利和义务”。其中受保障的权利主要包括：公民在法律上的平等权；选举权和被选举权；公民有言论、出版、集会、结社、游行示威的自由；宗教信仰的自由；公民人身不受侵犯，非经法院决定或检察院批准，不受逮捕；住宅不受侵犯，通讯秘密受法律保护；居住和迁徙的自由；劳动的权利；休息的权利；劳动者在年老、疾病或者丧失劳动能力时获得物质帮助的权利；受教育的权利；公民进行科学研究、文学艺术创作和其他文化活动的自由；妇女在政治的、经济的、文化的、社会的、家庭的生活各方面享有同男子平等的权利；公民对于任何违法失职的国家机关工作人员有向各级国家机关提出书面控告或口头控告的权利；由于国家机关工作人员侵犯公民权利而受到损失的人有取得赔偿的权利；国外华侨的正当权利和利益受国家保护；对于任何由于拥护正义事业、参加和平运动、进行科学工作而受到迫害的外国人，给予居留权。公民必须履行的义务主要有四种：一是遵守宪法和法律，遵守劳动纪律，遵守公共秩序和尊重社会公德的义务；二是爱护和保卫公共财产的义务；三是依照法律纳税的义务；四是保卫祖国，依法服兵役的义务。

与《共同纲领》相比，宪法的人权保障内涵在两方面有着重大的发展和完善。一方面，在受保障的人权内容方面，增加了对经济、社会和文化权利的保障，从而弥补了《共同纲领》主要只有公民和政治权利之不足；另一方面，增加了保障这些权利得以实现的具体措施，如宪法针对言论出版集会结社等基本自由，规定“国家供给必需的物质上的便利，以保证公民享受这些自由”；对于劳动权的保障措施是，“国家通过国民经济有计划的发展，逐步扩大劳动就业，改善劳动条件和工资待遇，以保证公民享受这种权利”；而对于休息权的保障措施则是，“国家规定个人和职员的工作时间和休假制度，逐步扩充劳动者休息和休养的物质条件”。

值得注意的是，20 世纪 50 年代中期正是国际社会围绕劳动权等经济、社会和文化权利能否通过宪法和法律规范来进行保障而在联合国人权委员会中展开激烈争论的时期，美国等西方国家一再强调无法通过法律的规范来实现这些权利，而中国却首开了这方面的先例，不仅率先在宪法中明确确认了这些权利，而且规定了为实现这些权利而采取的国家措施。这表明，经济、社会和文化权利能否得到保障的关键并不在于它是否适于在宪法中加以规范，而在于一个国家是不是真正决心保障人民在这方面的权利。

1954 年制定的中国第一部宪法，从一开始就体现了中国的制度和文化特色对人权保障方式和路径选择的重要影响，表明了中国探索适合国情的人权发展道路的努力。但在这一时期，由于缺乏立法和规范的经验，加上当时的冷战和意识形态斗争的国际环境，这部宪法在人权保障的许多方面都受到来自苏联的影响，较为注重在原则性问题上与苏联的立场保持一致，在许多具体的规定上也借鉴了苏联的做法，如对给予外国人居留权的条款，在确认权利的同时规定必要的保障措施等，都是苏联宪法中常见的规范方式。

探索的曲折经历

1954 年宪法的制定，标志着中国基本上确立起了较为完整的人权保障制度，而且从客观上说，这一制度体系是比较适合当时中国的政治、经济和社会现实的，它既规定了公民享有的各方面权利，也要求公民承担必要的义务；既采取了保证权利实现的措施，也施予了某些权利以必要的限制；对一些处于发展中的权利，还采取了灵活的规范方式。正如毛泽东在对宪法所作的说明中所指出，“缺乏灵活性，就行不通，就会遭到反对，就会失败……比如对公民权利的物质保证，将来生产发展了，比现在一定扩大。”[29] 但是，由于国内浓厚的意识形态氛围及对社会主义发展前景的乐观预期，宪法体现的人权理念带有比较强烈的阶级斗争色彩，人权的阶级性被不适当地放大。这一方面导致一些规定中存在着损害人权的内容，如对资本家的财产权的保护的同时规定的“禁止资本家的危害公共利益、扰乱社会经济秩序、破坏国家经济计划的一切非法行为”，“镇压一切叛国的和反革命的活动，惩办一切卖国贼和反革命分子”等，另一方面也决定了在特定的政治氛围下，人权保障难以避免地会在现实生活中被虚化甚至被故意曲解，成为某些人损害人权的借口。

50 年代中后期开始，由于中共党内“左”的思想开始逐渐泛滥，宪法确立的人权保障原则和根据宪法原则构建起来的人权保障制度逐渐失去了正常的功能和保障效力，中国的人权保障开始脱离正常的发展和完善轨道，在现实生活中不再能够发挥其应有的保障人权的作用，不按法律程序侵犯人权的现象不断出现并日益恶化，宪法的人权保障条款成了一纸空文。特别是在十年“文化大革命”中，侵犯人权的现象更是屡见不鲜，人权本身被视为资产阶级的观念被逐出了中国的政治词典，阶级斗争成了国家政治生活中唯一的中心，宪法规定的人权保障制度完全瘫痪，依法应于每年举行的人民代表大会和政治协商会议在长达十年的时间里没有召开，公检法等履行人权职责的国家政权机构几乎不在社会生活中起任何作用。十年中被无辜剥夺合法权利、遭到政治迫害的公民多达上亿，全国和地方人大代表及经选举产生的国家各级领导人未经任何法律程序就被剥夺了权利和自由，甚至国家主席也被迫害致死。中国的人权建设一度处于空前的曲折和瓦解状态，进而导致整个国家也陷入了严重混乱和无序状态之中，国民经济更是到了崩溃的边缘。

1975 年 1 月 17 日，中国召开了第四届全国人大，制定了新的宪法。这部宪法在在条文中保留了前一部宪法规定的人权宗旨和基本原则，规定了一些受宪法保障的人权内容，其中公民的基本权利包括：选举权和被选举权；劳动的权利；受教育的权利；休息的权利；获得物质帮助的权利；控告国家机关工作人员的权利；妇女与男子的平等权利；对华侨的保护；言论、通信、出版、集会、结社、游行、示威、罢工的自由；信仰宗教和不信仰宗教、宣传无神论的自由；人身自由和住宅不受侵犯，非经人民法院决定或公安机关批准不受逮捕；给受到迫害的外国人以居留权；等等。

---

29 这是毛泽东在中央人民政府委员会第三十次会议上的讲话。转引自董云虎、刘武萍编：《世界人权约法总览》，四川人民出版社 1991 年版，第 619 页。

但是，在当时的政治条件下，这部宪法不仅在制定过程中没有严格按照法律的程序进行，在受保障人权的内容和规范等各个方面都比 1954 年宪法有了相当大的退步。这主要表现在：

第一，受保障人权的范围比过去大为缩小，一些极为重要的权利都没有纳入宪法的保障范畴。例如，过去受到高度重视的个人的合法财产权、法律面前人人平等的规定、法院的独立审判权、被告人的辩护和公开审判权，等等，在这部宪法中都只字未提。对一些权利虽然作出了规定，但同时又通过对其对立面的规定来实际上抵消这一权利。对宗教信仰自由的规定即是如此，宪法第 28 条在规定公民有“信仰宗教的自由”的同时，特别强调了“不信仰宗教、宣传无神论的自由”，这在当时不断强调批判“封、资、修”的政治气氛中，实际上只会导致公民只有不信仰宗教的自由，而没有信仰宗教的自由的结果。

第二，在新的宪法中，十分引人注目的一点是没有像过去一样在规定公民享有权利的同时，规定国家为保障这些权利得到实现而提供的物质和精神手段。而且，新宪法在“公民的基本权利和义务”一章中，十分突出地把履行义务的条款放在了享有权利的条款前面，这种违反一般宪法惯例的做法从表面看似乎只是次序安排的不同，但内在体现的却是宪法指导思想上的严重偏差，实际上把权利保障置于次要的地位。

第三，新宪法中还有许多以保障人权的名义制定的、实际上与人权精神完全相违背的规定。这最明显表现在其第十三条对“大鸣、大放、大辩论、大字报”权利的规定上。宪法指出，这“是人民群众创造的社会主义革命的新形式。国家保障人民群众运用这种形式造成一个又有集中又有民主，又有纪律又有自由，又有统一意志又有个人心情舒畅、生动活泼的政治局面。这显然是与人权保障的法制化和规范化精神背道而驰的。实际上，要实现“大鸣、大放、大辩论、大字报”的合法性，就必然造成一种每个人都可以未经法律许可就自行其是的无序的社会环境，是言论自由走向极端化和绝对化。另一种与人权精神背离的规定，是借法律的名义限制部分人本应受到保障的人权。如第十四条规定，“国家依照法律在一定时期内剥夺地主、富农、反动资本家和其他坏分子的政治权利。”这就明显否认了经过 20 多年的改造，这部分曾经靠剥削为生的人早已自食其力、成为劳动者的基本事实，是对这一群体权利的严重损害。

第四，或许最重要的是，新的宪法不仅在人权规范上有着严重的失误，而且由于社会的严重混乱，除了言论、集会游行等基本自由被人为地极端化和绝对化外，其他大多数被宪法条文保留的权利在实践中也根本无法得到保障。特别是政治动荡和社会混乱必然导致的国民经济的大倒退，更使人民的经济、社会和文化权利在现实中根本没有实现的物质条件。按照一些学者的看法，“从1957年党内出现‘左倾’错误以后直到1978年，在我国基本不存在人权保障制度，有关人权的内容虽散见在一些法律、政策文件中，但已规定的人权也没有条件去实现，在一时期可以说是建国以后我国人权保障制度发展史上的空白。”[30]

“文革”结束后，中国的政治、经济和社会秩序逐渐开始出现走上正轨的趋势，中国社会普遍地强烈要求恢复国家的民主与法制，在党内和人民内部的政治生活中实现民主，宪法规定的公民权利应该得到坚决的保障，不能任意侵犯。但是，由于历史的惯性和残存于一些党和国家领导人思想中的“两个凡是”观念仍然主导着国家发展与制度建设的基本思路，国内已经不复存在的阶级斗争仍在一段时间内被视为中国在新时期的总任务之一。这两方面思潮的矛盾和对立，直接在1978年3月五届人大一次会议上制定的新中国第三部宪法中体现出来。本部宪法在基本内容上恢复了1954年宪法的规范精神，修正了1975年宪法在人权规范中的一些缺陷和错误，如规定了保障人权实现的必要手段和措施，重新将权利置于义务之前等；但上一部宪法中的许多不合理规范仍然保留了下来，对地主、富农、资本家和坏分子政治权利的剥夺继续有效，特别是“大鸣、大放、大辩论、大字报”这“四大”不仅没有取消，反而直接被列入了公民的基本权利的范畴，凸显出人权保障制度的完善严重滞后于民众的要求和国家重返发展轨道的紧迫需要。

五、改革开放以来：中国特色人权道路的渐进形成

1978年12月，邓小平发表《解放思想，实事求是，团结一致向前看》的重要讲话，揭开了中国在新时期第一次思想解放，重建社会主义民主与法制进程的序幕。以此为起点，中国对人权保障的重视进入了一个新的发展时期。邓小平鲜明地提出，“民主是思想解放的重要条件”，表示“我们要创造民主的条件……在党内和人民内部的政治生活中，只能采取民主手段，不能采取压制、打击的手段，宪法和党章规定的公民权利、党员权利、党委委员权利，必须坚决保障，任何人不得侵犯”。他还第一次强调了对人权提供法制化保障的理念。他强调，“为了保障人民民主，必须加强法制。必须使民主制度化、法律化，使这种制度和法律不因领导人的改变而改变……应该集中力量制定刑法、民法、诉讼法和其他各种必要的法律……经过一定的民主程序讨论通过，

---

30 胡锦光、韩大元著：《当代人权保障制度》，中国政法大学出版社1993年版，第300页。

并且加强检察机关和司法机关，做到有法可依、有法必依、执法必严、违法必究。”[31] 这篇讲话，实际上奠立了新时期中国重视加强人权保障的基本原则和思路，为宪法树立尊重和保障人权的精神奠定了思想基础。

邓小平讲话后不久，中共召开了十一届三中全会。此次全会在正式确立国家建设重心转移到经济建设上来的同时，明确了加快民主政治建设步伐的思路，中国的人权建设相应地也进入了进一步深化和完善的新时期。

1979 年 6 月，五届全国人大二次会议首次以宪法修正案的形式通过了《关于修正〈中华人民共和国宪法〉若干规定的决议》，对政府体制和前一部宪法中公民权利规定方面的一些缺陷进行了部分调整。次年 9 月，“宪法修改委员会”正式成立，开始主持对 1978 年宪法的修改和新宪法的制定工作。在经过了两年多时间的反复修改并提交全国人大讨论之后，1982 年 12 月 4 日，五届全国人大五次会议通过了新的《中华人民共和国宪法》，一个具有中国特色的社会主义人权制度从此稳定地确立起来，中国的人权发展从此走上一条制度化、法制化、规范化的道路。

1982 年新宪法在国家保障人权的宗旨、基本原则和规则制定方面全面恢复了 1954 年宪法的精神，并根据时代的变化作了进一步的充实和完善：

在人权保障的宗旨和原则方面，新宪法除继续强调中华人民共和国是“工人阶级领导的，以工农联盟为基础的人民民主专政的社会主义国家”和“一切权利属于人民”的宗旨和民主集中制、民族平等基本政治原则外，特别强调了国家政治生活的法制化原则，规定“国家维护社会主义法制的统一和尊严；一切法律、行政法规和地方性法规都不得同宪法相抵触；一切国家机关和武装力量、各政党和各社会团体、各企事业组织都必须遵守宪法和法律；一切违反宪法和法律的行为，必须予以追究；任何组织和个人都不得有超越宪法和法律的特权”。这一规定，在当时的情况下主要是针对“文革”期间有法不依、执法不严、违法不究的现象制定的，同时也充分体现了国家切实通过法制化的渠道实现人权保障的规范化、不断加快国家人权建设步伐的决心。

在具体的公民权利和义务方面，新宪法对 1978 年宪法进行了许多合乎中国新的经济社会发展现实的增删。一些明显过时的或不科学的权利内容被适时删除，主要是取消了对“地富资坏”等人政治权利的剥夺和“大鸣、大放、大辩论、大字报”权利。另外被取消的还有对受迫害的外国人的居留权和公民的罢工权，取消前者是为了遵守国际法的有关原则，取消后者则是为保护经济建设这一中心工作能顺利地进行，减少干扰因素。具体说来，新宪法中

31 《邓小平文选》（第 2 卷），人民出版社 1994 年版，第 144—147 页。

保障人权方面增加或重新得到强调的主要有：

（一）对个人财产权的保护。宣布“国家保护公民的合法的收入、储蓄、房屋和其他合法财产的所有权”和“公民的私有财产的继承权”。

（二）保障人格权。规定“公民的人格尊严不受侵犯，禁止用任何方法对公民进行侮辱、诽谤和进行诬告陷害”，“公民的住宅不受侵犯，禁止非法搜查或者非法侵入公民的住宅”。这是针对“文革”期间一些常见的做法而专门制定的。

（三）恢复和完善法律程序。这方面的规定包括“任何公民，非经人民检察院批准或者决定或者人民法院决定，并由公安机关执行，不受逮捕”。这一规定取消了前两部宪法中有关公安机关可以决定逮捕的规定，明确了司法权的法定归属；“禁止非法拘禁和以其他方法非法剥夺或者限制公民的人身自由，禁止非法搜查公民的身体”，这一规定是过去没有的，体现出人身自由这一曾经受到忽视的重要权利开始受到关注；“对于公民的申述、控告或者检举、有关国家机关必须查清事实，负责处理，任何人不得压制和打击报复”，这也是过去没有的规定。

（四）新宪法还根据社会的发展现实增加了一些体现社会进步的权利和义务，如规定了退休制度，规定“退休人员的生活受到国家和社会的保障”。这一制度虽然早已在中国建立起来，但作为宪法的权利规范这是第一次。其他新增加的条文还包括“婚姻、家庭、母亲和儿童受国家的保护”，“夫妻双方有实行计划生育的义务”等。

新宪法的制定，标志着中国的人权道路在经历了 30 多年的曲折轨迹后终于得到了稳定的确立。到今天，1982 年宪法确立的人权原则和保障框架基本没有发生大的变化，主要是根据宪法的规定作了进一步的充实和完善。其中最大的发展主要集中在两个方面：一是不断强化人权精神，进一步完善对人权的制度化保障，这方面最显著的体现是 2004 年宪法将国家“尊重和保障人权”的宗旨载入了正式条文；二是逐步建立起了一个以保障人权为中心的较完整的法律规范体系。

人权保障在国家内部从来就不是一个独立的价值构成，而是整个国家政治制度的有机组成部分，受国家的政治制度制约和规范，在中国也是如此。人权保障制度是中国特色民主政治这一政治制度本质的重要构成和表现，随着民主政治的完善而完善。改革开放以来，中国致力于推进国家的民主政治，政治制度的体系化水平逐步提高。人民代表大会制度作为保障人权的最高组织形式，其产生方式、组织结构和作用与功能都进一步规范化。所有的人大代表都必须直接或间接选举产生，尤其是在县乡一级更实现了直接选举；所有政府机关的组成及首长的任命都由人大这一国家和地方的最高权力机关负责，政府必须对人大负责，受人大监督，国家政治生活和社会生活的一切大事都要经过人大通过才能实施。

作为体现中国人权道路特色的中国共产党领导的多党合作和政治协商制度，也得到了不断的发展和完善。在人民政协的政治平台上，社会各阶层、各人民团体和各界人士都能在国家政治生活和社会生活中发挥作用，各民主党派在法律上真正享有了政治自由、组织独立的平等权利，许多民主党派人士担任了从国家到地方各级政府和司法机关的领导职务，使共产党与各民主党派“长期共存、互相监督、肝胆相照、荣辱与共”的关系得到了切实的落实，各民主党派充分发挥其参政议政、民主监督、团结群众的作用，推动了中国人权事业的不断发展。

基层民主作为与人民权利保障直接相关的国家制度，一度在中国不够健全。改革开放以来，基层民主发展十分迅速，成为中国公民在其居住地直接行使公民和社会方面权利的重要途径和制度保障。企事业单位普遍建立和健全了职工代表大会，城乡和社区建立了居民委员会和村民委员会，职工和城乡居民、村民可以通过这些组织行使直接管理社会生活的权利。此外，中国还建立了从中央到地方的根据各种年龄、性别、职业形成的各种社会团体和各类组织，政府鼓励它们依照法律自主地开展社会活动，充分行使其受宪法和法律保障的各种经济、社会和文化权利。

在法律规范体系方面，在新宪法的基本精神和原则指导下，改革开放以来中国根据政治和经济形势的发展变化，不断制定和完善以保障人权为重点的法律体系，先后颁布了大量重要的法律和法规。截至20世纪90年代上半期，中国就已制定和颁布了上千种法律与法规，其中与人权相关的法律和法规就有1033件，主要包括政治权利立法20余件、人身权利立法60余件、宗教信仰自由立法30余件、犯罪嫌疑人和罪犯权利立法100余件、经济和财产权利立法400余件、文化和教育权利立法73件、保护妇女儿童青少年和老人权利立法120余件、少数民族权利立法160余件。近年来，中国进一步加快了立法的速度，更多的法律法规正在不断地制定出来，到2010年底，已经形成具有中国特色的社会主义法律体系，人民在政治、经济和社会生活中的各方面权利得到了日益全面的规范和保障。

鉴于“文革”时期有法不依、执法不严、违法不究的历史教训，中国在加快完善法律体系的同时，还高度重视司法和执法体系的完善工作，力争把依法治国的理念落到实处，使中国不仅成为一个法制社会，更成为一个法治的社会。近20年来，中国的司法体系逐渐走向健全，执法力度不断增强，宪法和法律规定的公民权利得到了越来越有力的司法保障。

回溯近代以来中国的人权道路，可以发现一条清晰的历史轨迹，那就是在从无到有、从曲折到完善的发展进程中，中国的人权发展经历了一个漫长的发展和演变过程。改革开放后，中国的人权建设进入了一个快速进步的时期，到今天，可以认为中国已经初步探索出了一条具有中国特色的社会主义人权发展道路。与西方国家相比，这条人权道路的合理性和有效性在于：

首先，它是与中国作为一个社会主义国家的根本性质相适应的人权道路，这是中国人权道路的制度定位。在中国发展人权，首先必须服从社会主义制度的基本要求，根据社会主义的核心价值和人权观念来指导保障人权的方式与组织形式。没有社会主义的制度定位，中国的人权发展就会偏离既定方向。

其次，它是在中国的历史和文化土壤中成长起来的，这是人权道路的文化定位。中国是一个社会主义国家，同时又是一个发展中的大国，在经济发展水平、人民生活、社会的紧迫需要等许多方面都与发展中国家的情况类似，这一现实不可避免地会在人权建设中体现出来。同样十分重要的是，中国更是一个具有悠久历史的国家，5000 年的文化积淀在中国社会的思想、观念、心理各方面都刻上了深刻的烙印，如果按照别国的模式来发展自己的人权事业，就等于失去了自己的文化个性，只会给保障人权的努力造成严重的障碍而不可能切实地改善中国的人权状况。

第三，中国的人权道路在发展过程中经历了一个逐步深化和完善的过程。人权概念是近代从西方输入中国的，它在中国传播、普及和进入制度规范当然会有一个长期的过程，而近代以来中国落后的政治经济现实更决定了人权制度的完善在中国是不可能一夜之间就能确立并充分发挥作用的。即使建国以来中国对保障人权问题给予了高度的重视，仍然有过严重的曲折和失误，走过不少弯路。但是，这并不等于中国要以过程性来延迟自己实现充分保障人权的信心和决心，相反，过程的长期性和曲折性更体现了中国人民不断地探索、寻找在中国的现实条件下人权的最佳保障途径的不懈精神。

第四，在人权发展的理念上，中国的人权道路体现了广泛性、公平性和真实性。广泛性是指在主体上，享受人权的主体不是少数人，而是全体中国人民，受保障的不仅有个人人权，也有集体的权利；在范围上，不仅包括生存权、人身权和政治权利，而且包括经济、文化、社会等各方面的权利。公平性是指中国在人权的享受资格上是公平公正的，各项公民权利不受金钱和财产状况以及民族、种族、性别、职业、家庭出身、宗教信仰、教育程度、居住期限的限制，为全社会的所有公民平等地享有。真实性是指国家为人权的实现从制度上、法律上、物质上给予保障，宪法和法律中规定的各种公民权利同人民在现实生活中所享受的权利是一致的。

第五，中国的人权道路具有显著的开放性特征。中国的人权建设是一个从无到有的发展过程，从一开始就借鉴了其他国家在人权保障方面取得的经验，在人权的保障方式、措施和程序等方面也吸收了许多有益的因素。当前，中国更加强调与其他国家和国际社会在人权方面的合作与交流，体现出积极的开放精神。中国不仅加快了批准和参加国际人权文书的步伐，也坚持主张在相互理解、求同存异的基础上加强在人权领域内的国际合作。中国还一再强调愿意与国际社会一道，为建立一个公正合理的国际新秩序，实现联合国维护和促进人权与基本自由的宗旨继续作出不懈的努力，这也充分体现了中国在国际人权交流中的开放心态。

第三章　理论创新：中国人权道路的思想基础

从过去1个多世纪中国人权道路的历史变迁中可以发现，在不同的探索阶段，中国人权建设遵循的指导思想和核心价值也发生过巨大的变化。在满清的改良派那里，人权是用来缓解专制压力的政治工具；到早期的民主派那里，人权是在中国建立西方式民主制度的切入口；马克思主义传入中国后，其人权主张成为共产党人举起的一面旗帜；新中国成立以来，在曲折但却不懈的思考中，人权逐渐成为中国特色社会主义理论体系的有机组成部分，在中国特色人权理论指导下，中国的人权道路逐步成型。由此可见，不仅中国的人权道路是长期探索的结果，内化于这条道路之中的核心理念也不是在一日之间确立起来的，理念和道路形成过程的曲折性蕴涵的是历史的必然性。

一、“西学东渐”与人权思想的引进

“西学东渐”是中国近代历史上影响最为深刻的思想运动之一，也是对中国传统政治思想和制度理念的前所未有的挑战。在漫长的历史进程中，中国虽然也曾多次遭受外族武力入侵乃至接受外族的长期统治，但每一次的结果都是外族统治者被中国思想和文化逐步同化，中国也因此成为世界文明古国中唯一始终保持了一脉相承的民族文化和价值体系的国家。而相对于历史上外族的军事入侵，“西学东渐”则是中国第一次面临外部世界的思想入侵，而且这样的侵蚀在强势的军事力量和科技实力的支持下对于中国的思想冲击一度被认为几乎难以抵御的。事实上，在西方思想的侵蚀面前，中国确实一度陷入文化自信严重丧失的危机，关于“中学为体、西学为用”抑或“西学为体、中学为用”的长期争执背后，蕴涵的都是对西方思想强势输入的无奈心态。直到新中国成立以后，这一状态才发生了彻底改变。

鸦片战争使近代中国进入了一个灾难深重的时代，同时也使中国的思想文化进入了一个大动荡、大变革、大转折的时代。从 1842 年英国强迫清政府签订丧权辱国的《南京条约》起，中国开始丧失独立自主的地位。西方列强通过接二连三的侵略战争，迫使清政府签订了一系列不平等条约，强占了中国的大片土地，勒索了巨额的白银赔款，获得了包括“治外法权”在内的大量政治、经济、军事和文化特权，中国陷入内无民权、外无主权的境地，懦弱的专制政权陷入空前的困境。

但是，西方列强的侵略，也把一些全新的文明因素强制性地输入了中国，科学、民主和人权成为当时西方文明中最吸引中国人的思想要素。在对惨痛的教训进行深刻的反省之中，中国思想界开始了学习西方、输入西方文明的艰难历程。“西学”的“东渐”，使人权的思想和体制观念的萌芽在专制制度的土壤中逐渐滋生，一场以“师夷长技”，“以夷制夷”为口号、以变革封建中国为目的的改革思潮逐步酝酿和发展起来。

近代中国人权意识的萌芽是以思想界研习和介绍西方的科学技术与政治体制开始的。林则徐开了中国人了解西方的先河。早在广州主持禁烟事务期间，他就请人编辑了中国第一部比较系统的世界地理志《四洲志》，摘译了介绍西方法律制度的《各国律例》。1842 年，近代思想界魏源编写《海国图志》，提出了“师夷之所长以制夷”的著名口号。在书中，他详细介绍了中国与英美等国的制度差异，其中特别突出的是西方有关“大众可则可之，大众否则否之”，“刊印逐日新闻纸，以论国政，如各官宪政事有失，许百姓议”等与人权相关的政治制度。在此基础上，他提出“天下事，人情所不便者变可复，人情所群便者变则不可复”这一以人为本的变革主张，酝酿出了朦胧的人权意识。

1851 年，太平天国起义爆发，洪秀全成为第一个满清封建专制的叛逆者，他所构想的以“天下大家处处平均，人人饱暖”为原则的“天朝田亩制度”将他对西方人权的朦胧意识与中国传统的“等贵贱、均贫富”观念糅合起来，构成了对封建专制思想和专制秩序的强烈冲击。英国人呤唎（Augustus Frederick Lindley）曾从人权的角度对太平天国的制度给予了高度评价，他写道，“满清奴役下的任何一个中国人的面部都表现了蠢笨、冷淡，没有表情，没有智慧，只有……奴隶态度；他们的活力被束缚，他们的希望和精神被压抑、被摧毁。太平军则相反……他们的自由风度特别具有吸引力。你可以看见被鞑靼人所征服的中国人的奴颜婢膝；但是太平军纵使面对死亡，也都表现了自由人的庄严不屈的风度。”[32] 这一评价以及对太平天国运动本身的评价可能是充满争议的，而且最终洪秀全也走向了君主专制进而导致太平天国运动的失败，但不论评价如何，太平天国运动在客观上对满清的专制统治构成了严重的挑战，进一步刺激了人们权利意识的觉醒。从此以后，更多的人开始了对满清专制政权的合理性和合法性的怀疑和思考。

进入 19 世纪 70 年代，对专制制度弊端的批判和反省成为当时中国各界的普遍思潮，中国近代社会进入要求建立立宪政治、民权运动逐渐兴起的新时期。第二次鸦片战争后，中国的国家生存危机进一步加深，为维持满清王朝的统治，“师夷之长技”由思想变成了行动，满清政权中的洋务派开始致力于发展近代工业，初步构建出了中国的近代工业体系。这场被称为“洋务运动”的引进西方科学技术和生产方式的工业化革命，为中国开始现代化和民主化进程提供了必要的物质基础。

中国国门被强制性打开，使大批西方人进入中国，传教士在中国进行文化渗透的同时，把西方式的民主原则、契约观念和“天赋人权”理论比较完整地介绍进来，为民权运动提供了丰富的思想元素。而另一批人“走出去”睁眼看世界，更使越来越多的中国人在中外制度的对比中切身体会到了专制的致命弊端，对君主制度进行革命性的改造日益成为政治共识。1875 年，郑观应在《易言》中率先提出了“上效三代之遗风，下仿泰西之良法，体察民情，博采众议，务使上下无扞格之虞，臣民无异同之见”的君主立宪主张。王韬进一步将立宪与抵御外侮、挽救民族危亡结合起来，提出以中国之大而屡遭外国欺凌的根源在于“一人秉权于上，而百姓不得参议与下”，而中国如果“诚如西国之法，行之于天下，天下之民其孰不起而环卫我中国！”

19 世纪末期，立宪和民权思想在何启和胡礼垣那里发展为更为通俗易懂的天赋人权和社会契约主张。在 1899 年发表的《新政真诠·〈劝学篇〉书后》中，他们第一次阐释了天赋人权的思想，提出“权者乃天之所为，非人之所立也。天既赋人以性命，则必畀以顾此性命之权；天既备人以百物，则必以保其身家之权”，“天下之权，唯民是主，然民亦不自为也，选立君上，以行其权，是谓长民。乡选于村，邑选于乡，郡选于邑，国选于郡，天下选于国，是为天子”。

应该看到，在 19 世纪，尽管中国本土在西方人权学说的影响下滋生了早期的立宪和民权的思想，但这些思想和主张都是在现行的专制制度框架内提出的改良性思考，还没有形成较彻底的人权精神和人权主张。反映在思想上，人们思考的重点主要集中在从君主手中争取获得一定的民权；在制度构想上，是

32 转引自张锡勤：《中国近代思想史》，黑龙江人民出版社 1988 年版，第 69 页。

在保持皇权前提下的君主立宪制。这既体现了民权运动进步意义的有限性，也反映出人权保障理念在中国确立的艰难程度。1898 年流产的“戊戌维新”是民权运动这种双重性的典型缩影。1895 年 5 月，康有为、梁启超等人领导“公车上书”，发起了维新运动。在四年的时间里，维新派志士通过办报、讲学、组织学会、兴办学堂、上呈奏折、编纂变政考等方式，兴起了一场轰轰烈烈的立宪政治运动，要求建立立法、行政、司法三权分立的政治制度，实现“君与国民共议一国之政法”。这场变法运动虽然最后以失败告终，但使人权和民主的思想进一步深入人心，预示着封建专制制度在中国解体的时机已经成熟。

19 世纪“西学东渐”中人权思想的引入和传播，应该说在知识层面上对当时的中国开启民智、拓展视野、摆脱封闭自大的天朝意识是有启蒙意义的，不仅对中国根深蒂固的皇权观念产生了直接的冲击，近代民主革命的兴起也直接受益于这一早期的思想解放运动。但在中国的政治和文化土壤中，这一思想并不可能被大多数政治力量和普通民众真正接受，也难以在中国付诸政治实践。在大多数时候，民主和人权不过是少数理想主义者的精神寄托，只能在占中国人口极少数的知识分子群体中被尊崇和呼吁。知识群体与普通民众在思想观念上的脱节和格格不入成为中国人权发展长期必须面对的现实，这也注定了中国最终将走上一条独特的民主和人权发展道路。

二、马克思主义人权思想：为建构的中国人权观奠定基础

人权思想最初是从西方引入中国的近代价值理念，但西方的人权思想在影响了早期中国民主革命的同时，从来就没有在近代中国现实的政治生活中真正付诸过实践。晚清的君主立宪尝试因辛亥革命的爆发而无疾而终，民国初期的孙中山也在军阀林立和混战的局面下从来没有实现过自己的“五权”思想，至于国民党统治时期，蒋介石的独裁政权更从未真正试图在中国推行民主和保障人权。真正推动中国走上人权建设道路的，是中国共产党。而中国共产党遵循的人权理念，则从来就是马克思主义的人权学说而不是西方的人权主张。在此意义上，讨论中国人权理念的变迁和中国人权道路的内在精神，抽象分析西方人权观念对中国人精神世界的介入并无多少实质性的意义，人们的分析眼光必须回到对马克思主义人权思想的重新理解和再认识上来。

马克思、恩格斯的人权观

马克思和恩格斯的人权思想曾是马克思主义研究中长期被人们忽视的空白点，直到 20 世纪 90 年代以来才引起人们的高度重视。在当代，越来越多

研究者提出，认为马克思主义彻底否定人权是一种误读，事实上，在马克思和恩格斯那里，不仅对资本主义人权主张的虚伪性有着深刻的揭露和批判，更在其社会主义和共产主义理论中将保障人权放在了重要的地位，为未来包括中国在内的社会主义国家的人权建设道路提供了丰富的思想宝库。

马克思和恩格斯的人权思想是从对西方人权观的意识形态批判展开的，这主要包括两个方面：一是对天赋人权理论本质的揭露；二是对资本主义人权制度的批判。

马克思和恩格斯从历史唯物主义的立场分析西方人权观念的起源和本质。他们认为，启蒙学者从自然状态—自然法—自然权利中论证人权的起源和本质掩盖了人权的本质，就本质而言，“这个理性的王国不过是资产阶级的理想化的王国；永恒的正义在资产阶级的司法中得到实现；平等归结为法律面前的资产阶级的平等；被宣布为最主要的人权之一的是资产阶级的所有权；而理性的国家、卢梭的社会契约在实践中表现为而且也只能表现为资产阶级的民主共和国”。[33] 这段论述，可以说是对西方人权观本质的最精彩、最全面的概括。

在马克思和恩格斯看来，西方主张的人权在经济上首先是私有财产权，而私有财产权不是“天赋的”，是随着私有制的出现而出现的，因为“资本是天生的平等派”，而“平等地剥削劳动力，是资本的首要人权”。[34] 马克思在《论犹太人问题》中，对人权的这一本质属性作了详尽的分析，他指出，“私有财产这项人权就是任意地、和别人无关地、不受社会束缚地使用和处理自己财产的权利；这项权利就是自私自利的权利。这种个人自由和对这种自由的享受构成了市民社会的基础。”[35]

在政治上，人权本质上是统治阶级的特权，大多数人只是在名义上赢得了平等和自由，但在现实生活中却被剥夺得一干二净。按恩格斯的说法，这是因为“追求幸福的欲望只有极微小的一部分可以靠理想的权利来满足，绝大部分却要靠物质的手段来实现，而由于资本主义生产所关心的，是使绝大多数权利平等的人仅有最必需的东西来勉强维持生活，所以资本主义对多数人追求幸福的平等权利所给予的尊重，即使一般来说多些，也未必比奴隶制或农奴制所给予的多”。[36] 因此，真正能够享受人权的只是少数有产者，“人权本身就是特权，而私有制就是垄断”。[37]“资产阶级的力量全部取决于金

33 恩格斯：《反杜林论》，《马克思恩格斯选集》第 3 卷，第 57 页。

34 马克思：《资本论》，《马克思恩格斯全集》第 23 卷，第 436、324 页。

35 马克思：《论犹太人问题》，《马克思恩格斯全集》第 1 卷，第 438 页。

36 恩格斯：《路德维希·费尔巴哈和德国古典哲学的终结》，《马克思恩格斯选集》第 4 卷，第 235 页。

37 马克思、恩格斯：《德意志意识形态》，《马克思恩格斯全集》第 3 卷，第 229 页。

钱，所以他们要取得政权就只有使金钱成为人在立法上的行为能力的唯一标准……这样，他们通过选举权和被选举权的财产资格的限制，使选举权成为本阶级独有的财产。平等原则又由于被限制为仅仅在'法律上的平等'而被一笔勾销了，法律上的平等就是富人和穷人不平等前提下的平等，即限制在目前主要的不平等的范围内的平等,简括的说,就是简直把不平等叫做平等。"[38]

在社会生活中，人权本质上是市民社会的权利，也就是利己主义的权利。马克思明确指出，"首先我们肯定这样一个事实，就是不同于公民权的所谓人权无非是市民社会成员的权利，即脱离了人的本质和共同体的利己主义的人的权利。"进一步说，"任何一种所谓人权都没有超出利己主义的人，没有超出作为市民社会成员的人，即作为封闭于自身、私人利益、私人任性，同时脱离社会整体的个人的人。在这些权利中，人决不是类存在物，相反地，类生活本身即社会却是个人的外部局限，却是他们原有的独立性的限制。把人和社会联系起来的唯一纽带是天然必然性，是需要和私人利益，是对他们财产和利己主义个人的保护。"[39]

西方人权观念的利己主义本质，决定了它在资本主义社会中只是一种彻底被异化的权利，资本主义制度也不可能真正建立起能够有效保障大多数人权利的人权制度。马克思和恩格斯正是从这一思路出发批判资本主义的人权制度的。他们在《神圣家族》中指出，"以人权的形式承认和批准现代资产阶级社会，即工业的、笼罩着普遍竞争的、以自由追求私人利益为目的的、无政府的、塞满了自我异化的自然的和精神的个性的社会。"[40]具体而言，马恩对资本主义人权制度的批判主要集中在：

第一，资本主义的人权制度从根本上说是为了维护私有制这一资本主义制度的基础。马恩认为，只要由私有制带来的经济上的不平等还存在，政治上的自由和平等是不可能真正得到保障的，所谓"契约自由、职业自由、劳动自由都只能是被雇佣和被剥削自由的同义语。马克思据此写道，"劳动力的买和卖是在流通领域或交换的界限内进行的，这个领域确实是天赋人权的真正乐园。"[41]

第二，作为人权主要保障形式的法制只是国家权力的附属物，是为少数人的权利服务的。"法的关系正像国家的形式一样，既不能从它们本身来理解，也不能从所谓人类精神的一般发展来理解，相反，它们根源于物质的社会关

---

38 马克思：《德国状况》，《马克思恩格斯全集》第 2 卷，第 647—648 页。
39 马克思：《论犹太人问题》，《马克思恩格斯全集》第 1 卷，第 437、439 页。
40 马克思、恩格斯：《神圣家族》，《马克思恩格斯全集》第 2 卷，第 156 页。
41 马克思：《资本论》，《马克思恩格斯全集》第 23 卷，第 199 页。

系。”[42]对于资本主义社会而言，法是资产阶级意志的体现，资产阶级可以根据自己的意志加以制定，也可以根据客观需要加以修改或废除，还可以对法律任加解释，因此，所谓法制，对多数人来说无非是资产阶级专横的代名词。资产阶级只有在人权法的实践对其统治有利时才会遵守和强调它，否则就会破坏自己制定的法制。

第三，人民主权原则只存在于宪法的条文之中，从未得到真正的实现。马恩在《共产党宣言》中指出，“现代的国家政权不过是管理整个资产阶级的共同事务的委员会罢了。”马克思在分析法国1848年革命时也不无讽刺地写道，“人身、出版、言论、结社、集会、教育、和信教等的自由，都穿上宪法制服而成为不可侵犯的了。这些自由中的每一种都宣布为法国公民的绝对权利，然而总是加上一个附带条件，说明它只有在不受‘他人同等权利和公共安全’或‘法律’限制时才是无限制的，而这些法律正是要使各种个人自由彼此之间以及公共安全协调起来。”[43]

第四，法律规定的大多数人权在现实中也是没有得到实现的，或者受到诸多的限制，或者只是有利于富人更好地剥削穷人。马恩在这方面有着许多具体的精辟论述，如马克思在《资本论》中写道，“自由！因为商品例如劳动力的买者和卖者，只取决于自己的自由意志……平等！因为他们彼此只是作为商品所有者发生关系，用等价物交换等价物。所有权！因为他们都只支配自己的东西。”[44]恩格斯在分析英国《大宪章》时也一针见血地指出了宪法规定的各种自由权利在实践中的“分离现象”，如出版自由，“英国的这种自由也还是很有限的。诽谤法、叛国法和渎神法都沉重地压在出版事业的身上；如果说对出版事业的迫害还不算多，那么这并不是由于法律，而是由于政府害怕因采取压制出版事业的措施而丧失民心”；集会的权利，“到目前为止欧洲还没有一个民族享受过这种权利”；结社的权利，“充分的结社权利也仍然是富人的特权”；人身保护的权利，“这种备受赞扬的权利也仍然是富人的特权，穷人交不起保证金，因此只得进监狱”。此外，“个人权利中的最后一个，就是每个人都有权由和自己同类的人来审讯，而这个权利也同样是富人的特权”。[45]

在对资本主义人权状况和人权制度进行了深刻的揭露和批判的基础上，马克思和恩格斯提出了自己的社会主义人权观念和制度主张。在人权观念方

42 马克思：《〈政治经济学批判〉序言》，《马克思恩格斯选集》第2卷，第82页。
43 马克思：《路易·波拿巴的雾月十八日》，《马克思恩格斯全集》第8卷，第134页。
44 马克思：《资本论》，《马克思恩格斯全集》第23卷，第199页。
45 恩格斯：《英国状况 英国宪法》，《马克思恩格斯全集》第1卷，第695—697页。

面，他们的主要观点包括：

第一，人权是历史的社会和经济发展的产物。马克思提出的著名命题是，"权利永远不能超出社会的经济结构以及由经济结构所制约的社会的文化发展。"[46]换言之，人权不是天赋的，也不是人生而具有的，而是社会发展到一定阶段的产物。推而论之，一定的社会发展阶段决定人权的状况，过低地或过高地看待人权都是违背历史规律和客观事实的，也不利于人权的进展。

第二，人权是社会的、集体的权利。马克思和恩格斯认为，人不是抽象的生活在世界以外的东西，人的本质不是单个人所固有的抽象物，在其现实性上，人就是人的世界，就是国家、社会，是一切社会关系的总和。马克思指出，"人是最名副其实的社会动物，不仅是一种合群的动物，而且是只有在社会中才能独立的动物。"[47]由人的社会性决定，人权不仅仅是个人享有的权利，更是集体共同分享的权利，只有在集体中，个人才能获得全面发展其才能的手段，只有在集体的自由中，个人才能有真正的自由，"在真实的集体的条件下，各个个人在自己的联合中并通过这种联合获得自由"。[48]

第三，人权是辩证的权利。马恩始终坚持，辩证法在考察事物及其在头脑中的反映时，本质上是从它们的联系、它们的连接、它们的运动、它们的产生和消失方面去考察的。人权作为辩证权利的内涵包括：人权是个人政治自由和公民权利与经济、社会、文化权利的历史的统一，是个人权利也是集体权利，是权利与义务的统一，没有无权利的义务，也没有无义务的权利。

第四，人权是有阶级性的。这不仅是指资本主义的人权是有阶级性的，而且社会主义的人权也有阶级性，只不过，它建立在占人口绝大多数的无产阶级和广大劳动大众的阶级基础之上。

在关于未来社会主义国家的人权保障方面，马恩在当时的现实条件下，主要提出了一些原则性的构想，对于国家如何为人权提供有效保障以及采取何种方式提供保障等问题则较少涉及。这包括：

第一，人权是社会主义革命和社会主义制度的重要组成部分。马克思明确指出，无产阶级的社会革命"不能再求助于历史权利，而只能求助于人权"。[49]恩格斯也表示，"我们的目的是要建立社会主义制度，这种制度将给所有的人提供健康而有益的工作，给所有的人提供充裕的物质生活和闲暇时间，给所有人提供真正的充分的自由。"[50]

---

46 马克思：《哥达纲领批判》，《马克思恩格斯选集》第3卷，第12页。

47 马克思：《〈政治经济学批判〉导言》，《马克思恩格斯选集》第2卷，第87页。

48 马克思、恩格斯：《费尔巴哈》，《马克思恩格斯选集》第1卷，第82页。

49 马克思：《〈黑格尔法哲学批判〉导言》，《马克思恩格斯选集》第1卷，第14页。

50 恩格斯：《对英国北方社会主义联盟纲领的修正》，《马克思恩格斯全集》第21卷，第570页。

第二，社会主义国家将在人权的享受和维护方面给人民提供全方位的、而且是真正的全面保障。这主要包括：（1）政治保障。在社会主义国家里，由于推翻了资产阶级的政治统治，无产阶级领导下的国家将彻底改变过去少数人才实际上享有权利的状况，在政治上真正确保人民当家作主，人民均有权“参加政治共同体，参加国家”；（2）经济保障。按恩格斯的设想，无产阶级在取得国家权力后，将“利用这个权力把脱离资产阶级掌握的社会化生产资料变为公共财产。通过这个行动，无产阶级使生产资料摆脱了它们迄今具有的资本属性，给它们的社会性以充分发展的自由”。[51] 换言之，广大的劳动者将获得充分的生存权和发展权，这是社会主义人权制度与资本主义相比最大的优越性之一；（3）立法保障。立法机构负责制定人权的保障规范，是社会主义人权制度中最基本的部分。马恩对此也给予了高度重视，恩格斯指出，“从某一阶级的共同利益中产生的要求，只有通过下述办法才能实现，即由这一阶级夺取政权，并用法律的形式赋予这些要求以普遍的效力。”[52]（4）社会保障。马恩认为，社会主义革命不仅要求将人从资本主义政治、经济中解放出来，而且要求消灭市民社会的利己主义和个人主义人权观，在社会中实现对人权的真正保障。按照马克思的说法，就是消除“人的个体感性存在与类存在的矛盾”。[53]（5）司法保障。马恩对资本主义司法制度的虚伪性给予了充分的深刻揭露，并在此基础上构想了诸多社会主义制度下在司法过程中切实保障人权的原则，如“法律面前人人平等”等。

第三，社会主义的人权制度将消灭特权和少数人享受权利保障的状况。马克思深刻地指出，资本主义人权制度最大的虚伪之处，在于名义上实现了对所有人的人权的保障，但实际上少数富人享有更多的特权，穷人则因为种种原因根本享受不到法律规定享有的各种权利。只有在社会主义制度下，“真正的自由和真正的平等”才有实现的可能，因为社会主义国家“认为自己有责任为一切人要求人权和公民权”。[54] 马克思还在驳斥对巴黎公社的攻击时宣布，“公社曾想消灭那种将多数人的劳动变为少数人的财富的阶级的所有权。它曾想剥夺剥夺者。它曾想把现在主要用作奴役和剥削劳动的工具的生产资料、土地和资本变成自由集体劳动的工具，以实现个人所有权。”[55]

第四，社会主义的人权保障不是一成不变的，而是根据经济和社会发展的需要不断地加以调整和完善。社会主义制度的建立并不是革命的终点，从

51 恩格斯：《社会主义从空想到科学的发展》，《马克思恩格斯选集》第 3 卷，第 443 页。
52 恩格斯：《法学家的社会主义》，《马克思恩格斯全集》第 21 卷，第 568 页。
53 马克思：《论犹太人问题》，《马克思恩格斯全集》第 1 卷，第 451 页。
54 马克思、拉法格：《国际工人协会章程的条例》，《马克思恩格斯全集》第 16 卷，第 600 页。
55 马克思：《法兰西内战》，《马克思恩格斯全集》第 2 卷，第 378 页。

社会主义到共产主义是一个漫长的历史过程。在社会主义阶段，虽然确立了远远优越于资本主义的人权保障理念，但这个相应的制度安排并不是充分完善和超越时空的，必须随时代要求而变化，如“平等的观念，无论以资产阶级的形式出现，还是以无产阶级的形式出现，本身都是一种历史的产物，这一观念的形成，需要一定的历史关系，而这种历史关系本身又以长期的以往的历史为前提，所以这样的平等观念什么都是，就不是永恒真理”。[56] 在马克思提出的“权利永远不能超出社会的经济结构以及由经济结构所制约的社会的文化发展”思想中，也包含着社会主义的人权保障需要不断发展的观念。

列宁的人权主张

进入 20 世纪，社会主义由社会政治运动发展到国家实践阶段。第一个社会主义国家苏联的建立标志着一种社会制度的出现，也标志着一条全新的人权保障道路的萌芽。这一道路以马克思和恩格斯的人权学说为理论指导，同时结合了当时俄国的政治、经济和社会现实，使人类历史上第一次出现了与资本主义人权道路截然对立的创新尝试。

苏联人权理论的奠基人是列宁。他继承和发展了马克思主义经典作家的理论主张，创造性地运用于指导俄国革命的实践，从而丰富和发展了社会主义的人权理论。遗憾的是，列宁去世后，斯大林没有沿着列宁开辟的道路走下去，而是把人权视为资本主义制度的产物，建立了无视人权保障的高度集权的政治体制，并将其模式化，其结果不但将社会主义在人权保障方面的主动权拱手让给了西方，而且给整个国际共产主义运动带来了严重的后果。人权一度成为社会主义意识形态领域最为薄弱的环节，屡屡受到西方的攻击和指责。80 年代中期后，戈尔巴乔夫在试图扭转人权问题上的不利局面，在国内重建人权保障的理念和体制时又走向了另一个极端，最终造成了苏联以及整个东欧社会主义阵营的解体。

列宁是在无产阶级革命高涨的时代背景下提出自己的革命和人权理论的。出于革命的需要，他首先对资本主义的人权观念进行了深入的揭露和批判。鉴于世纪初资本主义发展到垄断阶段，列强争夺殖民地、瓜分世界的斗争日趋激烈，18 世纪欧美各国确立的人权原则在国家政治生活中被国家权力置于无足轻重的地位。在被列宁称为“军事封建帝国主义”的俄国，人民更是在表面上也没有多少权利可言。因此，列宁更加着眼于批判资本主义制度下人民的无权状况，通过大量事实证明资本主义人权的极端虚伪性。

---

56 恩格斯：《反杜林论》，《马克思恩格斯选集》第 3 卷，第 147 页。

列宁同意，“资产阶级民主同中世纪制度比较起来，在历史上是一个大进步”。但他同时更强调，“它始终是而且在资本主义制度下不能不是狭隘的、残缺不全的、虚伪的、骗人的民主，对富人是天堂，对被剥削者、对穷人是陷阱和骗局。”[57]进一步说，“极少数人享受民主，富人享受民主——这就是资本主义社会的民主制度”。[58]

在此基础上，列宁对资本主义民主、自由、人权进行了全方位的批判。他在《国家与革命》中写道，“如果仔细地考察一下资本主义民主的结构，那么无论在选举法的‘细微’的（似乎是细微的）条文上（居住年限、妇女被排斥等），或是在代议机构的办事程序上，或是在行使集会权的实际障碍上（公共的集会场所不准‘叫花子’使用！），或是在纯粹按资本主义原则办报等事实上，到处都可以看到对民主的重重限制。”[59]

在其他与人权相关的方面，列宁还分别指出，“普选制是资产阶级统治的工具”；“每隔几年决定一次究竟由资产阶级中的什么人在议会里镇压人民、压迫人民——这就是资产阶级议会制的真正本质”[60]；“自由和民主直到现在都是有产者的自由和民主，对无产者来说不过是残羹剩饭”[61]；“只要剥削存在，就不会有平等”，“资产阶级民主中的‘自由和平等’只是一种形式，实际上是对工人（他们在形式上是自由和平等的）实行雇佣奴隶制，是资本独裁，是资本压迫劳动”[62]；“马克思讥笑得最厉害的是自由平等的空话，因为这些空话所掩盖的是工人饿死的自由，是出卖劳动力的人和好像在自由市场上自由平等地购买工人劳动的资产者之间的平等。”[63]列宁的揭露和批判，为俄国革命提供了有力的思想武器，奠定了在俄国推翻沙皇专制统治的理论基础。

十月革命后，列宁构想了在社会主义制度下保障人权的基本原则和思路，并将其初步付诸了实践。遗憾的是，列宁没有能够完成这一愿望。大致而言，列宁关于社会主义国家的人权保障构想主要包括：

第一，民族独立和国家的生存权是首要的人权原则。列宁特别重视民族独立和自决问题，在《社会主义革命和民族自决权》、《关于自决问题的争论总结》等重要文章中多次强调殖民地民族的独立和自决是无产阶级革命的重要组成部分。十月革命胜利后，他起草了《和平法令》、《告俄国和东方

57 列宁：《无产阶级革命和叛徒考茨基》，《列宁选集》第3卷，第630页。
58 列宁：《国家与革命》，《列宁选集》第3卷，第246页。
59 同上，第246页。
60 同上，第182、209页。
61 列宁：《全俄社会教育第一次代表大会》，《列宁全集》第29卷，第320页。
62 列宁：《论国家》，《列宁全集》第29卷，第437页。
63 列宁：《俄共（布）第八次代表大会》，《列宁全集》第29卷，第171页。

全体伊斯兰教劳动人民书》、《被剥削劳动人民权利宣言》等著名文件，宣布一切被压迫民族应当是自己国家的主人，有权按照自己的样式来建设自己的生活，有权决定自己的命运，苏维埃政府的宗旨是“争取在各国人民之间实现以自由的民族自决为基础的、不割地不赔款的民主和平”。[64]

第二，废除沙皇专制制度下的民族压迫制度，宣布俄国境内所有民族人民享有完全平等的权利，《俄国各族人民权利宣言》明确表述了这一原则。

第三，苏维埃是被剥削劳动群众自己的直接的组织，是劳动人民当家作主的政权。列宁在俄共（布）第八次代表大会上致辞指出，“在吸收工人和贫苦农民参加国家管理方面，苏维埃共和国过去几个月所做的事情，是世界上任何一个国家连十分之一也没有做到的，这是绝对真理。谁也不会否认：我们在实行真正的而不是纸上的民主方面、在吸收工农参加管理方面所做的事情，是世界上最好的民主共和国在几百年内没有做到而且不能做到的。”[65]

第四，苏维埃将保障人民能享受到真正的自由和民主权利。列宁认为，由于实现了人民当家作主，“旧的资产阶级机构，即官吏、财富特权、资产阶级的教育和联系等特权——所有这些，在苏维埃制度下正在消失。出版自由不再是假的……苏维埃政权把千万座好房子一下子从剥削者手里夺过来，就使群众的集会权利更加民主百万倍，而没有集会权利，民主就是骗局”。[66]

三、毛泽东的人权思想：对中国特色人权理论的初步探索

毛泽东是中国人权理论的奠基人和中国特色社会主义人权道路的最早探索者。尽管晚年在人权保障实践上有过严重失误，毛泽东关于中国革命和建设的理论中有着丰富的人权保障思想，他对人权问题的精辟论述至今仍有着巨大的理论指导价值。

早在革命初期，毛泽东就对中国的人权问题给予了高度重视，将唤醒劳苦大众的人权意识视为革命的重要组成部分。他在领导安源路矿工人大罢工时提出的口号，就是“从前是牛马，现在要做人”。1927 年，他在著名的《湖南农民运动考察报告》中热情赞扬了当时农民随着人权意识觉醒所焕发的巨大革命激情，他写道，“孙中山先生的那篇遗嘱，乡下农民也有些晓得念了。他们从那篇遗嘱里取出了‘自由’、‘平等’、‘三民主义’、‘不平等条约’

64 列宁：《被剥削劳动人民权利宣言》，转引自王绳祖主编：《国际关系史》（上册），武汉大学出版社 1983 年版，第 294 页。

65 列宁：《俄共（布）第八次代表大会》，《列宁全集》第 29 卷，第 157 页。

66 列宁：《无产阶级革命和叛徒考茨基》，《列宁选集》第 3 卷，第 634 页。

这些名词，颇为生硬地应用在他们的社会上。”建立井冈山革命根据地期间，毛泽东把在军队中实行民主和尊重士兵权利视为红色政权赖以生存的基础，他注意到，“中国红色政权首先发生和能够长期存在的地方，不是那种并未经过民主革命影响的地方。”“红军物质生活如此菲薄……仍能维持不敝，除党的作用外，就是靠军队内的民主主义”。他宣布，“中国不但人民需要民主主义，军队也需要民主主义。”

抗日战争爆发后，毛泽东又将抵抗日本侵略与维护民族独立权和争取人民民主权利创造性地结合起来。他首先鲜明地表示，“基本任务是反对日本帝国主义吞并中国”，同时，“民主也是新阶段中最本质的东西，为民主即是为抗战，抗日与民主互为条件，同抗日与和平、和平与民主互为条件一样，民主是抗日的保证，抗日能给予民主运动发展以有利条件”。在《中国共产党在抗日时期的任务》一文中，毛泽东还具体提出，要赢得抗战胜利，必须在人权方面做两件事：一是变独裁政体为民主政体，从“实行民主的选举和保证人民的自由开会做起，直到制定真正的民主宪法，召集真正的民主国会，选举真正的民主政府，执行真正的民主政策为止”；二是切实保障人民的权利，保障“人民的言论、集会、结社自由”，“政治制度的民主改革和人民的自由权利，是抗日民族统一战线纲领上的重要部分”。

1940 年 1 月，毛泽东发表《新民主主义论》，将自己一贯的人权思想系统化为新民主主义人权观，从而将马克思主义经典之中的人权理论与中国革命的实践有机地结合了起来。这种新人权观的内容主要包括：第一，新民主主义革命的宗旨是实现民族生存权和人民民主这两大基本的人权目标，“要把一个政治上饱受压迫、经济上受剥削的中国变成一个政治上自由、经济上繁荣的中国”；第二，新民主主义的核心是建立全新的民主制度，“所谓中华民族的新政治，就是新民主主义的政治，所谓中华民族的新经济，就是新民主主义的经济，所谓中华民族的新文化，就是新民主主义的新文化”；第三，新民主主义的人权是适合中国国情的人权，毛泽东在随后发表的《新民主主义的宪政》中提出了这一观念，“现在我们中国需要的民主政治，既非旧式的民主，又还非社会主义的民主，而是符合现代中国国情的新民主主义”；第四，中国革命的第一步是实现民主和人权，然后才能建设社会主义，新民主主义概念本身就包含浓厚的人权内涵，从新民主主义到社会主义发展的阶段性设想也充分体现了毛泽东的这一认识；第五，中国的人权保障是中国人民自己的事，以大多数人为享受人权的主体，他坚定地宣布，“中国的事情是一定要中国的大多数人作主”，“为一般平民所共有、非少数人所得而私。”

新中国成立前夕，毛泽东在考虑构建新中国的政治制度时，将人权保障与国家制度建设结合，提出了具有典型中国特色的人权观。早在1947年，他就曾设想，新中国成立后，将“废除蒋介石的独裁制度，实行人民民主制度，保障人民言论、出版、集会、结社等项自由”。在《论人民民主专政》中，他又提出了人民主权观念和国家对人权的充分保障设想，强调人民民主专政的国家是大多数人按照自己意愿建立起来的国家，“实行民主制度，人民有言论、集会、结社等项自由权”，保证人民“在全国范围内和全体规模上，用民主的方法，教育自己和改造自己”。[67]

建国初期，毛泽东对中国的人权保障作了进一步的思考和探索。特别是1954年第一部宪法通过前夕，他在中央人民政府委员会第30次会议上解释宪法草案时，将宪法的基本原则归纳为“民主原则”和“社会主义原则”，从而将人权提高到与国家性质相等的地位，宣布“人民民主的原则贯穿在我们整个宪法中”。在另外一些场合，他还表示“要允许工人罢工、允许群众示威，游行示威在宪法上是有根据的，以后修改宪法，我主张加一个罢工自由，要允许罢工”。[68]

遗憾的是，到了晚年，毛泽东没有将自己长期主张的民主和人权原则坚持下去，导致了“文化大革命”这样长达十年的严重忽视人权的悲剧发生。直到十一届三中全会后，保障人权和完善人权保障制度的问题才重新提上议事日程。

四、邓小平的“以人为本”人权思想

邓小平是中国改革开放的总设计师，也是新时期中国思想解放运动的引路人。他的社会主义市场经济理论、政治体制改革思想、经济体制改革思想至今仍然指导着中国发展的基本方向。在人权方面，虽然由于历史条件的限制，他没有发表系统的主张和观点，但对人权的关怀意识仍然灌注于他的各种思想和主张之中，构成了当前中国主流人权观念的内在脉络和精神内核。这其中最为值得关注的，是他的“以人为本”思想和“国权”观念。

“以人为本”思想

在半个多世纪的革命和执政生涯中，邓小平始终从“以人为本”的理念出发来思考中国革命和建设的重大问题。早在根据地时期，他就是从“以人

67 关于毛泽东人权论述的引文依次参见：《毛泽东选集》，合订本，第34、49、64、142、252、236—237、642、626、691、690、691、1181—1182、1412—1413页。

68 《毛泽东选集》第5卷，第125、325页。

为本"的认识高度来进行党和抗日民主政权的建设的，他在《党与抗日民主政权》中提出，"我们党要善于在一切工作中，一切运动中，大大发扬大众的民主主义作风，与一切不民主的现象作斗争。有了民主主义作风，才有广大的群众运动，有了广大的群众运动，才有真正的布尔什维克党，我们要在民主政治斗争中，保证党对政权的领导，我们更要在民主政治斗争中，使党成为群众的党"。[69] 围绕这一思想，他在文中对"三三制"政权的分析，对"以党治国"观念的深刻批判，对党与政权关系的阐述，至今仍然对于我们的执政党建设和国家制度建设具有启发作用。

新中国成立后，作为专门负责党建工作的党的总书记，邓小平在党的建设中就如何始终坚持"以人为本"作了许多深入的思考，提出了一系列重要的观点和看法。他多次明确地强调，"中国共产党党员的含义或任务，如果用概括的语言来说，只有两句话：全心全意为人民服务，一切以人民利益作为每一个党员的最高准绳。"[70] 在这一思想指导下，他对党在实际工作中切实贯彻"以人为本"的群众工作路线给予了高度的重视，在他看来，"群众路线是我们党的组织工作中的根本问题，是党章中的根本问题，是需要在党内反复进行教育的"。[71] 而如何正确理解党的群众路线呢？他认为，党的群众路线"包含两方面的意义：在一方面，它认为人民群众必须自己解放自己；党的全部任务就是全心全意地为人民群众服务；党对于人民群众的领导作用，就是正确地给人民群众指出斗争的方向，帮助人民群众自己动手，争取和创造自己的幸福生活……在另一方面，它认为党的领导工作能否保持正确，决定于它能否采取'从群众中来到群众中去'的方法。"[72]

50 年代中后期，邓小平敏锐地意识到，随着新中国政权的巩固和党的执政地位的不断增强，少数党的干部逐渐滋生了官僚主义作风和脱离群众的倾向，在工作中开始背离党一贯坚持的"以人为本"的群众路线。他一针见血地指出，"有些领导同志，不愿意接近群众，不关心群众的痛痒，对于群众迫切要求解决的问题，不是积极地去解决，而是抱着一种无动于衷的冷淡态度"，"我们党内还有一种人，他们把党和人民的关系颠倒过来，完全不是为人民服务，而是在人民中间滥用权力，做种种违法乱纪的事。"[73]

从这一认识出发，他提出，"我们在建设方面的指导思想应该是：第一，面对国家的现实……第二，面对群众的需要……我们的建设工作应该面对群

69 《邓小平文选》（第 1 卷），人民出版社 1989 年版，第 21 页。

70 同上，第 257 页。

71 同上，第 216 页。

72 《邓小平文选》（第 1 卷），第 217 页。

73 同上，第 222 页。

众，发现问题，解决问题，修建学校如此，修建文化娱乐场所如此，解决‘骨头’和‘肉’的关系问题也是如此。”[74] 他还进一步强调了贯彻“以人为本”思想对于中国共产党巩固执政地位的极端重要性，表示，“如果正确地实行群众路线，使我们得到成功，那么，违背群众路线，就一定要使我们的工作遭受损失……由于我们党现在已经是在全国执政的党，脱离群众的危险，比以前大大地增加了，而脱离群众对于人民可能产生的危害，也比以前大大地增加了。”[75]

在经历“文革”期间的不公正待遇后，邓小平自1975年复出之初，就首先把恢复群众路线、关心群众生活的“以人为本”理念贯彻到了各项整顿和治理工作中。他旗帜鲜明地指出，“我们党和国家一定要关心群众生活，现在应该提出这个问题了。”[76] 他一再强调，“对于我们党的现状来说，我个人觉得，群众路线和实事求是特别重要。”[77]

十一届三中全会后，邓小平对建国以来国家建设的经验教训作出了深刻的反思。他沉痛地指出，“旧中国留给我们的，封建专制传统比较多，民主法制传统比较少，解放以后，我们也没有自觉地、系统地建立保障人民民主权利的各项制度，没有确立宪法和法律的应有权威，并以此来维护和保障人民当家作主的各项权利。”[78] 在此基础上，他进一步思考道，“我们要想想，我们给人民究竟做了多少事情呢？我们一定要根据现在的有利条件加速发展生产力，使人民的物质生活好一些，使人民的文化生活、精神面貌好一些。”[79] 正是出于一贯的“以人为本”思想，他及时作出了将党和国家的工作重心转移到经济建设上来的重大决策，并全面阐述了以“以人为本”为核心理念的邓小平建设有中国特色社会主义事业理论。无论是对中国改革开放战略的设计和推动，还是对党内民主和民主政治建设的思考，都是他的“以人为本”思想在经济建设和政治发展方面的逻辑延伸。

到了晚年，邓小平的“以人为本”思想进一步发展，始终将中国的发展与人民的生活紧密联系在一起。他多次指出，“不坚持社会主义，不改革开放，不发展经济，不改善人民生活，只能是死路一条”，[80]“只有不断发展社会生产力，国家才能一步步富强起来，人民生活才能一步步改善。”[81] 正是出于对

---

74 同上，第268页。

75 同上，第221页。

76 《邓小平文选》（第2卷），人民出版社1994年版，第27页。

77 同上，第46页。

78 李铁映：《论民主》，人民出版社、中国社会科学出版社2001年版，第138页。

79 《邓小平文选》（第2卷），第128页。

80 《邓小平文选》（第3卷），人民出版社1993年版，第370页。

81 同上，第328页。

人民的深厚感情，他在晚年用朴素的语言总结自己时表示："我是中国人民的儿子，我深深地爱着我的祖国和人民。"这是对他在一生的革命和实践中始终贯彻和忠实履行"以人为本"的思想的最好概括。

在邓小平那里，"以人为本"思想从来不是空洞的理论说教，而是他在长期的实践中贯彻始终的思想脉络，是对中国共产党的执政宗旨和历史使命的深刻认识。他的改革开放思想中，无处不深刻地内化着"以人为本"的意识：

第一，人民群众是改革开放的主体，改革开放的成功与否取决于人民群众的主动性和积极性。早在改革开放前夕，邓小平在把中国社会主义建设的中心转移到经济发展上来时，就清醒地认识到，要实现中国的经济发展、实现四个现代化，必须以调动人民的主动性和积极性为基本前提。他一再强调，"人民的积极性调动起来了，又有一定的物质基础，有丰富的资源，加上利用世界的先进技术，我们实现四个现代化是有可能的"，[82]同时，"只要我们密切联系群众，深入地做工作，把道理向群众讲清楚，就能得到群众的同情和谅解，再大的困难也是能够克服的"。[83]

第二，改革开放的根本目的，是不断提高人民的物质和文化生活水平。他一再强调，"我们引进先进技术，是为了发展生产力，提高人民生活水平，是有利于我们的社会主义国家和社会主义制度的。"[84]在晚年思考社会主义的本质时，他进一步把发展生产力和提高人民的生活水平作为社会主义社会的两个基本特征。他表示，"社会主义的首要任务是发展生产力，逐步提高人民的物质和文化生活水平……不发展生产力，不提高人民的生活水平，不能说是符合社会主义的。"[85]

第三，人民是否得到实惠，是否满意，是衡量和评价包括改革开放和经济建设在内的党的一切工作的主要标准。他鲜明地指出，"各项工作都要有助于建设有中国特色的社会主义，都要以是否有助于人民的富裕幸福，是否有助于国家的兴旺发达，作为衡量做得对与不对的标准。"[86]而之所以必须以人民的富裕幸福和国家的富强为衡量标准，根本因素在于"离开了生产力的发展、国家的富强、人民生活的改善，革命就是空的。我们反对旧社会、旧制度，就是因为它是压迫人民的，是束缚社会生产力发展的"，[87]"社会主义国家应该使经济发展得比较快，人民生活逐渐好起来，国家也就相应的更加

82 《邓小平文选》（第2卷），第111页。
83 同上，第229页。
84 同上，第133页。
85 《邓小平文选》（第3卷），第116页。
86 同上，第23页。
87 《邓小平文选》（第2卷），第231页。

强盛一些”。[88]

第四，邓小平的“以人为本”思想还体现为全体人民共同富裕的科学发展观。他深刻地认识到，“社会主义的目的就是全国人民共同富裕，不是两极分化。如果我们的政策导致两极分化，我们就失败了。”[89]在他看来，在社会主义的中国，只有人民才是一切权利和财富的真正拥有者和国家经济发展的最终受益者。经济建设中“创造的财富，第一归国家，第二归人民……国家拿的这一部分，也是为了人民，搞点国防，更大部分是用来发展经济，发展教育和科学，改善人民生活，提高人民文化水平”。[90]

第五，对于占中国人口绝大多数的农民生活的改善问题，邓小平清醒地认识到，在中国这样一个农民占绝大多数的国家，社会主义现代化建设是否成功，社会是否稳定，从根本上取决于广大的农民生活状况是否能够从改革开放中获得改善。因此，他把自己的“以人为本”思想的关注重心放在对农民的关心上。他一再强调，“中国社会是不是安定，中国经济能不能发展，首先要看农村能不能发展，农民生活是不是好起来”，[91]“我国百分之八十的人口是农民。农民没有积极性，国家就发展不起来。”[92]邓小平对农民问题的高度关注，是今天中国一直坚持以“中央一号文件”的方式着力解决“三农问题”的基本指导思想。

在邓小平理论中，以改革开放为核心的市场经济建设和以发展民主为核心的政治建设是两个相互耦合、相互促进的基本要素。在这一层面上，邓小平不仅注重在改革开放和经济建设中高度重视“以人为本”的基本理念，在推动民主政治建设进程中，他也始终是以“以人为本”的理念为宗旨和目标的：

第一，高度重视保障人民的合法权益。邓小平是中国实现依法治国、建立和完善社会主义民主与法制的倡导者和推动者。在总结中国革命和建设的基本经验时，他曾经明确指出，“我们过去几十年艰苦奋斗，就是靠用坚定的信念把人民团结起来，为人民自己的利益而奋斗。没有这样的信念，就没有凝聚力。没有这样的信念，就没有一切。”[93]基于这一认识，他高度强调，在社会主义现代化建设的新时期，我们“要切实保障工人农民个人的民主权利，包括民主选举、民主管理和民主监督”，[94]“要使人民有更多的民主权利，特

88 同上，第 311 页。
89 《邓小平文选》（第 3 卷），第 111 页。
90 同上，第 123 页。
91 《邓小平文选》（第 3 卷），第 78 页。
92 同上，第 213 页。
93 《邓小平文选》（第 3 卷），第 190 页。
94 《邓小平文选》（第 2 卷），第 146 页。

别是要给基层、企业、乡村中的农民和其他局面以更多的自主权”。[95]

第二，广大人民群众是民主政治建设的主体。在邓小平看来，民主只有建立在大多数人共同享有的基础之上才是进步的。“社会主义民主，是工人、农民、知识分子和其他劳动者所共同享受的民主，是历史上最广泛的民主。”[96]

第三，调动人民的主动性和积极性是发展民主的根本目的。“调动积极性是最大的民主”，[97]“我们提倡解放思想……目的就是创造条件调动全民的积极性，使中国人的聪明智慧充分地发挥出来。我们现在加强民主、发展民主也是为了这个目的。”[98]“我们政治体制改革总的目标是三条：第一，巩固社会主义制度；第二，发展社会主义社会的生产力；第三，发扬社会主义民主，调动广大人民的积极性。而调动广大人民积极性的最中心的环节，还是发展生产力，提高人民的生活水平。生产力发展了，人民积极性调动起来了，社会主义的力量就增强了，社会主义制度就巩固了。”[99]

第四，领导干部必须始终坚持“立党为公、执政为民”的信念。中国特色的民主政治的核心理念是实现“党的领导”、“依法治国”和“人民当家作主”的有机统一，“群众关心的实际生活问题和时事政策问题，各级领导一定要经常据实讲解，告诉大家客观的情况以及党和政府所作的努力，并且对群众所反映的不合理现象及时纠正”。[100]“一切企业事业单位，一切经济活动和行政司法工作，都必须实行信誉高于一切，严格禁止坑害勒索群众。”[101]“要全心全意为人民服务，深入群众倾听他们的呼声；要敢说真话，反对说假话，不务虚名，多做实事；要公私分明，不拿原则换人情；要任人唯贤，反对任人唯亲。”[102]

第五，反腐败是改革开放以来中国面临的严峻问题。腐败在部分干部中的滋生和蔓延不仅严重影响了党和政府在人民心中的形象，而且严重损害了社会公平，造成了经济和社会生活中的诚信缺失，甚至影响到社会稳定和市场经济的健康发展。为此，邓小平对于反腐败问题给予了高度的重视，尤其是到了晚年，他一再告诫党的第三代领导集体“要扎扎实实做几件事，体现出我们是真正反对腐败，不是假的……一定要取信于民”。[103]我们党要坚持

---

95 同上，第 210 页。
96 《邓小平文选》（第 2 卷），第 168 页。
97 《邓小平文选》（第 3 卷），第 242 页。
98 同上，第 232—233 页。
99 《邓小平文选》（第 3 卷），第 178 页。
100 《邓小平文选》（第 3 卷），第 144 页。
101 同上，第 145 页。
102 同上，第 146 页。
103 同上，第 297 页。

“做几件使人民满意的事情。主要是两个方面，一个是更加大胆地改革开放，另一个是抓紧惩治腐败”。[104] 邓小平还把反腐败放在战略的高度来认识，提出反腐败直接关系到党的生死存亡的思考，“对我们来说，要整好我们的党，实现我们的战略目标，不惩治腐败，特别是党内的高层的腐败现象，确实有失败的危险”。[105] 这一思想，成为当前中国贯彻落实“以人为本”执政理念，深入开展反腐败工作的重要出发点。

邓小平不是抽象地阐述“以人为本”思想，在他那里，“人”不是抽象的“人”、“人权”或“人民主权”，而是生活在中国这块土地上的中国人民和人民的权利。他注重从中国的政治经济现实出发体现自己对人民的关怀，把大多数的利益放在一切政策和战略的首要位置，从而体现了中国特色。具体分析起来，邓小平的“以人为本”的人权思想体现出如下四个方面的基本特性：

第一，全局性。邓小平的“以人为本”思想始终是从中国社会主义事业发展的全局的高度来加以阐述的，贯彻在经济发展、政治民主、社会稳定等各个方面的工作之中，而且各方面的工作都通过“以人为本”有机地相互促进、相互推动，既不是仅仅体现在某些具体的问题上，也不是只在特定的情况下才加以强调。这正如他一再强调的那样，“各项工作都要有助于建设有中国特色的社会主义，都要以是否有助于人民的富裕幸福，是否有助于国家的兴旺发达，作为衡量做得对与不对的标准”。[106] 正是因为始终从全局的高度来贯彻落实“以人为本”的思想，中国特色的社会主义建设事业才有可能取得今天这样的全面发展，中国也才有信心提出并有能力实现“在中国共产党成立一百年时全面建成小康社会”，“在新中国成立一百年时建成富强民主文明和谐的社会主义现代化国家”[107] 的宏大目标。

第二，实践性。与邓小平理论的基本特性相适应，邓小平的“以人为本”思想从来不会停留在抽象的理论分析上，而更多地体现在他对在实践中落实“以人为本”思想的高度重视。他曾经多次提出，“马克思主义是很朴实的东西，很朴实的道理”[108]，而这个“朴实的道理”的精髓，就是“实践是检验真理的唯一标准”。

第三，辩证性。“以人为本”是一个辩证的理念，它既可以成为我们党和政府的执政理念，也可能被少数人曲解为西方式的“人本主义”，泛化或者滥用“以人为本”来达到特殊的政治目的。因此，邓小平始终从辩证的角

104 同上，第 313 页。
105 同上，第 313 页。
106 同上，第 23 页。
107 胡锦涛：《在中国共产党第十八次全国代表大会上的报告》，人民出版社 2012 年版，第 16 页。
108 《邓小平文选》（第 3 卷），第 382 页。

度来阐述和看待“以人为本”，坚决反对那些不顾人民权利和利益的官僚主义、形式主义等作风，也抵制借口维护人民权益进行歪曲和诋毁的做法。这一辩证性最典型体现在他对人权问题的看法上，他表示，“人们支持人权，但不要忘记还有一个国权。谈到人格，但不要忘记还有一个国格”，[109]“什么是人权？首先一条，是多少人的人权？是少数人的人权，还是多数人的人权，全国人民的人权？西方世界的所谓‘人权’和我们讲的人权，本质上是两回事，观点不同。”[110]他对于共同富裕的认识和理解也充分体现了“以人为本”思想的辩证特性，一方面，他清醒地认识到，在改革开放初期的现实条件下，一部分人“先富起来”是难以避免的，但另一方面，一部分人的富裕不是我们的根本目标，中国特色社会主义的最终目标是所有人的共同富裕，在这一目标下，一部分人的先行富裕不仅不能以损害其他人的利益为前提，而且是为了带动所有人的共同富裕。

第四，一贯性。正如前面已经论证过的那样，邓小平的“以人为本”思想是始终一贯的，无论是在根据地时期、建国初期还是晚年，他的所有思想和政策都始终坚持了对中国人民的深切关怀，始终把为中国人民谋福利放在一切工作的首要位置。而且，他坚信，只要我们的政策是正确的，有利于人民的物质和文化生活水平的提高，就必须坚定不渝地坚持下去。这正如他所指出的，“我们要向世界说明，我们现在制定的这些方针、政策、战略，谁也变不了。为什么？因为实践证明现在的政策是正确的，是行之有效的。人民生活确实好起来了，国家兴旺发达起来了，国际信誉高起来了，这是最大的事情。改变现在的政策，国家要受损失，人民要受损失，人民不会赞成，首先是八亿农民不会赞成。”[111]指导思想的一贯性和政策方针的一贯性，构成邓小平“以人为本”思想的重要基石。

“国权”观

“国权”是邓小平晚年在思考中国的国际战略时提出的新概念，鉴于20世纪90年代初期西方在人权问题上对中国的激烈攻击，国权概念的提出实际上不仅确立了至今中国国际战略的基本立场，也奠定了中国人权道路的价值基点和对外交往指向。在字面意义上，所谓“国权”就是“国家的权利”，与主权似乎只是表述上的不同，但显然，邓小平在20世纪80年代末90年代初国际格局发生重大变化之际提出这一概念，决不仅仅是简单重复中国的权

109《邓小平文选》（第3卷），第331页。
110《邓小平文选》（第3卷），第125页。
111《邓小平文选》（第3卷），第84页。

利，而是包含着更为深刻和丰富的内涵。

面临当时西方对中国的经济制裁和人权攻势，邓小平一方面强调“社会主义的中国谁也动摇不了”，“一个中心，两个基本点”的战略布局“一定要坚持下去，永远不改变”[112]；另一方面，提出了对外关系中必须坚持的“国权”观念，从而重新确立起了中国国际战略的基本立足点和坚持国家主权原则的明确立场。

1989 年 10 月 31 日，邓小平在会见来访的美国前总统尼克松时，针对美国提出的“中国政府大规模的侵犯人权”批评，首次提出了“国权”的概念。他明确表示：“人们支持人权，但不要忘记还有一个国权”，“西方有一些人要推翻中国的社会主义制度，这只能激起中国人民的反感，使中国人奋发图强。”[113] 同年 11 月 23 日和 12 月 1 日，在分别会见南方委员会主席、坦桑尼亚民主革命党主席尼雷尔和以樱内义雄为团长的日本国际贸易促进协会访华代表团主要成员时，他又先后两次着重强调了这一概念，一再指出：“真正说起来，国权比人权重要得多。贫弱国家，第三世界国家的国权经常被他们侵犯”，[114]“西方的一些国家拿什么人权、什么社会主义制度不合理不合法等做幌子，实际上是要损害我们的国权。”[115] 在邓小平那里，一个概念像“国权”这样在短短一个多月中被反复强调的情况是不多的，而且，谈话的对象分别来自第一世界、第二世界和第三世界，从而实际上向全世界同时宣布了中国在人权方面的“国权”立场。

在有关谈话中，邓小平没有具体阐释“国权”的内涵，但联系他的思想的一贯性和连续性，“国权”主要包含了三重重要的思想：其一，国权指国家主权和国家利益的耦合基础上的国家权利，国家主权是国权的基础和前提，国家利益是国权的核心和目标。没有国家主权就无所谓国家利益，反之，放弃国家利益则国家主权亦无从谈起。中国对国家利益的追求必须以不损害主权为准则，而要切实维护主权，必须最大限度地增进国家利益。其二，国权高于人权，“国权”是西方所理解的人权的对立物，是指在认识人权时，首先必须以有利于维护国家主权和增进国家利益为限制和前提，人权不是虚幻的空中楼阁，不像有的西方学者理解的那样是纯粹的道德要求和不受任何限制的天赋权利，它是社会的产物，是政治、经济、社会和文化等众多权利的历史的统一，更是权利和义务在法制基础上的统一，离不开各国的国情和国

---

112 《邓小平文选》（第 3 卷），第 254 页。
113 《邓小平文选》（第 3 卷），第 331 页。
114 《邓小平文选》（第 3 卷），第 345 页。
115 《邓小平文选》（第 3 卷），第 348 页。

际关系的基本原则。其三，西方在与中国的关系中强调的所谓人权因素带有明显的政治目的和强权政治的痕迹，实际上是损害了中国的国权，当然也是中国绝对不能接受的，邓小平高度强调谈人权时不能忘记国权的根本原因即在于此。

国权的核心是国家主权。虽然自新中国建立之日起中国就获得了完整的主权，并在长期的实践中坚持和维护了这一地位，但是，80年代末期国际和国内形势的突变使中国的主权完整性再度受到西方的挑战，西方在通过人权攻势造成了苏东阵营和苏联自身解体后，似乎看到了人权外交在中国获得同样成功的可能性，试图借中国国内发生动乱之机干涉中国内政，促使中国的社会制度发生变化；在中国政府拒绝外部干预采取独立行动之后，又转而对华实施经济制裁，试图以此迫使中国在主权上作出让步。对此，邓小平提出了自己的国权主张，并从合理性和合法性上指出西方的做法是对联合国宪章的践踏和对中国主权与内政的粗暴干涉。他说，“他们不是联合国，联合国的决议还要大多数同意才能生效，他们凭什么干涉中国的内政？谁赋予他们这个权力？”“今后如有需要，动乱因素一旦出现，我们就采取严厉手段尽快加以消除，以保证我们不受外来干涉，维护国家的主权。”[116] 这就既表明了中国在国权观念下维护国家主权的坚强决心，也使我们对主权的维护更加建立在合理和合法的基础之上。

国家主权是“国权”的核心和基础，但不是国权的全部内涵。在邓小平的国权观念中，还包含着维护国家利益，促进经济发展的重要考虑。在关于国权的几次谈话中，邓小平都明确表示“考虑国与国之间的关系主要应该从自身的战略利益出发”。尤其是在当时最为严峻的中美关系上，他在与美国前总统尼克松的谈话中，一方面严厉批评美国侵犯中国主权的做法，坚持“国际关系应该遵守，就是不要干涉别国的内政，中华人民共和国决不会容许任何国家来干涉自己的内政”；同时，他又表示，“两国在发展经济、维护经济利益方面有相互帮助的作用，中国的市场毕竟还没有充分开发出来，美国利用中国市场还有很多事情能够做”。[117] 这充分体现了邓小平对国家主权和国家利益的辩证认识。

在邓小平的“国权”观念中，最为直接的矛头是指向西方对中国发起的人权攻势。从国权观念出发，邓小平深刻地分析了西方对华“人权外交”的政治实质，指出其根本目的在于改变中国的社会主义制度，损害中国的主权和领土

116 《邓小平文选》（第3卷），第348—349页。
117 同上，第332页。

完整，干涉中国的内政。他坚决表示："他们那一套人权、自由、民主，是维护恃强凌弱的强国、富国的利益，维护霸权主义者利益的，我们从来就不听那一套"。[118] 进一步说，西方既无资格更无权力对中国的人权问题指手划脚。从资格上说，"从鸦片战争侵略中国开始，他们伤害了中国多少人的人权"，西方列强当年在瓜分中国、掠夺中国人财富、杀戮中国男女时不讲人权，今天在中国走向强大之时却来扮演人权卫道士的角色，无疑是别有用心和荒唐可笑的；从权利上说，西方的做法，是公然无视国际法和国际关系准则的行为，是典型的强权主义。邓小平基于"国权"观念对西方"人权外交"的一针见血的分析，准确地把握住了人权外交侵犯中国主权和国家利益的本质。

"国权"是针对西方对中国的人权攻击而提出的，但在邓小平那里，强调讲人权时不能忘记国权并不等于只讲国权而不讲人权，相反，国权本身就包含着人权，是超越了西方人权观念内涵的更为广泛的人权，是人权的质的升华。这表现了邓小平对人权的深刻的认识和理解，既继承了马克思主义的基本人权立场，又结合了当代中国现实的人权状况，奠立了具有中国特色社会主义人权主张的理论基石。从这一基石出发，邓小平提出了中国在国家主权原则基础上的人权理论的基本主张：

其一，就主体而言，国权所主张的人权是"大多数人的人权"。早在80年代中期，邓小平就已指出："什么是人权？是多少人的人权？是多数人的人权，还是少数人的人权，还是全国人民的人权？西方世界所谓'人权'和我们讲的人权是两回事，观点不同。"[119] 这里，"我们讲的人权"就是"国权"，它针对的享受人权的主体，是"多数人"，是"全国人民"。而且，这个主体不是每个个人的权利的简单叠加，而是有机的整合，首先强调的是整体的权利，个人作为权利主体的地位必须服从于整体的权利，"只有全社会的进步，才能实现个人真正意义上的民主、自由和人权"。[120] 这就是国权与西方主张的"个人权利至高无上"的利己主义人权观的根本对立之处。

其二，就内涵及其实现而言，国权所主张的人权不像西方那样只将人权狭隘地等同于政治权利和个人自由，认为只需制度和法律的保障即可实现，它认为人权是社会的和具体的权利，内涵十分丰富，真正全面的实现是一个长期的艰巨过程，尤其在中国这样经济落后的国家更是如此。具体说来，国权观念主张：（1）人权是一个有机的、不可分割的权利统一体。既包括个人权利，也包括集体权利；既包括政治权利，也包括经济、社会和文化权利；

118 同上，第280页。
119 同上，第125页。
120 同上，第32页。

（2）人权是法制基础上权利与义务的辩证统一，没有无义务的权利，也没有无权利的义务。公民在享有宪法和法律规定的各项自由和权利的同时，又担负着不得滥用这些权利和自由的义务，必须尊重或至少不得损害国家的、社会的、集体的抑或其他人的权利和自由；（3）权利永远不能超出社会的经济结构以及由经济结构所制约的社会的文化发展，不能脱离各国的国情。人权不是空中楼阁，它受到一国政治、经济、文化传统等诸多因素的影响和制约，因而各国基于各自的国情对人权的主张和认识自然千差万别，实现人权的途径也各有不同。邓小平据此明确指出："一些外国资产阶级学者的议论，大都是要求我们搞自由化，包括说我们没有人权。我们要坚持的东西，他们反对，他们希望我们改变。我们还是按照自己的实际来提问题，解决问题。"[121]

其三，就现实性而言，邓小平认为国权在中国当前首先是生存权和发展权。按国际公认的定义，生存权系指人获得基本的生存和保障的权利。《世界人权宣言》规定："人人有权享有生命、自由和人身安全。"之于个人，生存权包括免于饥饿、疾病、贫困和营养不良等权利；之于国家，生存权主要是国家的独立权和领土与主权完整不受侵犯。发展权在联合国《发展权利宣言》中则指"每个人和所有国家均有权参与、促进并享受经济、社会、文化和政治发展"。[122]

在邓小平那里，之所以强调生存权和发展权是中国当前首要的人权，主要基于三方面的理由：一是过去历史的惨痛教训。近代西方列强对中国长达百年的侵略和掠夺使中国人民长期处于战乱和饥饿之中，生命毫无保障，因战乱饥寒而死者不计其数，在经过数代人的浴血奋斗重新站立起来后，当然不会放弃自己得之不易的权利，决不允许任何国家的干预和侵犯；二是发展生产力，巩固社会主义制度，充分体现社会主义制度的优越性的要求。邓小平多次强调，11 亿人的吃饭穿衣是中国的头等大事，旧中国的历代政府从未解决好过这一问题，我们解决了这一问题，社会主义制度就能得到巩固，生产力就能进一步发展，社会主义制度的优越性就能得到充分体现，个人意义上的民主、自由和人权也才能真正实现；三是有助于中国乃至世界的稳定。生存和发展是与稳定联系在一起的，没有稳定就没有发展，生存也会因此受到威胁，反之，要维护稳定，根本的途径在于国家生存基础上经济的不断发展。这是邓小平分析稳定和发展的关系时一贯的辩证思想。邓小平还进一步指出：中国的稳定和发展对世界的稳定也有重大意义，"因为中国占世界人

121 《邓小平文选》（第 3 卷），第 258 页。
122 董云虎、刘武萍编：《世界人权约法总览》，四川人民出版社 1991 年版，第 1365 页。

口的 1/5，中国摆脱贫困，就意味着全世界 1/5 的人摆脱了贫困，世界和平就有了更好的保证。因此，我们从来都把中国的发展看作是中国对人类应尽的责任”。[123]

其四，就国际属性而言，邓小平坚持人权从属于国家主权和国家利益、服从于国际关系的基本准则。尽管人权在当代越来越受到国际社会的普遍重视，具有其国际属性的一面，但它毕竟本质上是一个国家内部的事务，而且主要属于社会意识层面，因此当邓小平把人权放在国际背景下加以认识时，强调谈人权必须从国家主权和国家利益出发，必须服从于国际关系的基本准则，以互不干涉主权和内政为前提。在几次关于国权的谈话中，他都明确表示“国家的主权和安全要始终放在第一位”，“我们都关心自己的国家，是以自己的国家利益为最高准则来谈问题和处理问题的。我们永远不能忘记国家的主权，不能忘记国格，不能丢掉民族自尊心。国与国之间不干涉内政是至关重要的，中国决不会允许任何国家干涉自己的内政”。[124] 这一点，也是邓小平具有中国特色社会主义人权理论的重要组成部分，确立了中国在日益复杂的国际人权斗争中的基本立场。

国权观念是邓小平晚年对中国特色人权理论的重大发展，首次在马克思主义人权观念基础上系统阐释了中国对人权的认识和主张。正是有了邓小平的“国权”思想，中国才得以在继续保持经济的高速增长的同时，在日益复杂的国际人权斗争中站稳脚跟，确立起在国际人权问题上维护国家主权的坚定立场，有效地抵御和防止了西方通过人权问题对中国主权的侵犯。这具体表现在：

第一，抓住了西方对华人权外交侵犯中国主权的要害，揭示出其不合法性和伪善性。所谓不合法性，是指人权外交违反了国际法的基本原则。当今的国际社会是以主权国家为主体的，没有也不应该有一个凌驾于主权国家之上的世界政府，即使联合国也只是协调各国行为的组织。《联合国宪章》第二条第七款明确规定：“本宪章不得认为授权联合国干涉在本质上属于任何国家国内管辖之事项”；在有关人权的 6 项条款中，也都规定联合国在人权方面只有“研究”、“促进”、“激励”、“作成建议”等非强制性权力。因此，从国际法上说，中国坚持“国权”是完全合法的，反之，西方国家没有权力干涉任何国家的人权事务，任何这方面的行为都是违反国际法的。所谓伪善性，是指中国通过强调“国权”，可以更有力地看清并抵制西方在人

123 《邓小平文选》（第 3 卷），第 356 页。

124 同上，第 330 页。

权问题上采取的双重标准。冷战期间，美国为首的西方需要中国作为与苏联抗衡的砝码，从未把所谓中国的“人权纪录”作为发展关系的先决条件，而当美国视中国为其全球称霸战略的障碍时，中国的“人权问题”就随之突出了；另一方面，美国在不断指责中国的人权状况时，对以色列等对其具有战略意义的国家的人权问题却置若罔闻，对其国内长期存在的种族歧视等严重的人权问题更是故意回避；中国既然从未干涉过美国的人权问题，美国当然也没有任何理由这样做，否则只有在国权上输理。

第二，有利于争取与中国情况相似的广大发展中国家的理解和支持。与中国一样，大多数发展中国家在历史上都有过被侵略和掠夺的遭遇，在经过长期的努力赢得民族的独立和国家的主权后，面临的首要任务是摆脱贫困和发展经济，在它们那里，国家的生存和发展当然高于个人的民主和自由权利。而且，鉴于大多数发展中国家均有着各自悠久的历史文化和宗教传统，它们对人权的认识与理解也不可能与西方一样。相比之下，它们更强调人权的集体性、社会性和有限性，所有这些，与国权的观念和主张都是十分接近的。中国通过国权的口号，得以在与西方的人权较量中争取到广泛的支持和同情。长期以来，联合国人权委员会及现在的人权理事会在讨论西方提出的谴责中国人权状况的议案时，多数发展中国家都明确站在中国一边，巴基斯坦、印度、斯里兰卡等国还公开指责西方是借中国人权问题搞政治对抗，使西方的反华人权议案每次都在程序阶段即遭否决，充分展示了国权主张的生命力。

第三，国权是中国一贯坚持的对外关系准则在人权问题上的延伸和具体体现，坚持国权就是坚持了和平共处、反对霸权、促进发展和要合作不要对抗、要对话不要对立的方针。营造一个和平的国际环境和一个稳定的国内环境是中国的根本利益所在，中国提出国权主张，就是认为和平与发展仍然构成世界的两大主题，在当前的国际形势下，各国在人权问题上应该相互尊重、真诚合作，应该进行对话、不搞对抗，为促进人权这项崇高的事业而共同努力。中国的这种立场，表明了自己的积极态度，既有助于自己坚持对外开放，实现跨世纪发展的战略目标，防止人权问题影响到与西方国家正常的经济合作和政治交往，也为国际人权争端提供了合理的缓和与解决的思路，有助于消除西方对中国的敌意或误解，更好地树立起中国增进合作、维护和平、促进发展的良好的国际形象。

国权观念是邓小平理论重要的组成部分，它蕴含于其中的丰富内涵尚未得到充分发掘，有待于人们进一步的探讨和认识。但不管怎样，只要中国始终坚持这一立场，就能确立起在复杂而艰巨的国际人权和主权斗争中应有的自信，妥善解决人权矛盾，更好地促进自己的人权与国家主权。

第四章 中国式民主与中国的人权道路

自近代国家产生以来，民主、自由、人权构成了人类社会共同的核心价值和国家发展的基本目标，在这“三位一体”的核心价值中，民主与人权之间具有密不可分的相互促动关系。如果说人们更多把民主视为一种制度的话，人权则是民主制度必须加以全面保障的要素，没有民主，人权就不可能得到切实的保障；同时，只有人权得到了充分的尊重和保障，民主才能成为良好的制度选择。这是分析中国式民主与中国人权道路之间正向互动、相互促进关系的出发点和立足点。

一、中国式民主：人权道路的核心价值与制度基石

作为启蒙运动以来人类社会遵循的核心价值，民主构成了现代国家层面的根本政治形态，以至于在今天的世界上，尽管人们以不同的方式建构国家制度，但所有的国家都不会承认自己的国家中没有民主。在此意义上，民主常常被理解为一种政治制度，但是，仅仅从制度层面来理解民主政治是不够的，或至少是浅层次的，难以从根本上把握民主的内在价值和逻辑理念。实际上，制度在本质上是特定价值理念和意识形态的外化形式，民主制度蕴涵的核心价值是民主的理念，而基于历史和现实条件的不同，对于民主理念的不同理解和认知造成了当今世界民主制度的多样化特色，没有也不可能存在一个具有普世价值并在所有国家行之有效的民主模式。在当今民主政治的实践中，不同国家更是基于不同的社会制度和意识形态而对民主有着不同的理解和制度安排，尽管在当今世界上占据强势地位的西方一再强调其民主模式具有普世性的传播价值，但实际上，无论是一些长期仿效西方民主模式的发展中国

家还是发生“颜色革命”后的东欧中亚国家建立起来的民主制度，与西方的民主都是显然不同的。民主制度的不同，从根本上决定了不同国家在人权道路选择上的不同。

通常而言，民主与人权之间是相互协调推进的互动关系，但在现实的政治实践中，民主一旦被确认为国家制度，之于人权也可能存在潜在的危险。在大多数情况下，民主被视为大多数人自主选择的结果，其预设的前提是公民具有理性的独立意志，换言之，理性的公民通过自主的选择而产生的政权被认为是民主的。但实际上，这样的预设前提在政治实践中往往并不可靠，一旦大多数公民失去理性，所谓的民主就会被扭曲为托克维尔所忧虑的“多数人暴政”。二战时期的纳粹政权和日本军国主义政权尽管都是经由民主选举产生的，但无疑都是“多数人暴政”的典型，不仅构成了对少数人权利的压制和迫害，更是给世界造成了一场空前的浩劫。在某种意义上，近年来西方制造的“阿拉伯之春”虽然打着在埃及、利比亚、叙利亚等国家“恢复民主”的旗号，但它可能或者已经事实上造成的某种意义上的“多数人暴政”的后果也是值得人们反思的。

在中国的民主制度理念中，从一开始就把大多数人的权利意志和少数人的权利保障需求结合在一起，充分考虑了民主制度对促进人权发展的根本性保障功能，它不仅强调民主制度的建立是为了更好地保障人权，同时也强调民主制度本身就承载着推进中国人权发展的核心功能。事实上，民主和人权在国家的核心价值体系中是一个合二为一的理念，民主是为了更好地推动人权发展，人权的发展则有助于促进民主制度的不断完善。

在一般意义上，可以把以尊重和保障人权为己任的中国特色民主政治的基本内涵归纳为：中国共产党领导下，与中国国情相适应的，发展中的社会主义性质的民主政治形态。这一新型的民主形态以人民当家作主为本质要求和终极理想，以民主与集中相结合为指导理念，以发展和完善人民代表大会制度为根本要求，以依法治国为基本方略，以坚持和完善公有制为主体、多种所有制经济共同发展、保障公民的合法私有财产不受侵犯为经济基础，以中国共产党领导下的多党合作和政治协商为政党关系理念和基本政治制度理念，以发展党内民主为政治保障，充分体现了中国共产党对于发展社会主义民主政治的坚定信念和理想追求。具体说来，中国特色的民主政治蕴涵着如下几方面的核心价值：

1. 实现人民当家作主是民主政治发展的本质要求和理想追求。实行人民民主，充分保障人民当家作主的权利是中国发展民主政治的出发点和归宿，也是与西方式民主强调空洞的“人民主权”观念的最根本的区别所在。同时，人民当家作主不是一句空话，人民是一个集合性的概念，人民要真正成为国家、社会和自己命运的主人，必须通过自己的政治代言人和完善的制度保障，以法定授权的方式选择国家的政权方式和执政党。在这一理念下，人民当家作主在民主政治发展的实践中体现为党的领导、人民当家作主和依法治国的有机统一。在这三位一体的互动逻辑中，人民当家作主是中国民主政治的本质要求，共产党执政从根本上说领导和支持人民掌握和行使管理国家的权力，而党领导人民治理国家的基本方略是依法治国，在宪法和法律的范畴内实行民主选举、民主决策、民主管理、民主监督，保证人民依法享有广泛的权利和自由，尊重和保护人权，防止任何组织和个人拥有超越宪法和法律的特权。

2. 民主与集中相结合是民主政治遵循的基本原则。与西方单纯强调民主和自由不同的是，中国在发展民主政治的进程中始终辩证地对待民主和集中的相互关系，强调民主基础上的集中和集中指导下的民主之间的辩证统一。民主和集中相结合理念在政治运行中具体体现为，国家政权机关经由民主选举的各级人民代表大会产生，在充分反映人民群众意志的基础上形成统一的意志和共同的目标，在执政过程中通过民主政治的实践把这种统一的意志和共同的目标转化为现实。实行这一原则，既可以充分体现领导和支持人民当家作主的共产党执政的政权本质，有助于在中国这样一个超大型国家中最广泛地动员和组织人民依法管理国家，又能使中国为加快国家的现代化步伐而在实行统一意志和决策的过程中避免干扰，恰当地处理好各种关系，避免议而不决、决而不行的现象，使中国民主政治运行的广泛性、权威性、有序性和有效性能够得到切实的保障，人权保障的效力也因之可以得到切实提升。

3. 发展和完善人民代表大会制度是民主政治的根本路径。人民当家作主的理念在制度上体现为人民代表大会这一根本的政治制度，在人民代表大会的制度逻辑下，国家权力的主体始终是人民，人民通过直接或间接方式选举产生各级人民代表大会，人民代表大会作为国家和各地的最高权力机关对人民负责、受人民监督，以民主的方式制定法律法规，把人民的意志汇集并转化为国家意志。政府和法院、检察院等政权机构也由人大选举产生并对人大负责，确保行政权、审判权和检察权都在人民代表大会的监督和制约之下运行。这样的制度既保证了人民在国家中的当家作主地位和社会主义民主的广泛性，又避免了三权分立制度下不同权力机构之间相互推诿、政治运行效率低下的弊端，可以更好地集中力量办大事，协调一致地组织国家的现代化建设。

4. 依法治国是民主政治发展遵循的基本方略。依法治国是现代民主国家普遍采取的治国方略，但中国实行依法治国的核心是人民在中国共产党的领导下，依照宪法和法律的规定管理国家事务，保证国家各项工作都能够依法进行，逐步实现社会主义民主的制度化和法律化，从根本上保证这种制度和法律不因领导人的改变而改变，不因领导看法和注意力的改变而改变。在依法治国的思路下，党和国家通过不断加强法制建设，使党的主张通过法定程序成为国家意志，坚持有法可依、有法必依、执法必严、违法必究的原则，领导和支持人民当家作主。宪法和法律是党的主张和人民意志相统一的体现，任何组织和个人都必须严格依法办事，都不允许有超越宪法和法律的特权，所有的党组织、党员尤其是负责干部的言行都不得同宪法和法律相抵触。值得一提的是，中国的依法治国方略还与以德治国的思路有机地结合在一起，强调法律和道德作为上层建筑的组成部分，都是维护社会秩序、规范人们思想行为的重要手段；法治以其权威性和强制手段规范社会成员的行为，德治以其说服力和劝导力提高社会成员的思想认识和道德觉悟。道德规范与法律规范应该相互结合，共同发挥作用。

5. 坚持和完善公有制为主体、多种所有制经济共同发展，保障公民的合法私有财产不受侵犯是发展民主政治的经济基础。公有制是中国的基本经济制度，中国坚持毫不动摇地巩固和发展公有制经济，强调发展壮大国有经济，国有经济控制国民经济命脉，对于发挥社会主义制度的优越性，增强国家经济实力、国防实力和民族凝聚力具有关键性作用。但同时，中国也高度重视促进包括非公有制经济在内的多种所有制经济的共同发展，强调个体、私营等各种形式的非公有制经济是社会主义市场经济的重要组成部分，对充分调动社会各方面的积极性、加快生产力发展具有重要作用。在此基础上，中国把保障公民合法的财产权放在民主政治建设的重要地位，在宪法中明确规定“公民的合法的私有财产不受侵犯”，“国家依照法律规定保护公民的私有财产权和继承权”，从而在根本上落实了坚持和完善公有制为主体、多种所有制经济共同发展的经济制度理念，使中国的经济建设和民主政治发展得以有机地统一于社会主义现代化建设的整体发展进程之中。

6. 协商民主是中国基本的民主形式，作为协商民主基本形式的中国共产党领导的多党合作和政治协商也是与人民代表大会相辅相成、互为补充的基本政治制度理念。中国共产党是宪法规定的惟一合法的执政党，这决定了中国不可能采取多党轮流执政的政党政治方式。中国的民主党派与中国共产党有着共同的奋斗目标，不是对立的关系，其他任何政党和政治力量也都没有足够的能力和代表性领导中国的民主政治建设。因此，中国必须坚持“长期共存、互相监督、肝胆相照、荣辱与共”的方针，努力丰富和发展协商民主，加强同民主党派合作共事，更好地发挥政党制度的特点和优势，保证人民政协发挥政治协商、民主监督和参政议政的作用，巩固和发展最广泛的爱国统一战线。

7. 进一步发展党内民主是民主政治发展理念的重要组成部分。党内民主是中国特色民主政治的独特但却十分重要的组成部分，作为惟一的执政党，中国共产党发展党内民主不仅是增强内部凝聚力和战斗力、维护和巩固执政地位的客观要求，也对发展人民民主具有重要的示范作用。中国共产党成为执政党是历史的选择、人民的选择，但是，党的执政地位不是与生俱来的，也不是一劳永逸的。党为了执掌好政权尤其是长期执掌好政权，不断发展社会主义民主政治，必须实行和发扬党内民主，尊重和保障党员的民主权利，以党内民主引导和推进人民民主。正如邓小平所指出的，民主“如果在党内不造成，国家也造不成。我们党一定要造成这样的生动活泼的政治局面，我们党内一定要有充分的民主”。[125]

中国特色的民主政治是适应中国国情发展起来的，与西方的民主政治理念有着根本的不同。中国是一个发展中的社会主义国家，过去100多年的历史经验充分表明，中国在封建专制制度下不可能真正实现经济社会的发展和国家的繁荣富强，更没有政治民主可言。只有新中国成立、建立了人民民主的国家政权以来，中国人民才逐步摆脱了贫穷落后的状况，社会主义民主政治的发展才逐步走上了良性的轨道。在21世纪的今天，不断发展社会主义民主政治可以使党和国家政权保持与民众之间的良性互动，使党和国家政权真正贯彻为人民服务的宗旨。进一步说，这也是当代中国经济建设、政治建设、文化建设、社会建设和生态建设“五位一体”发展总体布局中不可或缺的重要环节。

进一步而言，不断发展和完善中的中国特色的民主政治，不仅在国家制度层面为中国人权的发展提供了强有力的保障，使中国的人权发展在根本形态上呈现出与其他国家不同的特征，也决定了中国的人权道路必然呈现出日益鲜明的国家性格。

二、中国式民主与西方式民主：不同民主理念决定人权道路的不同选择

在发展民主政治的进程中，中国长期以来面临的一个无法回避的重要问题，是如何辩证地和客观地认识西方的民主政治建设经验。实际上，如前所述，自近代中国打开国门之日起，民主问题上的“体用”争论就从来没有平息过，

---

125 《邓小平文选》（第1卷），人民出版社1994年版，第307页。

迟至今日，对西方式民主的盲目崇拜意识和一概排斥的意识都在不同人群的理念中十分明显地存在。对于这一问题，中国始终一贯的态度和立场是“坚持从我国的国情出发，总结自己的实践经验，同时借鉴人类政治文明的有益成果，绝不照搬西方政治制度的模式。要着重加强制度建设，实现社会主义民主政治的制度化、规范化和程序化”。[126]必须强调，这一立场对理解中国的人权道路同样是适用的。只有从根本上理解了中国式民主与西方式民主之间在核心价值、制度理念上的本质区别，才能更好地阐释中国的人权道路不会也不可能因循西方人权模式的内在根源。

应该承认，西方作为近代民主政治的发源地，在几百年的民主政治实践过程中当然有着比其他国家和地区更为丰富的民主经验，尤其是在民主的制度建设和政策措施方面有许多是值得别国借鉴的。但是，也必须看到，这些经验是在特殊的政治、经济、社会和文化条件下取得的，在当今世界上200多个主权国家中，西方（按照经合组织的传统界定为24个发达国家）国家只是一个少数群体，绝大多数国家的民主理念都与西方有所不同。这充分反映出西方经验在世界范围内的影响力和传播范围是十分有限的，至少在大多数国家那里难以实现。这就是世界的多样性现实，也客观上要求中国认识西方民主政治经验时必须始终采取谨慎态度，避免掉入陷阱。

按照马克思主义经典作家的阐释，西方式民主政治的本质是资本主义民主，代表资产阶级的少数人掌握国家政权是西方民主政治的根本性质。列宁早就分析指出，“资产阶级不得不伪善地把实际上是资产阶级专政，是剥削者对劳动群众的专政的（资产阶级）民主共和国说成‘全民政权’或者一般民主、纯粹民主。”[127]为了掩盖政权的这一性质，使国家机器能够以大多数人意志的名义有效地运转，资产阶级的思想家们构想了一整套较为系统的民主政治发展理念，用普遍性掩饰特殊性、用全民性掩饰阶级性、用永恒性掩饰阶段性。具体说来，西方民主的内在理念和核心价值主要体现在如下方面：

第一，以天赋人权观和人民主权观为基本原则。“天赋人权”是近代欧洲启蒙学者提出的重要思想，也是资本主义民主制度赖以生存的价值理念和制度原则。“天赋人权”理论最完整的阐释者，是英国“光荣革命”时期的思想家洛克，他的天赋人权理论不仅为英国的君主立宪制提供了理论依据，而且对整个西方世界的民主革命产生了不可估量的影响。马克思称洛克为“一切形式的资产阶级的代表”。[128]洛克认为，人类社会在出现国家之前处于一

126 江泽民：《全面建设小康社会，开创有中国特色社会主义事业新局面》，人民出版社2002年版，第32页。
127 《列宁选集》第3卷，人民出版社1995年版，第685页。
128 马克思：《政治经济学批判》，《马克思恩格斯全集》第13卷，人民出版社1995年版，第67—68页。

种“自然状态”之中，在这样的生存状态下，人人过着充分自由的生活，不受任何权力的限制和侵犯，每个人都平等地享受着生命、财产、自由的权利。但是，自然状态是自由的却不是纵容的或放任的，自然状态得以维持的根源在于人们按照理性来生活，而这种理性，就是自然法。自然法规范着自然状态下人们的理性生活，然而由于种种原因，自然法的约束力又是有限的。这些缺陷决定了虽然自然状态是人类理想的生存状态、自然法是最合乎理性的维护人权的方式、自然权利也是人们生而有之的天赋权利，但它们毕竟不能长期存在，为了更好地确保人类天生具有的权利，人们选择了新的人权保障形式，这就是国家。洛克及其他启蒙学者的天赋人权思想，在资本主义民主政治的实践中率先付诸实践。如美国的《独立宣言》宣布“造物者赋予每个人若干不可剥夺的权利这一真理是不言而喻的”，这就明确地肯定了天赋人权对于美国革命的指导性意义。随着资产阶级革命在欧美各国的成功，天赋人权的理念逐步植根于西方社会的信仰之中，成为西方最基本的价值理念。

天赋人权思想投射到国家政治实践中，体现为人民主权原则的确立。在近代以前的政治理念中，主权者或者被理解为“上帝”，或者是作为其人间代言人的罗马教廷，或者被解释为世俗的君主。直到洛克那里，主权观念才脱离了神权和君权的束缚，提出了“议会主权”理论。他认为，因为立法机关是“民选的”，是受人民的委托的，所以“立法机关是给予国家以形态、生命和统一的灵魂”。[129] 与洛克相比，法国启蒙学者卢梭从自然法理论出发，提出了“人民主权”这一经典理论命题，将国家主权理论提升到了当时所能达到的最激进的高度。他在被称为“革命的圣经”的《社会契约论》中明确地宣称，所谓政治共同体，“当它是被动时，它的成员就称它为国家；当它是主动时，就称它为主权者；而以之和它的同类相比较时，则称它为政权。至于结合者，他们集体的就称为人民”。[130] 这一表述，就是著名的“国家主权应该属于人民”的“人民主权”观。为了强调人民主权的神圣不可侵犯性，卢梭还提出了关于主权的一些基本原则：第一，主权不可转让；第二，主权不可分割；第三，主权是绝对的；第四，主权不能超出公共约定的界限。在卢梭那里，西方式国家主权理论在进步性方面达到了顶点，“人民主权”从此成为西方不可超越的主权理念。

第二，以三权分立和权力制衡为核心的政治体制观念。与天赋人权和人民主权原则一样，三权分立和权力制衡也是欧洲启蒙学者提出的重要政治思

---

129 洛克：《政府论》（下册），中译本，商务印书馆 1964 年版，第 129 页。
130 卢梭：《社会契约论》，中译本，商务印书馆 1980 年版，第 26 页。

想。出于与神权和君权相抗衡的思想，启蒙学者们在设计未来的理想制度时，都把限制政府权力，防止其压迫人民作为基本的制度理念。在这一理念下，既然人民享有天赋的人权，构成唯一的主权者，政府的权力当然也来自于人民，是人民为了共同的福利，通过订立契约把自己的部分天赋权利转让给政府的结果。因此，为了防止政府滥用权力，必须在建立政府时对政府的权力加以严格的界定和限制，政府只能行使人民通过宪法这一基本的契约形式转让给它的那部分权力，而不能损害人民未予转让的根本权力。

“三权分立”思想的代表人物孟德斯鸠认为，要使公民享有切实的政治自由，必须建立立法、行政、司法三种权力分立的政治体制。他强调，“立法权和行政权集中在同一个人或同一个机关之手，自由便不复存在；因为人们将要害怕这个国王或议会制定暴虐的法律，并暴虐地执行这些法律……如果司法权同立法权合二为一，则将对公民的生命和自由施行专断的权力，因为法官就是立法者。如果司法权同行政权合二为一，法官便将握有压迫者的力量。如果同一个人或是重要人物、贵族或平民组成的同一个机关行使这三种权力，即制定法律权、执行公共决议权和裁判私人犯罪或争讼权，则一切都完了。”[131] 换言之，立法、行政和司法三种权力之中任何两权相合并就意味着滥用权力，公民权利和自由就必然遭到侵犯。麦迪逊则特别强调，“防止把某些权力逐渐集中于同一部门的最可靠办法，就是给予各部门的主管人抵制其他部门侵犯的必要宪法手段和个人的主动……如果人都是天使，就不需要政府了，如果是天使统治人，就不需要对政府有任何外来的或内在的控制了。在组织一个人统治人的政府时，最大的困难在于必须首先使政府能管理被统治者，然后再使政府管理自身。毫无疑问，依靠人民是对政府的主要控制，但是经验教导人们，必须有辅助性预防措施。”[132]

从限制政府权力出发，西方各国在设计政权结构时，都着力设计了严密的政府内部机构之间的权力制衡制度。以美国为例，它在纵向上实行联邦制，联邦和州各自拥有自己的权力范畴，联邦政府不能任意超越州权；在横向上则实行行政权、立法权和司法权三权分立，三种权力分别属于总统、国会和法院，总统、国会议员和法官的产生方式各不相同。总统拥有行政权，但行政机构的设置和运作经费须经国会立法批准，总统任命的高级官员、与外国政府缔结的条约须经参议院批准，国会还有权监督行政过程，包括检查法律的执行情况、行政经费的使用和官员的行为等，在必要的时候，国会还可以

131 孟德斯鸠：《论法的精神》上册，中译本，商务印书馆 1961 年版，第 6 页。
132 汉密尔顿、麦迪逊和杰伊：《联邦党人文集》，中译本，商务印书馆 1980 年版，第 264 页。

弹劾总统；国会拥有立法权，但总统有权否决国会的立法，并拥有立法倡议权和行政立法权，国会本身又分为参议院和众议院各司其职，相互制约；法院系统拥有司法权，但联邦法官须经总统提名、经国会批准后由总统任命，国会则拥有最高法院法官人数和低级联邦法院设立的决定权。反过来，最高法院又凭借司法审查权强有力地制约国会和总统。在各种权力之间复杂的权力分立和相互制约平衡中，美国的权力滥用问题得到了较好的解决。

第三，以有竞争的选举为基本形式的代议制民主。代议制民主原则的基本含义，是"代表议事制度"，亦即人民虽然是主权者，但显然他们并不能直接行使权力，而是把这种权力委托给代表自己意志的"公意代表"来间接行使。代议制民主源于启蒙学者的"社会契约"论。按照这一理论的著名代表人物卢梭的观点，社会契约的宗旨是"要寻求一种组合的形式，使它能够以全部共同力量来防御和保护每个参加者的人身和财富；而通过这一组合，每一个与全体相联合的人实际上只是服从本人自己，并且仍然像以往一样的自由"。[133] 卢梭认为，通过社会契约，人们将自己的全部权利毫无保留地转让给社会，但这种转让并非等于将权利奉献给任何人，而是人们同时可以从社会中得到同样多的权利，而且借助于国家和社会的力量，人民的权利和利益能得到更好的保障，因为"集体在接受个人财富时远不是剥夺个人的财富，而只是保证他们自己对财富的合法享有，使据有成为一种真正的权利，使享用变成所有权"。

从社会契约论出发，西方各国在宪法中都确立了以有竞争的选举为基本形式的代议制民主原则。美国早期思想家麦迪逊为此提出的理由是，"通过某个选定的公民团体，使公众意见得到提炼和扩大，因为公民的智慧最能辨别国家的真正利益，而他们的爱国心和对正义的热爱似乎不会为暂时的局部的考虑而牺牲国家。在这样的限制下，可能发生下述情况：由人民代表发出的公众呼声，要比人民自己为此集会和亲自提出意见更能符合公众的利益"。麦迪逊和汉密尔顿还进一步指出，"谁是公众选举的对象呢？凡是其功绩能赢得国家的尊重和信任的公民都是这种对象。财富、门第、宗教信仰或职业都不得限制人民的判断或者使人民的愿望受到挫折。"[134]

代议制民主原则的具体体现，是以选举的方式产生"公意代表"行使国家权力。西方各国宪法都明确规定总统和国会议员都必须经过选举产生。而且，选举不仅存在于中央政府层面，它也为各地方政府广泛采纳，成为当代西方

---

133 卢梭：《论人类不平等的起源和基础》，中译本，法律出版社 1958 年版，第 19 页。

134 《联邦党人文集》，第 49、291 页。

国家最主要的民主政治形式之一。今天，形形色色的选举已经是西方政治生活中一个不可分割的组成部分，各国每年都有形形色色的政治职位需要通过选举产生。虽然选举产生的官员或“公意代表”并不一定能够真正代表人民的意志和政治愿望，但它基本上较好地体现了代议制民主原则。

第四，法律至上精神。法治的基本精神，是把人民主权、三权分立、权力的制约与平衡、代议制民主、多党制等一切民主要素都纳入法律的强制规范框架，并且把法律的规范内化于民主政治的实践过程。在封建专制时代，君主的意志是国家的最高意志，可以任意损害和侵犯人民权利。为此，启蒙学者们在批判封建专制和构想新的制度模式时，都对政治国家的法治原则给予了高度的重视，把法治视为民主政治的重要保障。卢梭提出，自由和平等是一切立法体系的“两大主要目标”，“在社会状态中，一切权利都被法律固定下来”，“根本就不存在没有法律的自由，也不存在任何人是高于法律之上的。一个自由的人民，服从但不受奴役；有首领但没有主人；服从法律但仅仅是服从法律”。基于对法律的高度重视，卢梭还宣称，“凡是实行法治的国家，无论它的行政形式如何，我就称之为共和国：因为唯有在这里才是公共利益在支配着，公共事务才被认为是重要的。”

在法律至上精神的指引下，西方在发展民主政治的进程中都不断加强法制建设。以美国为例，早在1638—1639年间，被称为“美国民主制度诞生地”的康涅狄格就制定了《根本规则》，规定该殖民地的自由民一年一度选举总督、行政官和出席全体大会的代表，自由民的选举权不受宗教信仰和其他条件的限制，立法权为全体大会所拥有，人民有权要求犯错误的行政官向全体大会反省。1641年，马萨诸塞制定了专门的《自由法规》，对政府权力施与了严格的限制，明确规定人民的生命权不可剥夺，名誉不得污损，身体不受任意逮捕、限制、放逐、损害或以任何方式加以惩罚，女人、儿童、奴仆和外国人也应享有法律规定的权利和自由等。在早期的法治传统促动下，美国在独立后也把法治置于至高无上的地位，视法律为保障天赋人权、人民主权和财产权的基本手段，《合众国宪法》成为世界近代历史上第一部、因而也是发生效力时间最长的成文宪法。托克维尔在其名著《论美国的民主》中写道，“总的说来，美国的立法是极其适应它所治理的人民的天才和国家的性质的，因此，美国的法制是良好的，而美国民主政府所取得的成就，也有很大一部分应归功于法制。”[135]

第五，以私有制为基础的所有制形态。私有财产不可侵犯原则是西方民

135 托克维尔：《论美国的民主》上卷，中译本，商务印书馆1991年版，第356页。

主政治的基础和出发点，严格说来，其他所有的政治原则都或者是服务于私有财产权，或者由私有财产权引申而来。鉴于封建君主专制下任意剥夺个人财产的情况十分严重，启蒙学者们都对私有财产权的保护问题给予了高度的重视，视私有财产权为民主国家的核心和基础。马基雅维利曾经形象地警告说，“务必不要碰他人的财产，因为人们忘记父亲之死比忘记遗产的丧失还要来得快些。”[136] 洛克最为强调的也是私有财产权。他认为，私有财产权是人类最永恒的权利，“人们联合成为国家和置身于政府之下的重大的和主要的目的，是保护他们的财产”。布丹明确把“私有财产权的不可侵犯”视为国家的基本属性，他写道：“如果把‘你的’及‘我的’去掉，则一切国家的基础必将倾覆。”[137] 他还认为，划分合法君主和暴君的标志就在于君主是否服从自然法，是否侵犯公民的自然权利和财产权利。美国“宪法之父”詹姆士·麦迪逊也对民主国家必须保护私有财产权问题作过深入的分析。在他看来，“财产权利产生于人类能力的差异”，“保护获取财产的不同能力，立即产生不同程度的和各种各样的财产占有情况”，因此，私有财产权是天经地义、合乎自然的，同时财产占有的不平等也是不可避免的。他进一步认为，由于财产占有量之间的差异，人类出现了不同的阶级、派别和集团，它们之间的利益和权利冲突因而也就对财产权构成了威胁，有了保障财产权的必要性。他写道，“造成派别的最普遍和持久的原因，是财产分配的不同和不平等”，“所以我们要探究的重大题目，是力求公共福利与私人权利免遭这一派别的侵害。”他为此得出的结论是，“保护产生财产权的人类能力的差异，是政府的第一目的”，而“调节这各种各样又相互冲突的利益集团，是现代立法的主要任务”。[138]

第六，以多党通过选举方式轮流执政为表现的政党制度理念。西方式民主的重要特征之一是民主政治的建立先于政党的出现，资产阶级是以一个阶级的整体力量推翻封建专制制度后建立起近代民主政治的，但在夺取政权后，资产阶级内部不同的政治力量基于不同的利益需求和权力意志分化为不同的政党。为了平衡不同政党之间的权力斗争，西方国家逐步实行了多党制，通过轮流坐庄的方式缓解政治冲突。当代西方各国都有着政党组织和政党制度，由于不同的历史和现实条件，不同的西方国家实行的政党制度也有所不同，美国等国家实行两党制，法国等国家则实行多党制。不同的政党围绕最高政治权力进行相互竞争和较量成为西方式民主政治的重要表现形式。只不过，

---

136 马基雅维利：《君主论》，中译本，商务印书馆 1985 年版，第 81 页。

137 王沪宁：《国家主权》，人民出版社 1987 年版，第 9 页。

138 《联邦党人文集》，第 44—51 页。

不论实行何种形式的政党制度，西方的政党理念从本质上都是为了巩固资产阶级的统治，用虚伪的民主来掩饰国家政权的性质，协调统治阶层内部的各种矛盾，诚如列宁在批判两党制时所指出，“两个资产阶级政党利用它们之间的虚张声势的毫无内容的决斗欺骗人民，转移人民对切身利益的注意”，“这个所谓的‘两党制’，”是“阻止独立的工人政党即真正的社会主义政党产生的最强大的工具之一”。[139]

必须强调的是，西方式民主制度是一个有机的整体，它的政治哲学是从自然法推导出天赋人权和人民主权；从性恶论推导出三权分立和制衡；从个人主义推导出市民社会和市场经济，将任何一种单一的理念和制度分割开来都是徒劳的。认为可以借鉴其中某些内容而拒绝另一些内容，在实践中都是不可能的。西方式民主蕴含着独特的政治理念，是西方资产阶级革命的产物，适应了西方经济社会的发展状况，是不同政治实力之间较量和妥协的产物，在长期运行过程中逐步得到加强和完善，单一的政治力量很难加以根本改变。而在当今世界上，绝大多数国家和地区都没有与其类似的政治、经济和社会土壤。这一点，既是西方式民主政治和人权模式难以在世界各国真正得到普及的重要原因，也是坚持选择一条与本国国情相适应的民主和人权发展道路的中国不能接受三权分立和多党制的根源之一，中国的人权道路与西方人权道路因而也在根本的理念、制度和路径上呈现出显著的差异。

三、中国式民主的发展取向：为人权道路提供新的目标指引

随着中国进入人均 GDP 超过 5000 美元这一关键阶段，中国的发展进入关键性的转型时期，社会经济结构变动迅速，各种利益关系愈益复杂。要妥善解决经济社会发展中面临的诸多问题，防止陷入“中等收入陷阱”，仅仅依靠经济和社会政策本身是远远不够的，大量的经济和社会问题必须放在政治发展的高度来认识，放在经济、政治和社会发展的全局视野中来加以考虑。中国特色的民主政治建设本质上是国家基本社会制度的自我完善和发展，根本目标是增强国家和社会的发展活力，发挥中国式民主制度的特点和优势，促进经济发展和社会全面进步。基于这一基本定位，中国当前特别需要注重从自身的国情出发，在总结自己的实践经验的基础上借鉴外部民主形态的有益成果，根据民主政治发展的自身逻辑和规律来推进民主政治的制度化、规范化和程序化。中国人权发展道路的下一步走向也必须放在这一整体布局下

139 《列宁全集》第 18 卷，人民出版社 1985 年版，第 397—398 页。

加以宏观考虑和协调推进。

大致而言，在当前，中国发展民主政治的宗旨和目标可以概括为：以制度建设为核心，在民主政治的制度化、规范化和程序化水平的基础上，抓紧解决民主政治建设方面存在的突出问题，努力满足和不断提高全面建设小康社会对于执政党的执政能力要求，保证把人民赋予的权力真正用来为人民谋利益。在这一宗旨和目标下，中国在民主政治的发展进程中必须遵循一些基本的指导原则：

第一，继续坚持党的领导、依法治国和人民当家作主的有机统一原则。党作为中国特色社会主义事业的领导核心，其执政理念决定了领导和支持人民当家作主是发展社会主义民主政治的本质要求。同时，党又必须在宪法和法律的框架内对权力运行机制进行规范，要求一切权力机构都必须依法行使权力，任何组织和个人都不允许有超越宪法和法律的特权。否则，中国的民主政治建设就会偏离正确的方向，人民当家作主就会变成一句空话。

第二，坚持民主集中制原则。民主集中制是中国共产党遵循的基本原则，也是中国发展民主政治的指导原则。在民主的基础上行使权力是权力运行的基本前提，没有以民主为前提的权力行使必然导致集权和专制，导致权力在运行过程中的异化和滥用。同时，集中力量办大事是中国民主政治的优势之一，但也绝不能忽视加强对权力运行的监督和制约，这从根本上说不是要降低权力运行的效率，而是要确保人民通过民主选举产生的国家权力忠实地代表人民的利益，热诚地为人民服务，自觉地接受人民的监督，无条件地服从人民的意志。唯有如此，中国的民主政治建设才能确保有效地行使权力，才能有助于提高中国共产党的执政能力和推动国家现代化事业的不断发展。

第三，加强权力制约和监督原则。中国的社会制度决定了中国是共产党领导下的社会主义国家，也决定了中国不可能采取西方式的“三权分立”制度，但是，这并不等于中国不对权力进行有效的监督和制约，而是必须通过不断完善人民代表大会制度，通过决策监督和执行监督，机构监督和干部监督，党内监督和民主监督、舆论监督，司法监督、行政监察和审计监督等一系列监督制度的有机整合，逐步实现对权力运行进行有效的制约，使各种公共权力在运行过程中形成既相互协同、相互配合，又相互制约、相互平衡的态势，充分体现中国式民主政治的优越性。

第四，推行法治化和制度化统一的原则。在发展民主政治的进程中，当前的中国特别需要认真地贯彻落实依法治国的方略，在依法治国的理念下实现共产党执政与领导和支持人民当家作主的有机统一，将权力运行纳入法制化的轨道，通过法律的形式将权力运行的体制结构和权力配置、权力运行的基本程序、权力运行中的监督和制约等加以明确地规范。但同时，民主政治的发展是一个复杂的过程，尤其是在中国当前的权力运行中还存在许多非法制化的或者难以用法律来加以规范的“潜规则”和“惯例”，这就要求中国同时必须加强制度化的建设步伐，尽可能以制度化的方式使这些“潜规则”和“惯例”变得透明化和公开化，最大限度地缩小权力机构在运行过程中的自由裁量空间。

基于上述宗旨和指导原则，中共十八大以来，中国的民主政治建设和政治体制改革正在呈现出一些新的发展取向：

第一，在民主政治建设进程中进一步贯彻落实“以人为本”的宗旨和理念。在民主制度的调整和改革中，中国将始终从一切权力属于人民的理念出发，推动国家逐步实现从“权力本位”向“权利本位”的转变，从机制和制度上根本防止权力的滥用和异化。落实“以人为本”民主理念的关键在于创新思路和理念，树立科学的民主观，把社会主义民主制度的建立健全提升到提高党的执政能力的高度来加以认识。积极研究和借鉴其他国家治国理政的有益经验和做法，开阔眼界、打开思路，在把握民主政治发展规律的基础上不断探索完善中国民主政治发展的新思路和新途径。

第二，完善党内民主、加强党内监督成为执政党建设的基本价值导向。完善党内民主的关键是在加强制度化建设的同时，必须特别重视民主过程和民主程序的完善，只有党内民主在过程中得到切实保障，党内民主的制度才是真正有意义的，否则，党内民主制度可能在运行过程中变成表面文章，成为一些人操纵民主的借口。当前，完善党内民主至少有三个方面的紧迫工作要做：（1）完善党代会制度。不仅要继续探索党代会常任制等制度创新机制，更为重要的是要改变党的代表实际上由各级党委“内定”的做法，真正把选举代表的权利交给全体党员，这是党代会发挥作用的基础和前提。（2）探索制约“一把手”的切实途径。这包括两个相互作用的方面：一方面，要限制“一把手”在干部选拔和任命方面的权力，“一把手”不应直接干预组织部门的工作；另一方面，通过完善的财务管理制度限制“一把手”的财权，建立严格的集体决定制度和违规惩罚制度；（3）普通党员的权利必须得到切实保障，尤其是知情权和选举权。

第三，积极探讨科学配置权力的方式和途径，努力解决集权与分权、权力与职责、权力与制约、权力与惩罚的有机统一问题，在权、责、事、利、督等各个方面建立统一配套的制度。进一步完善社会主义民主政治的关键是进一步发展和完善人民代表大会制度。党的政治、思想和组织领导重心应放在对人民代表大会的领导上来。人大代表的推选和选举程序应进一步完善，以免一些地方把人大代表作为一种政治奖励或政治安排的方式，使那些真正具有参政议政能力的人士有机会和渠道进入人民代表大会。同时，要使各级人民代表大会的“钱袋权”名副其实，进一步严格规范预算和决算制度，限制政府自主决定国有资产流向的权力和对财政经费的支配权。政府与法院、检察院之间的权力界限和相互关系应进一步理顺，司法独立应通过法律的形式加以规范，明确执法权是司法机构专属的权力，任何政府机构都不应拥有执法的权力。

第四，完善权力运行程序成为健全社会主义民主制度的重中之重。中国正在致力于加强权力运行的程序规范建设。各级权力机关逐步增强程序意识，完善决策和执行程序，完善程序法体系，同时上一级权力机关加强对下级机关执行过程中的程序完善工作。高度重视权力运行的程序设计和规章制定工作，努力完善决策程序，不断推进建构执行程序，争取在重要干部的选拔和任命程序方面取得突破。权力部门的决策日益以制度化的方式推行科学论证和可行性研究，建立决策前协商、决策咨询、集体决策、决策批准、决策监督、决策问责等一整套决策程序机制，在这一机制中，作出决策的权力机构必须承担相应的责任和义务，同时，在决策程序中批准决策和监督决策的权力机构也必须对决策失误承担相应责任。中国还正在加快决策执行程序的建立和完善步伐，努力从根本上改变有法不依、执法不严，有令不行、有禁不止的现象。各权力机构内部的程序性规章制度应更加严密并对违反执行程序的行为加大处罚力度。通过进一步增加竞争性作为完善重要干部的选拔和任命程序的突破口，组织部门在选拔重要干部时在基本思路上变“伯乐选马”为“赛场选马”，同时完善民主推荐和民主选举的程序，把决定权更多地交给民众，最终的任命更加尊重大多数民众的投票结果。发挥思想库和智囊团作为重要智力资源，也是决策程序化和科学化的重要保障的作用，鼓励学术机构和各领域专家积极为政府决策和体制改革出谋划策，提供理论支持和政策建议。进一步完善“决策前协商制度”，推动政协更好地发挥思想库和智囊团的作用。

第五，健全和完善监督与制约机制，积极探索民主监督和社会监督的新方式和新途径。以党内“六大制度”为突破口，不断创新党内的权力配置方式和监督方式。党内的权力结构调整、权力配置和权力运行程序的设计都应围绕加强权力的监督和制约来进行。从长远看，根本的途径在于建立同级党组织之间的权力制衡和监督机制；在当前的条件下，监督工作的重点则应放在加强党中央对地方党委、上级党组织对下级党组织的有效监督之上，防止权力运行偏离正常轨道。支持和鼓励民主监督和舆论监督进一步发挥作用，努力形成党领导下的内部监督和外部监督、制度监督和法律监督、机构监督和个人监督、决策权监督和执行权监督、规则监督和程序监督等多管齐下的权力运行的监督和制约态势。应适当鼓励非政府组织的监督作用，为它们在法律许可范围内的发展提供机制化的渠道和空间。尤其是对于政府部门在调控市场经济过程中的权力行使状况，非政府组织因其中立性而可以发挥重要的监督作用。信息公开是加强监督和制约的基本前提，各级党委和政府应进一步加快党务和政务信息公开的步伐，尤其是要加强电子政务建设，使权力的运行过程更加透明，从而增强权力机构规范权力运行的主动意识和权力制约的自觉性。同时，这也有助于普通党员和群众对权力运行状况有更加全面的了解，鼓励人民群众参与社会监督的积极性。最后，包括党委在内的各级权力机构均应建立和完善重大事项的问责制度，切实做到有责必问、有责必究。问责制要贯彻拓展到从决策、执行到监督的全过程，不仅要建立对决策者和执行者的问责，也要对监督者制约和监督不力进行问责。

中国特色民主政治建设的不断深入和政治体制改革的逐步推进，为中国的人权发展提供了坚实的制度保障，也使中国的人权道路展现出更加广阔的发展前景和更加丰富的实现途径。按照中国政府《国家人权行动计划（2012—2015年）》设计的规划路径，中国将"顺应各族人民过上更好生活的新期待，继续把保障人民的生存权、发展权放在首位，着力保障和改善民生，着力解决人民群众最关心、最直接、最现实的权利和利益问题，切实保障公民的经济、政治、社会和文化权利，促进社会更加公正、和谐，努力使每一个社会成员生活得更有尊严、更加幸福"。[140] 这是中国人权道路的不变目标。

四、中国式民主凸显人权道路的制度优势

民主与人权的关系在西方理念中历来是一对多向度互动的矛盾体，尽管大多数人坚信，民主是人权的前提和保障，一个没有民主的国家中人民没有人权可言。但在西方的政治实践中，民主与人权之间始终存在着微妙的对抗性，这就是民主潜在的多数人暴政倾向从来没有被真正的化解。众所周知，西方式民主的核心是票决制，而票决制要确保产生一个民主的政府则需要一个必需的前提，这就是参加票决的大多数都是具有理性精神的公民。在通常的情况下，西方是以公民的理性而倍感骄傲的，但实际上，理性并不是持续可靠的，当国家面临严重的经济和政治困境时，人们常常会丧失理性，以民主的名义侵犯人权就成为常见的结果，德国纳粹政权的教训在这一意义上是永远不能

140 国务院新闻办公室：《国家人权行动计划（2012—2015年）》，人民出版社2012年版，第3页。

被西方人淡忘的。相对而言，中国的民主设计从一开始就排除了民主与人权之间的内在张力，党和国家不仅是民主的领导者，也是人权的首要责任者，中国因此不可能存在以民主的名义压制人权的现象，从而从根本上凸显了中国式人权道路的制度优势。具体而言，这样的优势还进一步体现在：

第一，高效率保障人权是中国式民主制度具有的首要优势。新中国成立以来，始终面临着来自外部的巨大威胁，同时现代化国家建设的任务十分紧迫，这就要求中国在国家建设和国家成长过程中必须注重对国家权力的高效率运用，努力维护国家的安全、统一和快速发展，人权保障也因此具有了高效率提高的基础和保证。如果说改革开放前中国更多地在应对外部威胁时强调执政效率而一度对人权发展有所忽视的话，改革开放以来，由于经济建设成为中国体现执政效率的中心任务，人权的发展随着经济发展和国家经济实力不断增强而展示出前所未有的活力。事实证明，通过 30 多年的高效率执政，中国极大地浓缩了国家的现代化进程，实现了其他国家 3 个世纪才能实现的发展目标，中国的人权保障状况也进入了一个最好的时期。今后一个时期，中国在民主制度建设中将更多地注重维护公平，但同时也决不会因此放弃高效率保障人权这一最大的制度优势。中共十八大报告提出，要坚定“道路自信、理论自信、制度自信”，这三个自信的出发点和归宿点，是对中国式民主的自信，也是对中国共产党执政的自信和中国式人权道路的自信。

第二，集中资源加快国家人权建设的步伐。前国家主席江泽民曾经把社会主义制度的优越性概括为“集中力量办大事”，这一论断对认识中国的民主制度下人权建设的优势同样是适用的。中国的经济发展和国家人权建设是在一个十分落后的起点上开始进行的，这一状况决定中国不可能在国家人权建设的各个方面全面保持同步推进。在有限的财力和物力条件下，必须选择一些优先发展的人权议程，集中资源进行重点突破，以部分领域和部分属性人权的优先发展带动整个国家人权的发展，甚至在必要的情况下可以暂时以牺牲一些其他（如环境、工人福利、就业机会等）权利为代价。这样的人权建设方式在其他国家是不可想象的，只有中国才有可能作出这样的选择，进而为国家人权建设的高速推进提供可靠的保障。

第三，有效应对公共危机和自然灾害中的人权损害。中国是一个自然灾害多发频发的国家，高速发展过程中制度规范的相对滞后又导致公共危机的发生难以避免，在这一类紧急状态下，人权的救济需要强大而统一的政治力量来提供保障。因此，中国自古以来都不得不选择大一统的国家政权来有效应对随时可能发生的灾害，建国以来采取的单一制国家结构的合理性和现实性在很大程度上即在于此。从 1998 年抗洪救灾到 2008 年汶川地震后对灾民各项权利的及时救助，都充分体现了中国式民主下的人权道路是适合中国的自然和社会条件的。大多数国家、尤其是有着长期制度经验的发达国家也不可能取得这样的人权发展成就，美国“卡特丽娜”飓风后联邦政府的低效率援助行动和日本大地震后引发的福岛核危机都明显地反衬出民众在灾害条件下的权利维护严重滞后。

第四，通过自上而下的权力运行确保人权保障政策的政令畅通。中国的权力运行方式通常被西方学者称之为权威统治，一些人批评这样的方式忽视了民主和人权，但在中国长期的政治实践中，不论是出于加快国家人权建设步伐的需要还是为了有效应对危机后的人权救济，政令畅通都是必需的前提。换言之，自上而下的权力运行方式充分保障了中央政府的人权保障意志能够得到及时执行，极大地提高了人权保障的效率。当然，这其中社会和民众的主动参与不足，进而导致人权保障渠道相对单一的问题近年来已经引起高度重视。中国还需要逐步建立一种自下而上的人权保障机制，从而在自上而下与自下而上的有机结合中进一步凸显人权道路的优势。

第五，多种民主形式的协调发展整合为一种新的民主形态，人权保障的空间和平台极大地得到拓展。近年来，中国在强调选举民主的同时将协商民主列为基本的民主制度形式，这体现出中国对民主和人权有更加全面和辩证的认识。如前所述，西方国家对民主的理解历来是比较工具化的，那就是以是否进行公开而有竞争的选举作为民主的唯一标准，这决定了民主压制人权的潜在危险。相比之下，中国的优势在于广泛地发展各种民主形式，在把选举作为基本民主形式的基础上，发展起了协商民主、党内民主、基层民主乃至企业民主等民主形式，把民主的精神贯穿到了人权发展的各个方面。只要中国坚持推进并使这些民主形式更加实体化和规范化，不仅中国的人权保障方式将进一步得到极大的优化，更将真正创造出一种全新的、具有普遍性意义的民主形态，成为具有普遍性意义的民主与人权相互促进的人权发展道路。

第六，注重凝聚共识，广泛吸纳和整合人权保障资源。中国共产党能够从一个数十人的小党迅速成长为一个拥有长期执政地位的超级政党，不仅在于有着内部的高度统一，也在于长期以来始终重视发挥统一战线的功能，在中国社会各阶层凝聚起了对中国共产党执政的高度共识，不断将非中共的人权保障资源纳入整体的人权保障体系之中，形成了中国共产党领导、社会力量协同、民众广泛支持的人权发展格局。

第五章　在制度化和法治化轨道上保障人权

人权保障涉及所有人在经济、政治、社会、文化生活中的权利问题，任何单一的保障路径和方式都难以实现充分保障人权的目标。作为一种新型人权发展道路，中国着重致力于通过制度化和法治化的双重路径保障人权，不仅强调将人权保障与民主政治的国家制度建设联系在一起协调推进，更加注重根据宪法关于尊重和保障人权的原则，遵循《世界人权宣言》和有关国际人权公约的基本精神，从立法、行政和司法各个环节完善尊重和保障人权的法律法规和实施机制，依法推进中国的人权事业发展。

一、人权保障的制度化和法治化进程

中国共产党是中国唯一合法的执政党，当然也是当代中国人权保障制度和法律的设计者和实施者。因此，近代以来中国人权法治建设的实质性起步也是自中国共产党成立才开始的。中国共产党自成立之日起，就对人权的制度化和法治化保障给予了高度重视。1922 年，刚刚成立不久的中共发表《第一次对时局的主张》，就提出了国家应实现普选，保障人民结社、集会、言论、出版自由等一系列制度性的要求，为中国的人权实践奠定了明确的方向。

中国共产党开始尝试建立自己的政权后，保障人权成为制度和法治建设的主要方面。早在苏区时期，1931 年通过的《中华苏维埃共和国宪法大纲》规定了一系列保障公民政治权利的内容，如“人民不分男女种族和宗教，在法律面前一律平等，16 岁以上的苏维埃公民均有选举权和被选举权”（第一条）；“工农劳苦群众有言论出版集会结社的自由，并保障他们取得这些自由的物质基础”（第六条）；“保证真正的信教自由”（第九条）；“对受到反动统治迫害的中国民众和世界的革命战士给予庇护权，对居住在苏维埃区域内从事劳动的外国人，一律使其享受苏维埃法律规定的一切政治上的权利”（第十一条）；等等。

延安时期，1939年4月边区政府公布的《陕甘宁边区抗战时期施政纲领》进一步将保障公民政治权利作为自己的基本方针，明确规定“边区一切抗日人民，不分民族、阶级、党派、性别、职业与宗教，都有言论、出版、集会、结社、居住、迁徙及思想、信仰之自由，并享有平等之民主权利”。而且，该纲领还首次严格制定了在司法过程中保障公民权利的大量具体措施，包括：除司法或公安机关依法执行其职务外，任何人不受逮捕、审问、处罚；人民利益受损时可用任何方式控告任何公务人员之非法行为；逮捕人犯须有充分证据并以法定手续执行；非司法和公安机关拘留人犯不得超过24小时，司法和公安机关亦应在24小时内侦讯；人犯不受侮辱、殴打及刑讯逼供；民事案件于30日内判决；诉讼不收费用；非经判决人犯财产不得没收；人民拥有上诉权，不究既往犯罪；等等。

进入解放战争时期，随着中国人民解放事业的不断推进和新的政治形势的要求，中国共产党领导下的解放区在保障公民、政治权利方面又有了进一步的发展，体现出一些新的特点，由抗战时期的民族统一战线性质向新民主主义和人民政治协商性质方向发展，为新中国建立后公民、政治权利保障水平的不断提高奠定了坚实的基础。1946年4月23日，陕甘宁边区第3届参议会第1次会议通过的《陕甘宁边区宪法原则》规定了人民享有的6大基本权利：政治上的各项自由权利；免于经济上偏枯与贫困的权利；免于愚昧及不健康的权利；武装自卫的权利；不分民族的平等权利；妇女与男子的平等权利。所有这些权利，都规定了具体的保障措施和方法。此外，《原则》还在司法体制上规定了司法独立、非司法公安机关不得有逮捕审讯行为、人民有权不论用任何方法控告失职的任何公务员、对犯人采用感化主义等保障公民个人权利的措施。值得一提的是，新生的人民政权不仅在法制建设中高度重视对公民权利和政治权利的保障和规范，而且在实践中也始终高度重视这些保障规范的实施与落实，一旦出现违反人权的现象即马上采取有力措施予以纠正和改善。如1948年前后，一些地方在政权建设中采取了过激做法，出现了非法拘捕、乱抓乱打和肉刑逼供的现象，为此，许多地方政府都发出了专门的文件纠正这一现象。如1948年4月哈尔滨特别市政府颁布布告规定：禁止任何机关、团体、学校、商店不按司法程序，召开带有侵犯人权打人罚款等之任何斗争会议。侵犯人权的任何行为“概以侵害罪论处”。对公民、政治权利保障的充分重视，确保了人民民主政权在人民中的崇高威望，得到了全国绝大多数人民的广泛支持和拥护。

建国前夕，中国人民政治协商会议第1次全体会议通过的《共同纲领》继续充分体现了中国政府和人民切实保障公民权利和政治权利的宗旨。《共同纲领》规定的公民权利和政治权利主要包括：第一，人民依法享有选举权和被选举权；第二，人民有思想、言论、出版、集会、结社、通讯、人身、居住、迁徙、宗教信仰和示威游行这11种基本的自由权利；第三，妇女在政治的、经济的、文化教育的、社会的生活各方面，均有与男子平等的权利，男女婚姻自由；第四，各民族享有平等的权利。

1954年制定的《中华人民共和国宪法》进一步将公民权利和政治权利纳入了宪法保障的范畴。宪法第三章专门规定了“公民的基本权利和义务”，其中受保障的权利主要有：公民在法律上的平等权，选举权和被选举权；公民有言论、出版、集会、结社、游行示威的自由；宗教信仰的自由；公民人身不受侵犯，非经法院决定或检察院批准，不受逮捕；住宅不受侵犯，通讯秘密受法律保护；居住和迁徙的自由；公民对于任何违法失职的国家机关工作人员，有向各级国家机关提出书面控告或口头控告的权利；由于国家机关工作人员侵犯公民权利而受到损失的人有取得赔偿的权利；国外华侨的正当权利和利益受国家保护；对于任何由于拥护正义事业、参加和平运动、进行科学工作而受到迫害的外国人，给予居留权。宪法还增加了保障公民和政治权利得以实现的具体措施，如宪法针对言论出版集会结社等基本自由规定，“国家供给必需的物质上的便利，以保证公民享受这些自由。”1954年宪法的制定，基本上确立起了新中国保障公民政治权利的基本宗旨和目标原则，这是比较适合当时中国的政治、经济和社会现实的。它既规定了公民的各方面个人和政治权利，也要求公民承担必要的义务，既采取了保证权利实现的措施，也施予了某些权利以必要的限制，对一些有待进一步发展的公民权利还采取了灵活的规范方式。毛泽东在对宪法所作的说明中就指出，“缺乏灵活性，就行不通……比如对公民权利的物质保证，将来生产发展了，比现在一定扩大。”[141]

50年代中后期开始，由于“左”的思想逐渐泛滥，宪法确立的保障公民权利和政治权利的原则逐渐失去了正常的功能和保障效力。特别是在十年“文化大革命”中，不按法律程序侵犯人权的现象不断出现并日益恶化，宪法中对公民和政治权利的保障成了一纸空文，侵犯人权的现象更是屡见不鲜。依

141 毛泽东在中央人民政府委员会第三十次会议上的讲话。转引自董云虎、刘武萍编：《世界人权约法总览》，四川人民出版社1991年版，第619页。

法应于每年举行的人民代表大会和政治协商会议在长达十年的时间里没有召开，公检法等履行人权保障的国家机构不在社会生活中起任何作用，人权保障事业陷入停滞。

“文革”结束后，中国的人权法治和制度建设逐渐走上正轨。1978 年 12 月，邓小平发表《解放思想，实事求是，团结一致向前看》的重要讲话，揭开了中国重建社会主义民主与法制进程的序幕，也为人权的发展奠定了制度化和法治化的基本方向。他鲜明地提出，“我们要创造民主的条件……在党内和人民内部的政治生活中，只能采取民主手段，不能采取压制、打击的手段，宪法和党章规定的公民权利、党员权利、党委委员权利，必须坚决保障，任何人不得侵犯。”他还强调，“为了保障人民民主，必须加强法制。必须使民主制度化、法律化，使这种制度和法律不因领导人的改变而改变……应该集中力量制定刑法、民法、诉讼法和其他各种必要的法律……经过一定的民主程序讨论通过，并且加强检察机关和司法机关，做到有法可依，有法必依，执法必严，违法必究。”[142] 这篇讲话，重新明确了中国重视保障公民人权的基本原则和法治思路。

邓小平讲话后不久，中共召开了十一届三中全会，在正式确立全党和全国工作重心转移到经济建设上的同时，加快了民主政治的建设步伐。中国对人权的制度化和法治化保障相应的也进入了逐步深化和完善的新时期。1979 年 6 月，全国人大五届二次会议首次以宪法修正案的形式通过了《关于修正〈中华人民共和国宪法〉若干规定的决议》，对前一部宪法中公民权利规定方面的一些缺陷进行了部分调整。1982 年 12 月 4 日，五届人大五次会议通过了新的《中华人民共和国宪法》。新宪法在国家保障人权的宗旨、基本原则和规则制定方面全面恢复了 1954 年宪法的精神，并根据时代的变化作了进一步的充实和完善。在受保障的人权内容权利方面，新宪法作了许多合乎中国社会实际的增删，一些过时的或不科学的权利内容被删除。如取消了对“地富资坏”等人政治权利的剥夺和“大鸣、大放、大辩论、大字报”权利等，规定“公民的人格尊严不受侵犯，禁止用任何方法对公民进行侮辱、诽谤和进行诬告陷害”，“公民的住宅不受侵犯，禁止非法搜查或者非法侵入公民的住宅”。新宪法还恢复和完善了保障公民权利的法律程序，规定“任何公民，非经人民检察院批准或者决定或者人民法院决定，并由公安机关执行，不受逮捕”，“禁止非法拘禁和以其他方法非法剥夺或者限制公民的人身自由，禁止非法搜查公民的身体”，“对于公民的申述、控告或者检举，有关国家机关必须

142 《邓小平文选》（第 2 卷），第 144—147 页。

查清事实，负责处理，任何人不得压制和打击报复”，这些也是过去宪法中没有的规定。

新宪法的制定，标志着中国保障人权的基本宗旨和制度规范在经历了30多年的风雨和曲折后终于得到了稳定的确立和基本完善。到今天，1982年宪法确立的人权保障原则和制度框架基本没有发生大的变化，部分的变化主要是根据时代的发展和尊重保障人权的精神作了进一步的充实和完善。其中最大的发展主要表现在1998年底中国正式签署了《公民权利和政治权利国际公约》，表明中国认同并同意按照公约的精神充分保障人民的公民和政治权利。目前，全国人大常委会正在认真地就批准问题进行深入的分析和论证。2004年3月，中国将“尊重和保障人权”正式写入宪法；2007年10月，中共十七大又将“尊重和保障人权”写入了党的正式报告，强调“尊重和保障人权，依法保证全体社会成员平等参与、平等发展的权利”。[143]这一切，都充分体现了中国在不断推进民主政治建设，政治发展取得世界公认的巨大成就的基础上，不断提高人权保障水平的决心和信心。

回顾和总结中国共产党成立后、尤其是新中国成立60年以来中国人权保障的制度化和法治化建设的轨迹，可以发现一条基本规律，这就是人权受到重视和保障的水平始终是与国家建设的制度化和法治化推进状况一致的。每当中国处于政治稳定、民主和法制建设顺利的时期，人权就能受到更加广泛的重视和更好的保障，制度和法律保障的力度就会得到不断的增强；反之，如果难以维护安定的政治局面和有序的政治发展态势，民主和法治就难以取得不断进步，对人权的尊重和保障也就将成为一句空话。

二、人权的制度化和法治化保障

人权保障的制度化和法治化是当今世界各国普遍采取的实施路径。在国家层面上，中国采取的基本方式是将保障人权的理念内化于国家制度建设的各个方面，通过政府行动实现对人权保障的价值确认和水平提高。但是，仅仅停留与制度层面的人权承诺并不能自动转化为政府和民众的共同行动，而是需要以法治化的方式在国家政治、经济和社会生活中加以规范和落实，防止尊重和保障人权的制度承诺在国家政治实践中被虚化。换言之，中国相信，只有充分实现了制度化和法治化的有机结合，才能树立起人人平等的法治精神和人权精神，中国的人权道路才能拓展出更加广阔的空间。

---

143 《人民日报》，2007年10月15日。

（一）人权的制度化保障

人民当家作主是中国国家制度的宗旨和原则，实现对人民权利的根本保障是中国政府和人民的一贯努力目标。新中国成立以来，尽管出现过曲折，但中国人权保障状况总体上随着国家的发展和成长而不断改善和提高，与国家的民主政治建设步伐保持一致。尤其是改革开放以来，中国的人权保障日益走上了制度化、规范化、程序化的轨道，中国的人权保障水平随之也得到了空前的提高。

中国共产党是中国唯一合法的执政党，当然也是为人权提供制度化保障的核心主体，在国家保障人权的制度设计中发挥总揽全局、协调各方的作用。近年来，中国共产党在总结新中国成立以来保障人权的历史经验的基础上，日益把健全和完善尊重和保障人权制度提升到执政兴国的战略高度。中国共产党始终坚持国家一切权力属于人民，从各个层次、各个领域扩大公民有序政治参与，最广泛地动员和组织人民依法管理国家事务和社会事务，坚持依法治国基本方略，保障公民合法权益。同时，中国共产党不断扩大人民民主，不断健全民主制度，丰富民主形式，拓宽民主渠道，依法实行民主选举、民主决策、民主监督，保障人民的知情权、参与权、表达权、监督权，支持人民代表大会依法履行职能，善于使党的主张通过法定程序成为国家意志。中国共产党还要求各级党组织和全体党员要自觉在宪法和法律范围内活动，带头维护宪法和法律的权威。可以说，只有始终坚持中国共产党的领导，中国才能充分实现对人权的制度化保障。

人民代表大会制度既是中国的根本政治制度，也是在国家制度层面保障人权的最高组织形式。按照中国宪法的规定，人民代表大会制度在保障人权方面的主要体现是：首先，根据中国的一切权力属于人民的政权属性，全国人民代表大会和地方各级人民代表大会代表人民行使国家权力；其次，人民代表大会制度的组织基础是民主选举，人民通过民主选举，产生代表自己意愿的代表，组成各级人民代表大会。中国的人民代表大会共有5级，即全国人大、省级（省、自治区、直辖市）人大、市级（设区的市、自治州）人大、县级（县、自治县、不设区的市、市辖区）人大、乡级（乡、民族乡、镇）人大。其中，县、乡两级人大代表由本行政区选民直接选举产生，省级人大代表、设区的市级人大代表由下一级人民代表大会选举产生。全国人大代表由各省、自治区、直辖市、特别行政区和解放军分别选举产生。各级人大代表分布在全国各个地区、各个部门、各个行业、各个岗位，从事各种不同职业，具有广泛的代表性。

中国宪法和法律都对公民的选举权利作了规定。宪法第三十四条规定:“中华人民共和国年满十八周岁的公民，不分民族、种族、性别、职业、家庭出身、宗教信仰、教育程度、财产状况、居住期限，都有选举权和被选举权；但是依照法律被剥夺政治权利的人除外。”公民的选举权利具有普遍性和平等性。为保证公民能够依法行使其选举权利，选举法对地方人大和全国人大的代表名额、少数民族的选举、选区划分、选民登记、代表候选人的提出、选举程序、对代表的监督罢免和补选、对破坏选举的制裁等都作了详细的规定。选举法还对差额选举作了明确规定：“全国和地方各级人民代表大会代表候选人的名额，应多于应选代表的名额。”“由选民直接选举的代表候选人名额，应多于应选代表名额三分之一至一倍；由地方各级人民代表大会选举上一级人民代表大会代表候选人的名额，应多于应选代表名额五分之一至二分之一。”为了保证选民在投票时自由地表达自己的意愿，选举法规定：“全国和地方各级人民代表大会的选举，一律采用无记名投票的方法。”

中国共产党领导的多党合作和政治协商制度是保障社会各阶层、各人民团体和各界爱国人士都能合法参与国家政治生活并发挥作用的基本政治制度，承担着通过政治协商、民主监督、参政议政等方式促进人权保障的功能。人民政协广泛吸收各党派团体和各族各界人士参与国事。民主党派作为与共产党亲密合作的参政党，参加国家政权，参与国家大政方针和国家领导人选的协商，参与国家事务的管理和国家方针、政策、法律、法规的制定执行。有关人权保障的重大问题，执政的中国共产党都要反复向各民主党派征求意见，协商解决。

基层民主制度也是中国人权重要的制度保障形式之一，与中国共产党领导的多党合作和政治协商制度、民族区域自治制度一起并列为中国基本政治制度的范畴。在今天的中国，基层群众自治是保障公民直接行使各项民主权利的重要途径和制度保障。企事业单位普遍建立和健全了职工代表大会，城乡和社区建立了居民委员会和村民委员会，职工和城乡居民、村民可以通过这些组织行使直接管理社会生活的权利。此外，中国还建立了从中央到地方的根据年龄、性别、职业形成的各种社会团体和各类群众组织，政府组织和鼓励它们依照法律自主地开展社会活动，充分行使其受宪法和法律保障的各种权利。

城市基层群众自治包括民主选举、民主决策、民主管理、民主监督四个部分。根据法律的规定，民主选举主要是指社区居委会成员由社区居民依照民主程序选举产生，每三年换届选举一次；民主决策主要是指涉及居民利益的重大社区事务由社区居民民主讨论决定；民主管理是指社区居民依照居民公约或规章制度，共同管理社区内部事务，维护社区公共秩序；民主监督则用于约束和规范社区成员的行为。中国政府历来对城市基层民主选举高度重视。1982 年颁布的宪法第一次将居委会及其选举写入国家的根本大法，为城市基层选举提供了宪法保障。1989 年颁布的《居委会组织法》对居委会选举作了进一步规定，使城市基层选举的制度化建设迈出了新的步伐。目前，全国 8 万多个社区居委会都普遍进行了 7 届以上的选举，参选率一般可达到 70% 以上，直接选举率接近 30%，海选也已经在多处出现。城市基层选举的推进，切实地保障了公民的政治权利。在民主决策方面，社区事务民主决策的基本形式是居民大会和居民代表会议，居民大会是由年满 18 周岁的全体居民参加的会议，居民代表会议则是由居民代表参加的会议，居民代表会议是在居民大会由于某种原因不便召开的情况下采取的形式。这两种形式决策的内容是涉及全体居民利益的事务。近些年来，一些决策社区事务的会议有了新的变化。有些地方采取了民主协商的方式，即决策社区事务时，召开由有关各方代表参加的民主协商会，在反复协商的基础上进行决策。在民主管理方面，一般是根据国家的法律法规、党的方针政策，结合社区的实际制订社区居民自治章程或居民公约，作为社区事务管理的主要依据。在这方面，各地近年来做了不少探索，比如，利用社区论坛、居民论坛、评议会等形式，对社区内的不良现象进行评议，有条件的地方则是通过社区局域网进行网上讨论，使人们在讨论过程中受到教育，纠正社区生活中的不良现象。在民主监督方面，一般采取的形式包括：每年两次（年中和年末各一次）由社区居委会向居民会议或居民代表会议作报告，接受居民的审议监督；社区的主要事务在公开栏内实行定期公开，如财务收支情况、社保金发放情况、办事程序等；一般在社区里都设有意见箱，居民有意见，可以写成文字投入其中；此外，还可以通过电话、网络社区论坛等向居民委员会提出意见和要求。

中国的农村村民自治始于 20 世纪 80 年代初农民自发创建的第一批村委会。经历 30 年的实践和创新，以民主选举、民主决策、民主管理和民主监督为主要内容的村民自治取得了重大进展，制度体系基本确立，组织载体日益健全，内容不断丰富，形式更加多样，为保障农民民主权利、推进社会主义民主政治建设和人权建设作出了重要贡献。20 世纪 80 年代初至今，全国农村普遍完成了多次村委会选举，逐步实现了从指定到选举、从等额选举到差额选举、从间接选举到直接选举的转变，平均参选率保持在 80% 左右，“海选”（选民一人一票推荐候选人的直接选举）在全国普遍推广，选举的自由度、公开性、竞争性有所增强。村务公开、民主管理是村民自治的主要内容。1998 年村委会组织法正式颁布实施以来，村务公开和民主管理工作地位日益重要，取得重大进展，协调推进“四个民主”已经成为推进村民自治的主流态势。历届中共中央全会以及每年的中央纪委全会、中央农村工作会议以及政府工作报告都对加强村务公开民主管理工作提出明确要求。2004 年，中央政治局常委会和中央政治局会议专题研究部署村务公开工作，并制定下发了《关于健全和完善村务公开和民主管理制度的意见》（中办发〔2004〕17 号），进一步明确和完善了村务公开民主管理工作中的一系列方针政策，第一次概括了农民在村级治理中的“四权”，即知情权、决策权、参与权和监督权。由此，村民自治权利形成了由选举权、知情权、决策权、参与权和监督权“五权”构成的权利体系。目前，从中央到地方高度重视村务公开民主管理的领导体制和工作机制建设，初步形成了党委政府领导、民政部门牵头（个别地方除外）、部门共同负责、人大政协监督、社会普遍参与的领导体制和工作机制，从领导、协调、保障、激励和监督入手，合力推进村务公开民主管理工作。中央成立了全国村务公开协调小组，由民政部牵头，负责统一协调全国工作。省级全部建立了村务公开领导协调机构，地、县（市）、乡镇的村务公开协调机构正在陆续成立。以此为动力，农村基层治理更加民主化、规范化，民主公开的实现形式更加丰富有效。全国 85% 的村建立了实施民主决策的村民大会或村民代表大会，80% 以上的村建立了公开栏，90% 以上的村建立了保障民主监督的村民理财小组、村务公开监督小组等组织，村务公开、民主评议等活动普遍开展。

（二）人权的法治化保障

中国的人权不仅得到了日益健全的制度保障，随着依法治国基本方略的全面落实，社会主义法治国家的加快建设，中国共产党和中国政府正在不断增强对人权的法律和司法保障，在中国特色社会主义法律体系已经建成、宪法和法律实施不断增强的基础上，坚持公民在法律面前一律平等，维护社会公平正义，维护社会主义法制的统一、尊严、权威，依法保证全体社会成员平等参与、平等发展的权利。

在法律规范体系方面，改革开放以来中国根据政治和经济形势的发展变化，适时制定和完善以保障人权为重点的法律体系，先后颁布了大量重要的法律和法规，形成了中国特色社会主义法律体系，使中国成为一个在人权保障方面具有较完备的法制的国家。

在立法保障方面，中国制定了一系列保障基本人权的法律制度，对公民的选举权，言论、出版、宗教信仰、集会、结社、游行、示威等基本自由和政治权利，也对生命权、人身自由、人格尊严、平等权等个人权利提供宪法保障。为使法律符合公众的根本利益和国家的整体利益，同时又兼顾各方面的具体利益，保证立法的科学性和民主性，中国法律规定了全国人民代表大会及其常务委员会的立法程序。全国人民代表大会常务委员会审议法律案一般实行“三审制”，即法律案一般应当经过三次常务委员会会议审议后再交付表决，对重大的、意见分歧较大的法律草案，审议的次数可以超过三次，如物权法草案经过全国人民代表大会常务委员会七次审议后，才提请第十届全国人民代表大会第五次会议审议通过。提请全国人民代表大会审议的法律草案，要经过大会全体会议、代表团全体会议、代表小组会议的反复审议；提请全国人民代表大会常务委员会审议的法律草案，要经过常务委员会全体会议、分组会议的反复审议。每部法律的出台，都要经过反复审议，充分讨论，基本达成一致意见后，再提请全国人民代表大会或者全国人民代表大会常务委员会的全体会议表决。这种多次审议的过程，就是通过协商以求充分表达各种利益诉求，并力求把各种利益关系调整好、平衡好的过程。

根据社会和经济情况的变化，中国还适时地修改法律，不断完善保障人权的法律制度。在中国特色社会主义法律体系中，宪法居于核心和统帅地位。现行宪法通过后，为与中国社会发生的变革相适应，全国人民代表大会先后四次对宪法的部分内容和条款作了修改。1988 年的宪法修正案规定，国家允许私营经济在法律规定的范围内存在和发展；土地的使用权可以依照法律的规定转让。1993 年的宪法修正案规定，国家实行社会主义市场经济；中国共产党领导的多党合作和政治协商制度将长期存在和发展。1999 年的宪法修正案规定，国家实行依法治国，建设社会主义法治国家；国家在社会主义初级阶段，坚持公有制为主体、多种所有制经济共同发展的基本经济制度，坚持按劳分配为主体、多种分配方式并存的分配制度。2004 年的宪法修正案规定，国家鼓励、支持和引导非公有制经济的发展，并对非公有制经济依法实行监督和管理；公民的合法的私有财产不受侵犯，国家依照法律规定保护公民的私有财产权和继承权；国家尊重和保障人权。按照宪法确定的尊重和保障人权的原则和精神，中国将继续修改和完善现行法律，加强人权的法制保障。

法律、行政法规、地方性法规、自治条例和单行条例、部门规章和地方政府规章等作为普遍适用的法律文件，对公民、社会团体的权益会产生较大的影响。为保证公民权利不受侵害，保证国家机关依法行使权力，必须对这些法律文件进行严格的审查。按照中国宪法和有关法律的规定，国务院可以制定行政法规；省级人大及其常委会可以制定地方性法规，较大的市的人大及其常委会可以制定地方性法规，报省级人大常委会批准；民族自治地方人大有权制定自治条例和单行条例，自治区的自治条例和单行条例报全国人大常委会批准后生效，自治州、自治县的自治条例和单行条例报省级人大常委会批准后生效，并报全国人大常委会备案。全国人大有权改变或者撤销它的常委会制定的不适当的法律，有权撤销全国人大常委会批准的违背宪法和法律的自治条例和单行条例。全国人大常委会有权撤销同宪法和法律相抵触的行政法规，有权撤销同宪法、法律和行政法规相抵触的地方性法规，有权撤销省、自治区、直辖市的人大常委会批准的违背宪法和法律的自治条例和单行条例。国务院有权改变或者撤销不适当的部门规章和地方政府规章；省、自治区、直辖市的人大有权改变或者撤销它的常委会制定的和批准的不适当的地方性法规；地方人大常委会有权撤销本级人民政府制定的不适当的规章；省、自治区的人民政府有权改变或者撤销下一级人民政府制定的不适当的规章。

三、以制度化和法治化方式提升人权保障水平

随着中国民主制度的不断健全和法治国家建设的不断推进，公民的各方面人权在民主与法治的轨道上得到了不断扩大和有效保障。近年来，中国积极稳妥地推进政治体制改革，不断扩大公民的有序政治参与，强化政务公开，加强对权力的监督与制约，人权切实得到了进一步的制度保障。同时，在一个以宪法为核心的法制体系维护下，人权的法治保障也更加坚实和充分。

（一）不断提升对公民基本自由和权利的法律保障水平

中国公民的言论自由、新闻自由、出版自由等基本的自由权利受法律保护。中国《宪法》第三十五条规定：“中华人民共和国公民有言论、出版、集会、结社、游行、示威的自由。”第五十一条规定：“中华人民共和国公民在行使自由和权利的时候，不得损害国家的、社会的、集体的利益和其他公民的合法的自由和权利。”既保证自由和权利的行使，又防止自由和权利被滥用；没有绝对的自由，权利不能滥用，这是中国《宪法》的基本精神。

中国没有新闻检查制度，公民享有充分的言论自由。公民的人身自由、人格尊严和住宅不受侵犯；公民的通信自由和通信秘密受法律保护。国家大力发展新闻出版事业，为公民行使言论、出版自由提供良好的条件。在《宪法》和法律允许的范围内，中国公民的出版自由权利不受其民族、信仰、经济和社会地位的影响，相关法律法规给予了充分的保障。国务院《出版管理条例》第二十四条明确规定：“公民可以依照本条例规定，在出版物上自由表达自己对国家事务、经济和文化事业、社会事务的见解和意愿，自由发表自己从

事科学研究、文学艺术创作和其他文化活动的成果。合法出版物受法律保护，任何组织和个人不得非法干扰、阻止、破坏出版物的出版。”中国《出版管理条例》第二十六条、第二十七条规定了出版物禁止刊载的内容，这在一个法治国家是正常的，世界各国都有法律禁止某些内容的出版物出版。这些措施，对于保护社会公共道德、未成年人身心健康等是必需的限制性规定，符合世界各国人权法制的普遍精神。

中国是个多宗教的国家，主要有佛教、道教、伊斯兰教、天主教和基督教。中国的宪法和法律明确规定，中国公民可以自由地选择、表达自己的信仰和表明宗教身份。据不完全统计，目前中国有各种宗教信徒 1 亿多人，信教人数呈平稳增长态势。宗教活动场所共约 10 万处，宗教教职人员约 30 万人，宗教团体 3000 多个，宗教院校 76 所。其中，佛教寺院有 2 万余座，出家僧尼约 20 万人；道教宫观现有近 3000 座，出家道人 5 万余人；清真寺 3.5 万座，穆斯林达 2100 万，伊玛目、阿訇 4 万余名；天主教现有教徒 530 万，教堂、会所 6000 余座，教区 97 个，主教 60 位，神父 1900 多位，修女 3000 多人；基督教徒约 1600 万人，教牧人员 3.7 万余人，其中牧师、副牧师 3700 名，教堂、聚会点 5.5 万余处。自 1980 年至今，中国基督教会累计印刷发行《圣经》达 5000 万册，共有 22 种版本，已成为世界上年印刷圣经最多的教会。

在中国，各种宗教地位平等，和谐共处，未发生过宗教纷争；信教的与不信教的公民之间也彼此尊重，团结和睦。这既是由于源远流长的中国传统文化中兼容并包、宽容和谐等精神的影响，更是中国政府坚持贯彻执行宗教信仰自由政策，积极引导，进一步保持符合国情的政教关系的结果。中国政府越来越重视发挥宗教的积极作用。近年来，在政府的鼓励和支持下，各宗教在弘扬宗教教义中的积极因素、广泛开展社会公益慈善事业、参与构建和谐社会、积极开展对外友好交往、共建和谐世界等方面进行了大量的探索和实践，作出了积极的贡献。

中国政府制定并实行了以保障信仰自由为原则的宗教政策，既保障公民的信仰自由，也保障公民不信仰的自由，较好地处理了中国的宗教问题。特别是改革开放以来，中国宗教进入恢复性增长时期，并逐步过渡到持续平稳发展时期。进入新世纪，中国政府不断深化对宗教问题的认识，提出了“全面贯彻宗教信仰自由政策，依法管理宗教事务，坚持独立自主自办的原则，积极引导宗教与社会主义社会相适应”的宗教工作基本任务，后被确立为宗教工作基本方针。2004 年国务院颁布并于 2005 年实施的《宗教事务条例》，其宗旨就是通过规范宗教事务管理来更好地保障公民宗教信仰自由，标志着中国对公民宗教信仰自由权利的保护提高到了一个更高的层次。《条例》对宗教团体、宗教活动场所和信教公民的合法权益作了明确规定，同时也对政府有关行政管理部门的行政行为进行了规范，将政府的行政行为限定在法律规定的范围之内，更加有助于保障宗教界的合法权益。《条例》还规定，国家工作人员在宗教事务管理工作中有违法行为的，要承担相应的法律责任；对宗教事务部门的具体行政行为不服的，可以依法申请行政复议；对行政复议不服的，可以依法提起行政诉讼。《条例》颁布后，国家宗教事务局还制定了一系列的部门规章，许多地方也都相应制定了地方性法规和地方政府规章，以落实条例的有关规定，切实保护公民的宗教信仰自由权利。

（二）知情权、参与权、表达权、监督权的法律保障：中国特色的人权内涵

知情权、参与权、表达权、监督权是中国根据国情而加以突出强调的政治权利，这些权利既包括了一般意义上言论、出版、信仰等基本自由的内涵，也涵盖了选举权、平等权、自治权、协商权等传统的政治权利。在此意义上，知情权、参与权、表达权、监督权的提出和保障水平的不断提高不仅突出了当前中国政治发展对于政治权利保障的紧迫要求，也有助于使中国人民的政治权利得到更加广泛的保障，

知情权。知情权的核心是政府采取各种有效措施切实保障公民全面及时了解政府工作情况和有关政务信息的权利。因此，政务公开成为中国各级政府保障公民知情权的一项基本制度和重要举措。近年来，政务公开工作取得了明显成效，法治化进程不断加快。各级政府把社会公众普遍关心、涉及公众权益的问题作为政务公开的重点内容，公开办事制度、办事程序、办事结果，努力增强政府工作透明度。乡镇机构重点公开贯彻落实国家有关农村工作政策，以及财政、财务收支、各类专项资金等情况；县、市政府部门重点公开本地区发展规划、重大项目审批和实施、政府采购、征地拆迁等事项；省级政府重点公开本地区本部门经济建设和社会发展的相关政策和总体规划、财政预决算报告、产权交易等情况。2005 年 3 月，中共中央办公厅、国务院办公厅印发《关于进一步推行政务公开的意见》。2008 年 5 月 1 日，《中华人民共和国政府信息公开条例》正式施行。《条例》将政府信息公开确定为政府的法定义务，按照以公开为原则、以不公开为例外的精神，规定行政机关应当遵循公正、公平、便民的原则，及时、准确、主动地向社会公开涉及公民、法人或者其他组织切身利益的政府信息；同时，应当根据公民、法人和其他组织基于自身生产、生活、科研的特殊需要提出的申请，向申请人提供相关政府信息。条例还明确了对政府机关不依法履行政府信息公开义务的监督方

式和渠道，标志着中国政府迈向信息公开的时代。

参与权。参与权是指公民直接和通过自由选择的代表平等参与国家政治和公共事务的权利。近年来，中国进一步完善选举制度、规范选举程序，逐步扩大公民的选举权，从各个层次、各个领域扩大公民有序的政治参与，中国公民的参与权不断扩大。人民代表大会制度在实践中不断发展，定期进行的县乡两级人大换届选举成为中国人民民主的深刻实践。2005 年，十届全国人大三次会议通过的有关表决议案、选举和决定任命的办法首次明确了按表决器采用“无记名”方式，并明确不论赞成、反对还是弃权都须填写选票，从而在程序上更好地维护了人大代表的选举权利。2007 年，十届全国人大五次会议通过关于十一届全国人大代表名额和选举问题的决定，首次明确规定“在农民工比较集中的省、直辖市，应有农民工代表”，从法律上保障了 1 亿多农民工在最高国家权力机关直接拥有自己的代表，成为中国充分保障人民参与权的一个标志性事件。十七大报告进一步提出，建议实行城乡按相同人口比例选举人大代表，这对于保障占全国人口大多数的农村公民享有平等参与政治的权利具有十分重大的历史意义和现实意义。

中国共产党领导的多党合作和政治协商制度在保障公民参与权方面发挥着越来越大的作用。据统计，目前，中国各级人大代表中有非中共人士 18 万名，各级政协委员中有非中共人士 34 万名；中央国家机关部门、最高人民法院、最高人民检察院领导班子中有非中共领导干部 19 名，全国担任县处级以上领导职务的非中共人士有 3.2 万人。2007 年，无党派人士陈竺、致公党副主席万钢先后被任命为卫生部部长和科技部部长，分别成为改革开放以来首位担任政府部长的无党派人士和民主党派人士。这是中国共产党领导的多党合作制度在国家最高行政机关的一种新的体现，也成为非中共人士政治参与的重要渠道。在政治协商制度下，执政党和政府把政治协商纳入决策程序，完善民主监督机制，提高各民主党派和无党派人士参政议政的实效，尊重各民主党派和无党派人士在政协会议上发表的意见，充分保障他们开展视察、参加调研和检查活动、提出意见、反映社情民意的权利。

公民在基层公共事务中的有序参与权受到法律的保障，基层事务实行公民民主选举、民主决策、民主管理、民主监督，直接行使着管理公共事务和公益事业的民主权利。目前，全国已有 28 个省、自治区、直辖市制订或修订了村委会组织法实施办法，并制定了村委会选举办法。全国城市已建立符合新社区建设要求的近 10 万个居民委员会，民主程度不断提高。2007 年底，全国登记注册的各类社会组织达 38.1 万个，其中社团 20.7 万个、民办非企业单位 17.2 万个、基金会 1369 个。这些社会组织业务范围覆盖工商服务业、农业及农村发展、科学研究、教育卫生、文化体育、生态环境、社会服务、法律、职业组织等十几个领域，涵盖了国民经济、学科建设、职业等各个门类和各个专业，成为公民行使有序政治参与权的重要载体。

表达权。表达权是中国公民对国家政治事务和政府重大决策发表意见和建议的权利，充分保障公民的表达权有助于推进决策科学化、民主化，完善决策信息和治理支持系统，增强决策的透明度。中共十七大报告明确指出，“制定与群众利益密切相关的法律法规和公共政策原则上要公开听取意见。”这充分体现了国家对保障公民表达权的高度重视。

近年来，公民在法律、政策和决策制订中的表达权不断增强。在人大立法过程中，开门立法、民主立法，畅通民意表达渠道越来越成为各级人大立法中的普遍做法。全国人大及其常委会就关系人民切身利益的法律草案向全社会公开征求意见，越来越成为惯例。2005 年 9 月 27 日，全国人大围绕《个人所得税法》个税工薪所得减除费用标准，举行了历史上第一次立法听证会，直接听取公众和有关方面的意见，扩大了公民的表达权，实现了开门立法的重要突破。据统计分析，绝大多数法律从法律草案提交审议到通过，有 1/3 以上条款经审议后被修改或调整，少数法律草案一半以上条款被修改或调整。

与此同时，为了更好地保障公民的表达权，政府的决策过程更加民主。2005 年，国务院作出规定，重大决策建议必须经过专家或研究、咨询、中介机构的评估或法律分析。在制定与群众利益密切相关的公共政策时，原则上要公开听取意见。近年来，一大批学者、专家、企业家等相继受到中共中央和国务院的邀请，对“十二五”发展规划等关系国计民生的大事发表意见。2009 年 4 月和 2012 年 6 月国务院新闻办先后发布的《国家人权行动计划（2009—2010 年）》和《国家人权行动计划（2012—2015 年）》，更在多次邀请中国法律援助基金会、中国妇女发展基金会、中国扶贫基金会、中国残疾人福利基金会等 20 多家代表不同群体的社会组织表达各自的权益诉求的同时，广泛征求不同社会团体、研究机构以及社会各界的意见，使各方面的权利表达和利益诉求得到了充分的反映。统计显示，目前全国 70% 以上的市县政府出台了规范政府决策的专门规定，建立了政府决策听取公众意见制度。

中国公民的表达权还体现为具有中国特色的信访制度。在中国，县级以上监察机关都建立了信访机构，乡镇、街道社区设有专职或兼职信访工作人员。公民可以通过写信、来访、电话、传真、网络、参加有关会议、运用新闻媒介发表意见等多种形式表达诉求。各级政府普遍建立了领导批阅群众来信、定期接待群众来访制度和初信初访工作责任制。中国还正在建设全国信访信息系统，建立健全人民建议征集制度，为民众表达诉求、反映问题、提出意见建议提供制度化的保障。

监督权。中国公民享有的监督权是全面的和多方位的，能够保证权力依法运行。为实现权力之间的监督与制约，中国宪法、监督法、立法法等都对监督权作出了规定。中国对于权力的监督可以分为三个层次，一是各级人大及其常委会对本级人民政府、人民法院和人民检察院进行监督；二是各级人民检察院作为法律监督机关对国家机关及其工作人员的活动是否合法进行监督；三是公民、社会团体等可以对国家机关及其工作人员的行为进行监督。

宪法第二十七规定，一切国家机关和国家工作人员必须依靠人民的支持，经常保持同人民的密切联系，倾听人民的意见和建议，接受人民的监督，努力为人民服务。完善权力制约与监督机制，确保人民权利不受侵犯。2006 年 8 月 27 日，《监督法》历时 20 年获得通过，对全国人大及各级人大常委会对“一府两院”行使监督权作出规范。这部在中国立法史上历时最长的法律使权力机关对行政机关和司法机关的监督和制约步入了法治化轨道，对于促进和确保依法行政和公正司法，防止公权力的滥用和误用，维护公民的人权意义重大。目前，一个决策权、执行权、监督权相互制约又相互协调的权力结构正在逐步完善，执法有保障、有权必有责、用权受监督、违法必追究、侵权须赔偿的运行机制正在形成。

2004 年 3 月，国务院颁布《全面推进依法行政实施纲要》，宣告中国将用十年的时间建成法治政府。近年来，中国的行政立法日趋规范，已有 90% 以上的市级政府和 80% 以上的县级政府建立了规范性文件备案制度，地方“四级政府、三级备案”的制度初步形成。2006 年，31 个省级政府共收到市级政府和省政府部门备案的规范性文件 9071 件，经审查发现问题并予以纠正的 515 件；全国市县级政府共收到备案的规范性文件 50623 件，经审查发现问题并予以纠正的 1070 件。继 1996 年出台严管“乱处罚”的《行政处罚法》之后，2004 年 7 月 1 日《行政许可法》的实施带来一场政府的自我革命。仅仅几年时间，全国 31 个省区市、44 个国务院部门共审核地方性法规、规章、规范性文件 163 万多件，行政审批项目中央一级共取消和调整 1800 多项，省级政府取消和调整 2.2 万多项，均超过原审批项目数的一半以上。2007 年 10 月，国务院又作出决定，取消 186 项行政审批项目。

在各级政府内部，对权力运行的监督也日臻严密。到 2012 年，全国 30 个省级人民政府和 34 个国务院部门厘清“权力清单”向社会公布；23 个省份和国务院执法任务较重的 10 多个部门建立了执法责任量化考核办法，给行政执法戴上“紧箍咒”。70% 的市县政府出台了规范行政决策的专门规定，开始从细节上限制权力。行政复议和对具体行政行为的监督得到强化。近年来，平均每年通过行政复议解决8万多起行政争议，80%得到满意解决。引咎辞职、问责制逐渐得到实施。从2003年“非典”事件、中石油开县天然气井喷事故，到2004年吉林市中百商厦火灾，再到2005年松花江污染事故、2007年的“黑砖窑”事件，一些负有责任的官员被追究了相应的责任。仅2006年，全国就追究执法责任9万多人次。

在当前中国保障公民、政治权利的制度体系中，公民、社会团体是对国家机关及其工作人员进行监督的重要主体。中国宪法规定，中华人民共和国公民对于任何国家机关和国家工作人员，有提出批评和建议的权利；对于任何国家机关和国家工作人员的违法失职行为，有向有关国家机关提出申诉、控告或者检举的权利。社会团体、企业事业组织以及公民认为行政法规、地方性法规、自治条例和单行条例同宪法或者法律相抵触的，可以向全国人大常委会书面提出进行审查的建议，由常委会工作机构进行研究，必要时，送有关的专门委员会进行审查、提出意见。为了保障公民的申诉、控告、检举权，各级各类国家机关都普遍设立了信访机构，人民检察机关和行政监察系统从中央到地方普遍设立了对违法犯罪行为的举报机构。新闻传媒对国家工作人员渎职、滥用职权和侵犯公民合法权益行为的舆论监督大大加强。由于国家机关和国家工作人员侵犯公民权利而受到损失的人，有依照法律规定取得赔偿的权利。

（三）司法过程中的人权保障

完善的司法程序是人权保障法治化的直接体现。中国一直强调审判机关、检察机关依法独立公正行使审判权、检察权，在某种意义上，近年来中国从过去的强调法制化转而强调法治化，内在的理念就是把保障人权的法律精神贯穿于立法、执法和司法各个环节之中，努力实现国家各项工作法治化，使公民各项人权在法治的轨道上得到有效保障。具体说来，司法过程中的人权保障突出体现在如下几个方面：

第一，中国司法充分尊重并注重保障生命权。生命权是最基本的人权，是其他一切人权的基础。中国高度重视对生命权的保障，并采取各种措施确保公民生命权不受侵犯，确保每个人不仅拥有生命，而且在和谐的社会环境下体面地、高质量地享受生活。据统计，中国人口平均预期寿命2008年已经达到73岁，婴儿死亡率降低为15.3‰，人们的幸福指数、生活质量大幅度提高。与此同时，法律严厉惩治侵犯他人生命权的行为。对于故意杀人、过失致人死亡以及爆炸、重大责任事故等故意、过失非法剥夺他人生命的犯罪行为，刑法明确规定为犯罪，予以严厉禁止和惩处。

中国保留死刑，严格控制并慎重适用死刑。死刑是剥夺罪犯生命的最严厉的刑罚。根据中国的具体国情，目前还不能废除死刑。中国的死刑政策是“保留死刑、严格控制并慎重适用死刑”。同时，全面落实“国家尊重和保障人权”的宪法原则，切实保障死刑被告人的诉讼权利以及其他合法权益。坚持依法惩罚犯罪和依法保障人权并重，坚持罪刑法定、罪刑相适应、适用刑法人人平等和审判公开、程序法定等基本原则，对于依法不构成犯罪的被告人，坚决宣告无罪；对于具有法定从轻、减轻情节的，依法从轻或者减轻处罚，一般不判处死刑立即执行。

为尊重并保障死刑罪犯的人权，中国建立并完善了死刑缓期二年执行制度，明确规定了不适用死刑的对象，逐步健全了死刑审判程序特别是死刑核准程序，确保严格控制并慎重适用死刑。死刑缓期二年执行是中国死刑制度的重要组成部分。在死刑案件审判过程中，对于罪行极其严重的罪犯，如果不是必须立即执行的，就判处死刑缓期二年执行。“不是必须立即执行的”，一般是指该罪犯虽然罪行极其严重，罪该判处死刑立即执行，但罪犯具有投案自首或者立功表现的；共同犯罪中有多名主犯，其中的首要分子或者罪行最严重的主犯已经被判处死刑立即执行，其他主犯不具有最严重罪行的；被害人在犯罪发生前或者发生过程中有明显过错的；因婚姻家庭、邻里纠纷等民间矛盾激化引发的案件，案发后真诚悔罪积极赔偿被害人经济损失，民愤尚不是特别大的；等等。实践中，对于具有上述情节的罪犯，一般判处死刑缓期二年执行以下刑罚。对于被判处死刑缓期二年执行的罪犯，在死刑缓期执行期间，如果没有故意犯罪，二年期满以后，减为无期徒刑；如果确有重大立功表现，二年期满以后，减为十五年以上二十年以下有期徒刑；如果故意犯罪，查证属实的，由最高人民法院核准，执行死刑。从实际情况看，死刑缓期二年执行犯罪分子基本上得到了减刑，没有被执行死刑。

中国法律明确规定了不适用死刑的对象。刑法第四十九条规定，犯罪的时候不满十八周岁的人和审判的时候怀孕的妇女，不适用死刑。根据刑法规定，最高人民法院作出了有关司法解释，明确规定，不适用死刑，是指不仅不能被执行死刑，而且不能被判处死刑，包括死刑缓期二年执行。对于审判时怀孕的妇女，即便在审判过程中自然流产，也不能被判处死刑。这种做法，比《公民权利和政治权利国际公约》对妇女权利的保护还要严格——公约仅是规定对孕妇不得执行死刑。

严格死刑案件审判程序是中国法律“严格控制并慎重适用死刑”政策的重要体现。根据刑事诉讼法的规定，死刑案件必须由中级人民法院作为第一审，由高级人民法院作为第二审，并由最高人民法院进行最后复核。刑事诉讼法对于侦查、起诉、审判的每一阶段以及公开审理、回避、辩护、举证、质证、认证、宣判、送达、执行等活动都规定了必须严格遵循的程序规则，为正确审理死刑案件提供严格的法律保障。

最高法院特别注重依法做好死刑复核工作。新中国成立以来相当长时期内，死刑案件都是由最高法院核准的。1983 年 9 月，全国人大常委会根据当时的社会治安状况，修改了人民法院组织法，规定对于严重危害社会治安的犯罪分子判处死刑的案件，最高法院必要时可授权高级法院行使核准权。根据全国人大常委会关于修改人民法院组织法的决定，最高人民法院决定从 2007 年 1 月 1 日起，由最高人民法院统一行使死刑案件核准权。最高人民法院复核死刑案件，由三名以上单数的审判人员组成合议庭。合议庭对一、二审裁判的事实认定、法律适用和诉讼程序进行全面审查。复核坚持重证据、不轻信口供的原则。对证据有疑问的，须对证据进行调查核实，必要时到案发现场调查。死刑案件复核期间，被告人委托的辩护人提出听取意见要求的，合议庭须听取辩护人的意见，并制作笔录附卷。辩护人提出书面意见的，均予附卷。最高人民法院复核死刑案件，对于疑难、复杂的案件，合议庭认为难以作出决定的，依法提请院长决定提交审判委员会讨论决定。在复核死刑案件过程中，最高人民法院依法履行职责，严格执行刑法和刑事诉讼法，切实把好死刑案件的事实关、证据关、程序关、适用法律关，避免因剥夺或者限制犯罪嫌疑人、被告人的合法权利而导致冤错案件的发生。

中国法律还尊重死刑罪犯人格尊严，法院向罪犯送达核准死刑的裁判文书时，应当告知罪犯有权申请会见其近亲属。罪犯提出会见申请并提供具体地址和联系方式的，人民法院应当准许；原审人民法院应当通知罪犯的近亲属。罪犯近亲属提出会见申请的，人民法院应当准许，并及时安排会见。执行死刑应当公布，禁止游街示众或者其他有辱死刑罪犯人格的行为，禁止侮辱死刑罪犯的尸体。执行死刑一般采取枪决和注射两种方式。经过试点，最高人民法院目前正在全国范围内大力推广采用注射方式执行死刑。

第二，切实保障公民在司法过程中的人身权。人身权是每个人享有的人身自由和安全的权利，按照有关国际公约制订的标准，它主要指任何人不得加以任意逮捕和拘禁，除非依照法律所规定的根据和程序，任何人不得被剥夺自由。

防止刑讯逼供是司法过程中保障人身权利的重要内容。刑讯逼供是指司法工作人员对犯罪嫌疑人、被告人使用肉刑或者变相肉刑，逼取口供的行为，严重侵害犯罪嫌疑人、被告人的人格尊严和人身自由，严重损害司法权威和司法形象。中国政府从保障犯罪嫌疑人、被告人人权的角度，切实采取措施，严厉禁止和依法惩治刑讯逼供行为。刑法第二百四十七条规定，司法工作人员对犯罪嫌疑人、被告人实行刑讯逼供或者使用暴力逼取证人证言的，构成刑讯逼供罪，处三年以下有期徒刑或者拘役。致人伤残、死亡的，依照本法第二百三十四条、第二百三十二条的规定，分别以故意伤害罪、故意杀人罪定罪从重处罚。不仅如此，法律还从程序方面规定了如何依法取证和禁止刑讯逼供。刑事诉讼法第 43 条规定："审判人员、检察人员、侦查人员必须依照法定程序，收集能够证实犯罪嫌疑人、被告人有罪或者无罪、犯罪情节轻重的各种证据。严禁刑讯逼供和以威胁、引诱、欺骗以及其他非法方法收集证据。"

2006 年 7 月 26 日，最高人民检察院公布了《关于渎职侵权犯罪案件立案标准的规定》，首次以司法解释的形式对以殴打、捆绑、违法使用械具等恶劣手段逼取口供的刑讯逼供案等八种立案情形予以详细规定。同时，最高人民法院《关于执行〈中华人民共和国刑事诉讼法〉若干问题的解释》第六十一条规定："严禁以非法的方法收集证据。凡经查证确实属于采用刑讯逼供或者威胁、引诱、欺骗等方法取得的证人证言、被害人陈述、被告人供述，不能作为定案的根据。"

为了有效遏制刑讯逼供的发生，切实保障犯罪嫌疑人、被告人的权利，同时也为了规范侦查讯问行为，最高人民检察院制定了《人民检察院讯问职务犯罪嫌疑人实行全程同步录音录像的规定（试行）》，要求全国检察机关自 2006 年 3 月 1 日起逐步实施讯问职务犯罪嫌疑人全程录音录像，在侦查、审查逮捕和审查起诉三个阶段，每次讯问犯罪嫌疑人的全过程均实施不间断的全程同步录音、录像。针对容易导致刑讯逼供案件发生的问题，高检院先后下发了《关于在办理审查逮捕案件中加强讯问犯罪嫌疑人工作的意见》、《人民检察院办理审查逮捕案件质量标准（试行）》和《关于加强诉讼监督，防止重大刑事错案的若干意见》等规定，明确规定审查提请批准逮捕的案件，认为证据存有疑问的，可以复核有关证据，讯问犯罪嫌疑人，询问证人。必要时，可以派人参加侦查机关对重大案件的讨论。对于犯罪嫌疑人是否构成犯罪、是否需要予以逮捕等关键问题有疑点的，案情重大复杂疑难的，犯罪嫌疑人系未成年人的，侦查活动可能存在刑讯逼供、暴力取证等违法行为的，以及犯罪嫌疑人要求讯问的，审查时应当讯问犯罪嫌疑人。讯问犯罪嫌疑人时，应当依法告知其享有的诉讼权利，认真听取其供述、辩解，及时发现和纠正刑讯逼供等违法行为，确保侦查活动依法进行。

针对非法拘禁、错误羁押、超期羁押等严重侵犯人身权的问题，中国先后建立了各种执法制度，采取了一系列有效措施，在不断加大惩治力度的同时，有效预防了此类问题的发生。公安机关在执法过程中，严格依照相关法律法规，认真履行保护公民人身自由权利的各项职责，禁止非法限制人身自由。在办理刑事案件中，严格按照《刑事诉讼法》规定的条件和程序采取限制人身自由的强制措施，认真履行对案件当事人权利义务的告知制度，为律师参与刑事诉讼创造条件，防止非法拘留、超期羁押等侵犯人身自由权的行为发生。在办理治安案件时，严格执行《治安管理处罚法》关于传唤、讯问、取证、裁决和执行等的规定，依法保障公民的人身自由权。

为建立纠防超期羁押的长效机制，公安部与最高人民法院、最高人民检察院联合制定了《关于严格执行刑事诉讼法切实纠防超期羁押的通知》，公安部出台了《公安机关适用刑事羁押期限规定》，进一步严密执法程序，规范公安机关适用刑事羁押期限工作，维护犯罪嫌疑人的合法权益。各级公安机关建立了执法责任制、执法质量考核评议制、错案追究制、领导责任追究和引咎辞职制等公安执法制度，各地看守所建立了换押制度、案件到期催办制度、羁押期限届满告知制度、超期羁押情况报告和通报制度等，积极预防非法拘禁和超期羁押现象的发生。

为充分保障案件当事人的陈述权和申辩权，公安机关建立了听证制度。《公安机关办理行政案件程序规定》和《公安机关行政许可工作规定》中均明确规定了案件当事人的听证权，并规定了详细的听证程序。公安机关根据《治安管理处罚法》和《公安机关办理行政案件程序规定》的有关规定，建立了治安调解制度，明确了治安调解的原则、适用范围和程序。公安机关在查明事实、收集证据的基础上，遵循合法、公正、自愿、及时的原则，通过教育和疏导，化解违反治安管理行为人、被侵害人之间的矛盾，保护被侵害人的合法权益，为违反治安管理行为人提供改过自新机会。公安机关还制定了《公安机关办理行政复议案件程序规定》，建立了公安行政复议应诉制度；地方公安机关结合本地实际，制定了一批行政复议应诉工作制度，有效地保护了当事人的合法权益，促进了执法质量和执法水平的提高。

第三，不断加强对被羁押者的权利保障。充分保障被羁押者的权利是一个国家人权状况的重要标志之一，是当今国际社会关注的热点问题。中国监狱高度重视依法保障罪犯的权利，从监狱立法到监狱日常管理和执法工作，始终高度重视罪犯人权保障工作，并努力在监狱日常管理和执法工作中切实采取有效的措施，大力保障罪犯人权，维护罪犯这一特殊群体的正当权益。

保障罪犯的人身安全和人格尊严，禁止酷刑是中国政府的一贯立场。1986 年 12 月 12 日中国代表签署了《禁止酷刑和其他残忍、不人道或有辱人格的待遇或处罚公约》，1988 年 9 月 5 日第七届全国人民代表大会常务委员会第三次会议正式批准。中国《宪法》、《刑法》、《人民警察法》、《监狱法》等法律的有关规定，与该公约的规定精神是一致的。《宪法》第三十八条规定："中华人民共和国公民的人格尊严不受侵犯。禁止用任何方法对公民进行侮辱、诽谤和诬告陷害。"1997年修订实施的《刑法》第二百四十八条规定："监狱、拘留所、看守所等监管机构的监管人员对被监管人进行殴打或虐待，情节严重的，处三年以下有期徒刑或者拘役；情节特别严重的，处三年以上十年以下有期徒刑。致人伤残、死亡的，依照本法第二百三十四条、第二百三十二条的规定定罪从重处罚。《监狱法》第七条和第十四条第三款、第五款对此也有明确规定，确保了罪犯人身不受刑讯逼供、体罚、虐待的权利得以行使。因此，从根本上杜绝了监狱内酷刑的存在。

保证被羁押者申诉、控告、检举权利的行使。监狱法赋予了被羁押者申诉、控告、检举的权利，被羁押者如果认为法院判决不公或者在监狱服刑时受到了不公正待遇等，可以向司法机关或者监狱的上级机关写信申诉、控告或者检举。对被羁押者的申诉、控告、检举材料，监狱应当及时转递，不得扣押。监狱在执行刑罚过程中，根据被羁押者的申诉，认为判决可能有错误的，应当提请人民检察院或者人民法院处理。

对被羁押者物质生活、精神生活的保障。《监狱法》第五十三条规定："罪犯居住的监房应当坚固、通风、透光、清洁、保暖。"监狱里的被羁押者人均建筑设施使用面积在5平方米以上，人均居住面积不低于3平方米，监房也做到坚固、通风、透光、清洁，有必要的防暑防寒设备。监狱还设有图书室、教学楼、篮球场、操场、礼堂等供被羁押者学习、娱乐的文体活动场所。中国《监狱法》第四十八条规定：罪犯在监狱服刑期间，按照规定，可以会见亲属、监护人。根据法律和监狱管理的相关规定，监狱可定期安排被羁押者与其亲属会见。由于血统和情感上的特殊关系，被羁押者、特别是未成年被羁押者对家庭的依赖感比较强，为保证被羁押者合法的社会交往，体现对被羁押者的权利保障，监狱实行表现较好的被羁押者与配偶及直系亲属同餐制度及被羁押者离监探亲制度等。

为保障女犯等特殊群体的权利，中国监狱根据女犯的生理、心理特点实施有针对性的特殊管理。监狱在执行刑罚和对罪犯实施管理中首先坚持男女平等的原则，不得歧视和虐待女犯。《监狱法》规定：女犯由女性人民警察直接管理。服刑人员的人格不受侮辱，其人身安全、合法财产和辩护、申诉、控告、检举权以及其他未被依法剥夺或者限制的权利不受侵害。在劳动、学习方面，监狱照顾女犯的生理特点，女犯从事轻体力劳动。日常除进行法制、道德、政策、形势、前途等内容的思想教育及各类文化教育、函授刊授教育外，重视女犯回归社会后的生存就业能力，根据女犯心理、生理特点，开办了缝纫和毛衣编织等技能培训，通过考试、考核，获得不同工种的职业技能资格证书。在生活上，女犯享有国家统一规定的法定假日及传统节日。假日期间，女犯和其他服刑人员一样可以收看电视、录像，参加乒乓球、羽毛球、棋类等文体活动。监狱还组织女犯演出各类文艺节目，开展各类体育运动及知识竞赛，活跃服刑人员的娱乐生活。对未成年犯、老弱病残犯、少数民族犯、外籍犯，在充分考虑到他们的生理、心理、体力和生活习惯等方面特点的前提下，都有一些不同于其他犯人的特别或特殊的待遇，如未成年犯实行半天习艺性劳动、半天学习文化的规定。

深化狱务公开是监狱保障被羁押者权利的重要措施。2001 年，司法部制定下发《关于在监狱系统推行狱务公开的实施意见》。根据该《实施意见》，被羁押者计分考核，奖励、处罚的条件和审批程序，减刑、假释的条件和程序等内容都应当公开。监狱通过设立举报电话、设置监狱长信箱、建立监狱长接待日、聘请执法监督员四种形式，接受被羁押者、被羁押者家属及社会各界的监督。同时，自觉接受检察机关的监督，并不断加强内部监督，形成了“有权必有责、用权受监督、违法受追究”的有效工作机制。1999 年司法部制定的《监狱劳教人民警察执法过错责任追究办法（试行）》、2000 年司法部会同人事部制定的《司法行政机关人民警察辞退暂行办法》等规范性文件，明确规定了监狱警察侵犯被羁押者合法权益的制裁措施。2006 年，司法部又颁布实施了《监狱人民警察六条禁令》，明确规定严禁殴打、体罚或者指使他人殴打、体罚服刑人员，并对违反规定者规定了严厉的处罚措施。

第四，公民在司法过程中享有获得公开、公平审判的权利。审判公开是中国宪法规定的一项基本原则。审判公开，是指人民法院审理案件和宣告判决应当向社会公开，允许公民旁听，允许新闻记者采访报道。《宪法》第 125 条规定：“人民法院审理案件，除法律规定的特别情况外，一律公开进行。”刑事诉讼法、民事诉讼法、行政诉讼法重申了上述宪法的要求并明确了审判公开的例外情形、确立了一系列保障性制度。

审判信息依法、及时、全面公开。《刑事诉讼法》第 151 条和最高人民法院《关于执行〈中华人民共和国刑事诉讼法〉若干问题的解释》第 119 条均规定，人民法院决定开庭审判后，应当将人民检察院的起诉书副本至迟在开庭 10 日以前送达被告人；传唤当事人，通知辩护人、诉讼代理人、证人、鉴定人和翻译人员，传票和通知书至迟在开庭 3 日以前送达。同时，为确保审判向社会公开，保障公众旁听案件的权利，对于公开审判的案件，人民法院应当在开庭 3 日以前先期公布案由、被告人姓名、开庭时间和地点。

审理过程公开。人民法院审理案件，严格执行刑事诉讼法、民事诉讼法、行政诉讼法及相关司法解释关于公开审理的规定，应当公开审理的，必须公开审理。被告人被判处死刑的刑事二审案件一律开庭审理；一般刑事二审案件，逐步实现开庭审理。公开审理时，必须公开举证、质证、辩论、认证，公开宣判；不公开审理时，必须宣布不公开审理的理由。应当依法公开审理的案件没有公开审理的，应当按下列规定处理："（一）当事人提起上诉或者人民检察院对刑事案件的判决、裁定提起抗诉的，第二审人民法院应当裁定撤销原判决，发回重审；（二）当事人申请再审的，人民法院可以决定再审；人民检察院按照审判监督程序提起抗诉的，人民法院应当决定再审。上述发回重审或者决定再审的案件应当依法公开审理。"公开审理时，公民可以旁听，但精神病人、醉酒的人和未经人民法院批准的未成年人除外。外国人和无国籍人持有效证件要求旁听的，参照中国公民旁听的规定办理。依法公开审理案件，有利于人民群众对审判工作进行监督，促进法院严格执法，正确运用法律处理案件；有利于对广大群众进行法制宣传，增强法律意识。

裁判公开。《刑事诉讼法》第 163 条规定："宣告判决，一律公开进行。"最高人民法院 2007 年 6 月 4 日发布的《关于加强人民法院审判公开工作的若干意见》要求："人民法院审理案件，能够当庭宣判的，应当当庭宣判。定期宣判、委托宣判的，应当在裁判文书签发或者收到委托函后及时进行，宣判前应当通知当事人和其他诉讼参与人。宣判时允许旁听，宣判后应当立即送达法律文书。"该意见还要求各高级人民法院制定通过出版物、局域网、互联网等方式公布生效裁判文书的具体办法，加大生效裁判文书公开的力度。此外，该意见还要求，有条件的人民法院对于庭审活动和相关重要审判活动可以录音、录像，建立审判工作的声像档案，当事人可以按规定查阅和复制。

向公众和媒体公开。最高人民法院 2007 年 6 月 4 日发布的《关于加强人民法院审判公开工作的若干意见》规定，依法公开审理的案件，中国公民可以持有效证件旁听。经高级人民法院批准，电视、互联网等媒体可以对人民法院公开审理的案件进行直播、转播。

切实保障人民陪审员依法参加审判的权利。人民法院审理社会影响较大的刑事、民事、行政案件，以及刑事案件被告人、民事案件原告或者被告、行政案件原告申请由人民陪审员参加的一审案件，由人民陪审员和法官组成合议庭进行。依法参加审判活动是人民陪审员的权利和义务。人民陪审员依法参加审判活动，受法律保护，除不得担任审判长以外，享有与法官同样的权利义务。人民法院应当依法保障人民陪审员参加审判活动。人民陪审员参加合议庭审判案件，对事实认定、法律适用独立行使表决权。合议庭评议案件时，实行少数服从多数的原则。人民陪审员同合议庭其他组成人员意见分歧的，应当将其意见写入笔录，必要时，人民陪审员可以要求合议庭将案件提请院长决定是否提交审判委员会讨论决定。

第五，公民享有获得司法救助的权利。司法救助包括公民因财产缺乏可能导致平等行使诉权机会的丧失而得到救助和被害人因受犯罪侵害而得到国家的财产救助。中国宪法规定，中华人民共和国公民在法律面前一律平等，要保障公民在法律面前一律平等，必须首先确保公民接近司法、利用司法机关解决纠纷，确定权利义务归属的机会均等，这种机会上的均等不因个人财富的多少而受到影响。为保障公民接近司法、利用司法的机会均等，消除贫困公民行使诉权的障碍，中国从本国国情出发，不断改革诉讼费用的缴纳收取制度，降低收取标准，增加免、减、缓交诉讼费用的范围和数额，努力保障公民裁判请求权的平等实现。

1994 年以来，中国政府提出探索建立有中国特色的法律援助制度。2003 年 9 月，国务院颁布施行《法律援助条例》，明确规定法律援助是政府的责任，公民在依法请求国家赔偿，请求给予社会保险待遇或者最低生活保障待遇，请求发给抚恤金、救济金，请求给付赡养费、抚养费、扶养费，请求支付劳动报酬、主张因见义勇为行为产生的民事权益和刑事案件方面，因经济困难无力支付律师费用或者经人民法院指定，可以获得免费的法律援助。2005 年 4 月，最高人民法院出台了《关于对经济确有困难的当事人提供司法救助的规定》。2007 年 4 月 1 日，国务院制定的《诉讼费用交纳办法》施行，该办法对原来的一些规定进行了较大改革和修订：扩大增加了免、减、缓交诉讼费用的范围和数额；调低了财产案件收费比例的起点；进一步简化了免、减、缓交诉讼费用的程序。

法院建立了刑事被害人国家救助制度，对因犯罪行为导致生活确有困难的被害人及其亲属提供适当的经济资助，努力使刑事被害人的损失降低到最低程度。被害人救助是指对受到犯罪侵害的被害人或其近亲属，在未能获得犯罪分子的赔偿及其他方面的补偿时，由有关方面给予适当经济补助，帮助其解决暂时生活、医疗困难的一种措施，是一种抚慰性、救济性的体现司法人文关怀的经济资助。2007 年 9 月 13 日，最高人民法院下发了《关于进一步加强刑事审判工作的决定》，要求积极开展刑事被害人国家救助，对因犯罪行为导致生活确有困难的被害人及其亲属提供适当的经济资助，努力使被害人的损失减少到最低限度。

第六，公民享有获得国家赔偿的权利。公民、组织的合法权益受到国家机关和国家机关工作人员违法行使的职权行为的侵犯并造成损害时，公民和组织能否获得国家的赔偿及赔偿的程度，是一个国家人权保障程度的重要体现。保障公民和组织依法获得赔偿的权利，在中国已成为宪法规定。宪法第四十一条第三款规定：“由于国家机关和国家工作人员侵犯公民权利而受到损失的人，有依照法律规定取得赔偿的权利。”为使该项权利具有现实操作性，第八届全国人民代表大会常务委员会第七次会议于 1994 年 5 月 12 日讨论通过了《中华人民共和国国家赔偿法》，1995 年 1 月 1 日起施行。该法从发展中国家的国情出发，对赔偿请求人、赔偿的种类和范围、赔偿义务机关、赔偿程序、赔偿的方式和计算标准等问题进行了明确规定。

在中国，受害的公民、法人和其他组织有权要求赔偿；受害的公民死亡，其继承人和其他有扶养关系的亲属有权要求赔偿；受害的法人或者其他组织终止，承受其权利的法人或者其他组织有权要求赔偿。国家赔偿按照有关国家机关和人员违法行使职权的性质分为行政赔偿和刑事赔偿。行政赔偿和刑事赔偿均包括人身权赔偿和财产权赔偿。行政赔偿中请求人身权赔偿的事由包括：（1）违法拘留或者违法采取限制公民人身自由的行政强制措施的；（2）非法拘禁或者以其他方法非法剥夺公民人身自由的；（3）以殴打等暴力行为或者唆使他人以殴打等暴力行为造成公民身体伤害或者死亡的；（4）违法使用武器、警械造成公民身体伤害或者死亡的；（5）造成公民身体伤害或者死亡的其他违法行为。行政赔偿中请求财产权赔偿的事由包括：（1）违法实施罚款、吊销许可证和执照、责令停产停业、没收财物等行政处罚的；（2）违法对财产采取查封、扣押、冻结等行政强制措施的；（3）违反国家规定征收财物、摊派费用的；（4）造成财产损害的其他违法行为。

刑事赔偿中请求人身权赔偿的事由有：（1）对没有犯罪事实或者没有事实证明有犯罪重大嫌疑的人错误拘留的；（2）对没有犯罪事实的人错误逮捕的；（3）依照审判监督程序再审改判无罪，原判刑罚已经执行的；（4）刑讯逼供或者以殴打等暴力行为或者唆使他人以殴打等暴力行为造成公民身体伤害或者死亡的；（5）违法使用武器、警械造成公民身体伤害或者死亡的。刑事赔偿中请求财产权赔偿的事由有：（1）违法对财产采取查封、扣押、冻结、追缴等措施的；（2）依照审判监督程序再审改判无罪，原判罚金、没收财产已经执行的。

为保障赔偿权利的实现，中级以上人民法院（包括中级人民法院）都设有赔偿委员会，赔偿委员会由人民法院三至七名审判员组成。在行政赔偿中，当赔偿义务机关收到赔偿请求人的赔偿申请两个月后不依法给予赔偿的，赔偿请求人可以自期间届满之日起三个月内向人民法院提起诉讼。在刑事赔偿中，赔偿义务机关在收到赔偿申请之日起两个月内不依法赔偿的，赔偿请求人可以自期间届满之日起三十日内向其上一级机关申请复议。复议机关应当自收到申请之日起两个月内作出决定。赔偿请求人不服复议决定的，可以在收到复议决定之日起三十日内向复议机关所在地的同级人民法院赔偿委员会申请作出赔偿决定；复议机关逾期不作决定的，赔偿请求人可以自期间届满之日起三十日内向复议机关所在地的同级人民法院赔偿委员会申请作出赔偿决定。

司法过程中的人权保障是中国建设法治国家的重要方面。在中国的法治传统中，一般比较重视立法而相对忽视司法，而事实上，具体的人权案件中司法的保障功能往往更加直接有效。司法过程中审判机关、检察机关能否依法独立公正地行使审判权和检察权，关系到国家尊重和保障人权的宪法承诺能否得到切实的体现。正是基于对司法人权保障的高度重视，中共十八届三中全会第一次把“完善人权司法保障制度”作为正式文件的第九章第 34 节加以突出表述，这标志着中国人权道路的法治精神将得到更好的彰显。

第六章　嵌入式人权保障体制：中国人权道路的组织方式和运行机制

如果说对于人权的制度和法律保障主要是一个国家在人权保障问题上基本立场的体现和规范的话，人权保障要在国家政治实践中得到切实的贯彻和落实，则还需要国家作出相应的体制和机制安排。在中国，中国共产党的执政地位决定了它在人权保障的体制机制中的领导核心地位。随着中共执政理念的变化，中国的人权保障也经历了一个由包揽型向嵌入型体制转变的过程，在这一过程中，人权保障的体制机制逐步走向成熟和完善。

一、中国共产党在人权保障体制中的领导地位

中国共产党是中国宪法规定的唯一执政党，不仅是现行国家制度的设计者和维护者，也是国家建设和国家成长的领导者和推动者。在此意义上，关于当代中国一切人权保障问题的讨论离开中国共产党都是没有意义的，一切人权问题的解决最终也取决于中国共产党的选择和决定。在认识中国人权保障的体制机制时，这当然也是基本的出发点和落脚点。

中国共产党领导地位的确立不是任何人为因素强加的结果，而是中国人民的历史选择。换言之，不是中国共产党自己选择了在中国执政，而是中国必然选择中国共产党在中国执政。这一前提性的判断包含几点重要的内涵：首先，中国共产党在中国的执政地位具有现实的合理性，是近代以来中国发展的要求；其次，中国共产党的执政地位是历史选择的结果，具有历史的必然性；再次，中国共产党的执政地位得到大多数中国人民的支持，这一地位的确立虽然不像一些国家那样通过有竞争的选择来体现合法性，但一个曾经的体制外的弱小政党能够在短短 28 年的时间里历经多次残酷的战争最终获

得执政地位，这当然是大多数民众支持的结果；最后，中国共产党是在中国这一拥有5000年文明和世界上四分之一人口的特定土壤上进行执政的，这决定了它的执政理念和执政方式从一开始就注定是具有特殊性的，必须适应国家建设和国家成长的需要。与中国共产党执政这一最实质性的国家制度相适应，中国的人权道路必然呈现出相应的制度特征和实践特性，中国的人权发展必须也只能在中国共产党的领导下，在制度化和法治化的轨道有序地渐进式推进。

新中国成立后，中国共产党为维护和促进人民的政治、经济、社会和文化等各方面权利，从制度、立法、政策和物质保障等方面作出了长期的努力，取得了历史性的成就。在中国共产党领导下，占世界人口五分之一的中国人民获得了生活权利的基本保障，尊重和保障人权成为重要的宪法原则；不仅通过实行民主制度使人民享有当家作主的政治权利，也使民众的经济、社会和文化权利得到了根本保障；妇女、儿童、残疾人、老年人和少数民族的权利也受到执政党的高度重视，保障水平不断提高。尽管在实践过程中也走过一段弯路，出现过一些失误，但这些都抹杀不了中国共产党在促进人权方面的巨大成就。

改革开放以来，中国共产党开始了寻找一条与中国国情相适应的人权发展道路的新探索，将人权的普遍性原则同中国的具体国情相结合，将生存权、发展权放在首位，在改革、发展、稳定的相互促进中全面推进人权，依法保证全体社会成员平等参与、平等发展的权利，促进公民、政治权利与经济、社会、文化权利以及个人权利与集体权利的协调发展。中国的人权状况从此进入了一个有史以来最好的时期，人权发展已成为国家建设和社会发展的一个重要主题。中国已成功地探索出了一条中国共产党领导、中央和各级地方政府贯彻实施、全社会力量共同参与、自上而下与自下而上相结合的人权发展道路，中国的人权建设正在进入一个党和国家高度重视、全社会齐心协力、人民权利充分保障的新阶段，人权保障的实践不断深化，人权理论不断创新。这一切，赢得了国际社会中所有不持偏见的国家和人民的高度评价与普遍赞誉。将近一个世纪的实践经验充分证明，中国共产党始终是中国人权事业的坚强领导核心，中国的人权建设只有在中国共产党的领导下才能始终保持正确的方向和发展道路。特别是在今天的中国，中国共产党是唯一的执政党，这决定了中国的人权发展从根本上取决于执政党的自觉意识，执政党既是人权建设的倡导者和推动者，又是实践者。只要执政党从长期执政的高度树立人权保障意识，人们就有理由相信中国的人权发展能够不断取得新的成就。

从本质上说，政党是以追求和获得国家政权为最高目标的政治组织，但政党在获得政权后治理国家政治和人权事务方面的方式与路径则没有广泛的共识。不同的国家大多根据自己的制度规范来界定执政党在保障人权方面的权力边界和实施方式，美国等一些国家的执政党几乎不直接行使执政权力，总统更多地是以个人身份而非执政党代言人身份行使权力，因而执政党几乎不承担任何保障人权的职责；欧洲大多数国家更加注重通过控制议会来体现执政地位，在人权保障方面有着比美国更加积极的态度；前苏联等社会主义国家则一般由执政党直接行使国家最高权力，党的首要负责人同时也是国家最高行政首脑，人权保障事务也就实际上涵盖在党的日常事务之中。在中国，中国共产党自从确立执政地位以来，保障人权的理念和实施路径大致经历了一个从以一元化为特征的包揽型政党治理到以党政分工为特征的党领导下的嵌入型人权保障的转变过程。

二、人权保障体制中的政府职责

在人权保障实际的政治过程中，中国共产党在人权保障体制中的领导地位通常是通过党与政府之间的互动体现出来的，党与政府之间关系的状态对国家的人权建设和发展起着根本性的制约作用，从而也从根本上决定着保障人权的体制、方式和路径。在一元化领导时期，党对国家的直接治理方式决定了整个中国呈现出高度的政治化色彩，党的政治性本质决定人权建设从根本上是服从于政治需要，甚至经济建设本身不能成为党的核心目标，这从当时普及最为广泛的“备战备荒”这句政治口号中可以看出。除了备荒这一最基本的生存权需要外，备战（亦即曾经被认为迟早会发生并且最终一定会发生的对外战争）是国家发展的目标导向，而基于这一核心需要，经济建设需要建立高度的计划体制、以利于集中调度使用就是合乎逻辑的选择。至于当今含义上的人权建设更是一个没有意义的话题，国家通过大规模政治动员的方式组织成为单一的结构形态，所有人都高度服从于革命的目标而非保障人权目标。

改革开放以后，经济发展的紧迫要求促使执政党确立起新的以经济建设为中心的国家方针。这一战略目标的转换不仅促使执政党放弃了战争思维，作出了和平与发展是世界的主题的新判断，也渐进性地导致了计划经济体制的解体和市场经济体制的形成。而在这一过程中，党逐步意识到以政治性存在为核心价值的政党不再能够适应经济建设面临的新的复杂问题，这一任务必须赋予政府这一专门负责发展的机构来推动实现。这是党政关系变革的内在必然性，在这一过程中，保障人权的直接责任也就逐步转移到了广义的政府身上。

改革开放以来，中国共产党在国家中的领导地位逐步由包揽一切事务的一元化方式转变为对国家治理的政治领导、思想领导和组织领导。具体体现在人权保障方面，政治领导主要是指党负责制订人权建设和人权发展的基本方针和重大决策，规定政府保障人权行为的宗旨和原则，对人权发展的方向作出长期的战略性规划；思想领导指党对政府机构和成员开展保障人权的教育宣传工作，确定政府"以人为本"的核心价值和工作理念，提高政府官员的思想觉悟和道德水平；组织领导则是党委政府选拔和任用重要干部，实现对人权更加充分有效的保障。近年来，中国共产党在保障人权方面的领导地位可以概括为"总揽全局、协调各方"。"总揽全局"指的是党在政治体系中处于核心，统一部署人大、政府、政协、基层组织在保障人权体系中承担的职责和功能；"协调各方"则指党对人权发展中涉及的各种复杂政治关系发挥协调功能。在当前中国，尽管理论上各主体都是以同一个保障人权目标为核心理念的，但在实际运作中仍然可能出现相互之间的矛盾乃至冲突现象，这就需要一个最高权力来进行协调和规范，这一力量就是中国共产党。

经过30多年的渐进式变革，中国已基本理清了党领导国家推进人权保障的内在逻辑。在当前的现实运作中，党在国家人权体制中的领导地位体现为：

首先，界定人权保障的核心价值。中国共产党是以马克思主义为信仰的政党，这一信仰在革命党时期是凝聚内部力量、建构政治目标的精神支柱，到了执政党时期，则经过去除原教旨主义、着力推进马克思主义中国化后逐步转化为党的核心价值，成为党从根本上规范政府的执政理念，保证政府在科学、民主、依法的轨道上行使自己的行政权力，按照公平、公正、公开的原则为民众提供公共服务，在管理经济社会事务中切实体现党提出的"以人为本"的执政宗旨，全方位保证人权得到切实尊重和保障。

其次，以制度化的方式将政府保障人权的行为纳入党领导的人权保障体系，促使行政权力的行使和运行切实体现对人权的尊重和保障。政府是中国共产党行使执政权力的重要机构，但党的执政不是仅仅通过领导政府来体现的。在主体层面上，党通过各种不同的机构来行使不同的权力，并将它们整合为一个有机的执政体系，政府在这个体系中仅仅是一个重要的组成部分，一切的政府行为都必须服从执政党的执政要求，政府权力的大小、边界、构成要素和行使方式也由执政党根据执政的需求加以配置，并且与其他权力的运行相互关联和适应。党与政府之间的这种权力授予与权力行使关系，有助于确保执政党保障人权的意志在政府行为中得到切实的贯彻。

第三，界定政府保障人权的职责范畴，限制政府行政权力边界，防止政府机构和人员侵犯人权。改革开放以来，随着政府在国家建设和国家发展中作用的不断增强，政府的职责范畴日益扩大，为经济发展和社会稳定发挥了强有力的规划、保障和推动作用，但随之，政府因行政立法、行政审批、行政执法等需要而必然呈现出权力膨胀的趋势。尤其是在地方政府层面，以GDP为核心的政绩考核制度促使政府为地方经济发展而不断拓展权力，而且，这些权力扩张还因地方党委同样存在的政绩冲动而受到支持。为切实防止政府权力失控，忽视自己承担的人权保障职责，党不断采取各种措施加以防范，对政府的职责范畴的界定日益清晰，从而使政府行为始终能够受到比较有效的限制，保障人权的职责得到有效的履行。

第四，决定政府运行中与保障人权相关的重大决策。重大决策的党组织集体决策制度是党领导政府的又一主要方式。尽管改革开放以来中国逐渐实行了党委领导下的行政首长负责制，但行政首长实际上并没有被赋予实质性的决策权，任何涉及重要人事任免、重大工程项目、重要决定事项以及大额资金使用等行政事务中的重要问题都必须经过党组织的集体讨论并以民主表决的方式作出决定。而且，层级越高的政府机构党委或党组的决策权力越大，尤其是在中央、省（市、自治区）、市（地区）、县四个主要的政府中，重大决策的实际决策者是该层级的党的委员会，党的委员会主要负责人如省委书记、市委书记才是最高决策者，省长、市长、县长在很大程度上只不过是决策的执行者和实施者而已。这就确保了党的人权保障重大决策能够在政府运行中得到贯彻和落实。

第五，以机制化的方式制约和监督政府。如果说党在上述几个与人权保障相关方面的领导地位主要是通过党组织嵌入政府体制内部来实现的话，党对政府的领导还可以通过相对外部性的制约和监督方式来加以实现。这样的方式既包括赋予人大广泛的监督权，人大有权监督宪法的实施、听取和审查国务院工作报告、对国务院及其部委提出质询；也包括赋予政协民主监督权、赋予媒体舆论监督权、审计机构的审计监督等；最为重要的是党的纪检监察机构对政府及其主要官员的监督，各级纪检监察机构有权通过提醒、诫勉谈话、“双规”等方式查处任何政府官员的不当行为，保证政府机构按照法定权限和程序行使权力，履行自己的人权保障职责。

无论从党政关系的变革还是现实的运作看，党对人权体制的领导投射到党政关系上都始终外化着一个显著的特点，这就是自上而下的领导方式。从历史渊源看，党的组织机制是革命时期形成的，由民主革命这一目标决定，采取了高度集中的自上而下的组织方式；新中国成立后，一度长期延续的革命党思维定式决定了这一领导方式不仅得以延续，而且内化于整个国家制度的设计理念，导致党政关系以及政府自身体制呈现典型的自上而下特征。这一特征一方面确保了国家的高度统一和快速发展，但同时也在一定程度上模糊了党政之间的权力边界，为今后的进一步调整和变革留下了制度空间，也为中国人权的进一步发展酝酿着新的动力。

政府在一个国家人权保障体系中的地位和功能一直以来是一个有着争议的问题。在西方的人权理念下，自人民把自己的部分“天赋人权”以社会契约的方式委托给政府行使的第一天起，他们就不得不随时像提防小偷一样防止政府侵犯自己的权利。而在中国，人民与政府的非对立关系决定了中国的情况与西方显然完全不同。尽管民众对一些政府机构及其部分政府官员也有着权利侵犯方面的抱怨，但无论是政府还是民众，没有人认为政府在保障人权方面可以置身事外，这在政治文化上体现了中国政府和民众对传统的家长式人权保障的内心留恋和矛盾心态。家长制在近代民主革命后成为落后制度的代名词，但这是放在封建专制的语境中加以判断的。在中性的话语层面上，家长是客观的存在，显然没有好坏之分，存在价值判断的是作为一种制度存在时。即便如此，仍然需要放在特定的历史条件下加以考察，这或许是一种基于现实的对人权保障的功能主义期待。

三、功能嵌入：中国人权保障体制的主体构成

中国的人权保障体制是一个很少被涉及的问题领域。在一些人看来，尊重和保障人权在中国是一个宪法原则，由于国家没有成立专门的人权保障部门，人权的保障功能在政府体制中没有书面的机制化安排。也就是说，实际上很少人认为中国有完善的人权保障体制。显然，这是一种理念上的误读，尽管中国没有像一些国家那样成立国家层面的人权委员会，政府机构的职责界定中也没有明示其各自的人权保障职责，但在现实的体制运行中，各级政府及其组成部门都客观上承担着广泛的人权保障职责，只不过，这样的人权保障职责是以功能嵌入的方式得以体现并付诸落实的。换言之，政府虽然没有明示保障人权，但在行为上却实际发挥着人权功能，进而形成了一种双重的嵌入型人权保障体制，第一重嵌入是中国共产党以嵌入的方式通过政府贯彻尊重和保障人权的执政意志；第二重嵌入则是在政府机构中嵌入人权保障功能，促使人权得到切实尊重和保障。

在狭义上，政府一般被理解为行政机构，而广义上，立法、行政和司法机构共同组成了完整意义上的政府，因此，分析中国政府的功能嵌入型人权保障体制，不仅要分析各级行政机构，更需要分析人大、政协、法院、检察

院等广义政府机构的人权保障功能，这才是人权保障体制的完整呈现。

（一）人大

如前所述，人民代表大会制度是中国的根本政治制度，从理论上说，作为这一制度主体的各级人大及其常委会是中国嵌入型人权体制的当然参与者甚至是制度意义上的最高权力机构，所有与人权相关的法律和法规须经人大的批准方可生效。在此意义上也可以说，全国人大是中国最高的人权保障机构。在实际的运作过程中，人大不仅是最高保障者，也实际发挥着立法性和监督性的保障功能。这具体体现在：

首先，人大拥有的立法权是其发挥人权保障功能的合法性依据和基本手段。尽管在当前，关于人权的立法问题还没有大规模提上议事日程，但现有的立法已经广泛涉及人权保障的各个方面，

其次，行使任免权是人大发挥保障人权功能的重要方式。全国人民代表大会是最高国家权力机关，国家行政机关、审判机关、检察机关都由人民代表大会产生，对它负责，受它监督；全国人民代表大会有权罢免由它选出的国家领导人员，地方各级人民代表大会有权罢免由其选出的地方国家机关领导人员。

最后，行使法律赋予的各种监督职权是人大发挥人权保障功能的直接手段。根据宪法和有关法律的规定，各级人大及其常委会对本级人民政府、人民法院和人民检察院的工作实施监督，促进依法行政、公正司法。各级人大及其常委会实行监督的方式包括：听取和审议人民政府、人民法院和人民检察院的工作报告；各级人大审查和批准计划和预算，各级人大常委会审查和批准决算，审查和批准计划和预算的部分调整方案，听取和审议审计工作报告；各级人大常委会进行法律法规实施情况的检查；人大代表在人大会议期间，人大常委会组成人员在常委会会议期间，可以依法提出对本级人民政府、人民法院、人民检察院的质询案；县级以上各级人大及其常委会可以组织特定问题调查。对各级政府部门执行与人权保障相关法律的情况进行执法检查是近年来各级人大采取的常见的监督方式，仅在2009—2010年间，全国人大就先后开展了对《妇女权利保障法》等9部法律实施情况的执法检查；对部分重大公共投资项目实施情况和“十二五”规划编制工作若干重要问题开展专题调研；对中央决算、国家粮食安全和深化医药卫生体制改革三个专项工作报告开展了专题询问[144]。从近年来的发展趋势看，人大常委会越来越不再

144 国务院新闻办公室：《国家人权行动计划（2009—2010年）评估报告》，《人民日报》2011年7月15日。

局限于对有关政府部门提交的工作报告进行一般性的听取和程序性的审议，而是逐步增加了对于报告内容的批评和建议；此外，人大还可以通过预算审查等手段，加强对政府、法院、检察院及其工作人员的监督，促进依法行政、公正司法，预防和制止各种侵犯和损害人权的现象。

（二）政协

政协在人权保障中的功能主要体现为民主监督。作为中国共产党领导的多党合作和政治协商的制度平台，政协主要通过召开会议、提交提案、组织委员视察、开展民主评议等形式对人权的保障状况提出意见和建议，对宪法和法律法规的实施、重大方针政策的贯彻执行、国家机关和国家工作人员履行职责和遵纪守法等方面的情况进行监督。根据相关规定，中国共产党各级委员会和各级政府在作出包括人权保障在内的重大决策、出台重要规定前，都应征求同级人民政协和各民主党派的意见和建议。

民主监督是具有中国特色的权力监督形式，也是重要的人权保障方式。民主监督是政协三大基本职能之一，长期以来，政协依据宪法的规定行使民主监督的职能，不仅通过提出意见、批评、建议等方式进行政治监督，也为中国共产党与各民主党派、无党派人士之间进行互相监督提供制度化的平台，构成了中国民主监督体系的重要组成部分。但长期以来，由于缺乏相应的制度规范和程序安排，政协的民主监督处于相对分散、非持续性的状态，民主监督的力度和有效性难以得到妥善解决。为此，2006 年 2 月，《中共中央关于加强人民政协工作的意见》首次将“人民政协的民主监督”界定为中国社会主义监督体系的重要组成部分，并对民主监督的主要内容、主要形式等作出了专门的具体规定，要求完善民主监督机制，在知情、沟通和反馈环节上建立健全制度，从而为政协在充分发挥政治协商和参政议政职能的基础上不断拓展民主监督的方式和途径提供了广阔的空间。

近年来，各级政协组织通过政治协商、民主监督、参政议政途径，在保障人权方面的作用进一步加强，在中国人权保障制度体系中发挥着不可替代的作用。在政治协商方面，《中共中央关于加强和改进人民政协工作的意见》明确提出重大决策之前要在人民政协内部进行充分协商，尽可能就共同性问题取得一致意见，并规范了政治协商的内容、形式和基本程序，有效地推动了政治协商的制度化、规范化、程序化；在民主监督方面，《意见》强调人民政协的民主监督是中国社会主义监督体系的重要组成部分，是在坚持四项基本原则的基础上通过提出意见、批评、建议的方式进行的政治监督，是参加人民政协的各党派团体和各族各界人士通过政协组织对国家机关及其工作人员的工作进行的监督，也是中国共产党在政协中与各民主党派和无党派人士之间进行的互相监督；在参政议政方面，人民政协的参政议政是参加政协的各党派团体、各族各界代表人士对政治、经济、文化和社会生活中的重要问题以及人民群众普遍关心的问题，开展调查研究，反映社情民意，进行协商讨论，通过会议发言、调研报告、提案、建议案或其他形式，向国家机关提出意见和建议。它是各方面人民群众有序参与国事和表达利益诉求的重要渠道，也是国家机关了解群众意愿、实现正确决策的重要依据。归纳起来，当前政协在完善民主监督环节方面取得的进展主要体现在：

第一，从机制上完善民主监督环节，形成推动民主监督各环节不断有机整合的合力，提升保障人权的水平。政协作为完善民主监督环节的基本主体，努力把民主监督融入履行职能的各项活动之中，以提高提案的办理率和落实率为核心提高提案的质量和办理效率，通过促进提案方与办理单位的协作、整合相同议题提案、发挥专委会的沟通和协调作用等方式增强民主监督的实效性；在平时视察和年末集中视察的基础上加强对广大民众关心的公共问题专项视察的工作，督促和支持相关政府部门更加有效地解决问题，凸显政协民主监督的柔性特点；各级政协还注重发挥政协委员参与民主监督的主体意识，通过委托他们担任各部门或行业的特邀监督员等方式把了解到的群众意见和呼声反馈给政府部门，促进政府依法行政，提高行政效率。

第二，以提案制度的不断完善为加强政协民主监督环节的重点工作，推动人权领域内民主监督环节的不断完善。近年来，政协将提案作为政协及广大委员参与民主监督的主要载体，在制度完善方面进行了一系列有益的探索，这主要体现在：（1）围绕国家发展的大局和关系群众切身利益的重大问题集中反映民情、表达民意，支持和协助党政部门为民办实事；（2）充分发挥政治监督的功能，努力推动科学民主决策程序的不断完善；（3）积极完善提案工作机制，逐步提高民主监督的质量。这不仅有助于进一步提高提案质量，增强民主监督的实效性，也有助于提高相关政府部门办理提案的积极性。

第三，在知情环节上。知情明政是政协发挥民主监督职能的基本前提。知情权是中国公民拥有的重要人权，知情明政权则是政协有效发挥监督职能的特定权利。为了加深政协委员对国家重大方针政策的贯彻执行情况和党政部门的工作情况的认识和了解，各级政协近年来作了许多探索。如邀请有关政府官员和专家做专题情况介绍和有关国情的知识讲座，使广大政协委员了解有关领域的发展情况和趋势，扩大他们的知情面。为了在知情方面更加深入，各级政协还发挥人才和智力优势，根据经济社会发展的实际情况开展前瞻性、跟踪性和评估性的调研，形成政协对基本国情和整体人权状况的认识和判断，使民主监督更加有效。

第四，在沟通环节上。为了增进相互之间的沟通和交流，使民主监督更加贴近实际，更加具有实效性，各级政协也开展了卓有成效的工作，积极争取在书面和当面两种方式上都增强与党政部门之间的交流和沟通。在书面沟通方面，除了进一步完善提案制度这一民主监督的主渠道外，政协还通过内部专报的方式拓展与党政部门的沟通渠道，努力把民众的愿望灌注到有关政策的制定贯彻之中；在当面沟通方面，政协通过专题议政会、专题座谈会、形势分析会等方式，邀请有关职能部门、专家学者和政协委员一起参与。政协还十分重视政风行风评议这一独特的沟通方式，政协委员通过广泛参加政府部门政风行风的监督和测评工作，在实际的监督贯彻中增进了与有关部门的沟通。

第五，在反馈环节上。对于民主监督的反馈是长期以来监督环节中相对薄弱的环节，近年来，政协也逐步加以重视并推动政府部门加强了这方面的机制建设和完善工作。提案委员会积极探索改进政协提案的办理结果评价标准和操作办法，努力使政府部门对提案的反馈更加及时和合乎实际。各政府部门也采取了一些积极的措施，加强对政协民主监督的反馈工作。

也要看到，尽管近年来政协在完善民主监督的环节上做出了巨大的努力，取得了显著的监督成效，但由于种种原因限制，还不能完全适应人权发展对于民主监督的要求。尤其是政协在监督体系中的地位和作用是长期以来一直没有得到妥善解决的问题，鉴于制度安排的缺陷和功能发挥的不足，政协并没有在人权保障方面发挥监督功能的独立意志和权力授予；如何贯彻落实民主监督的机制化和制度化有待进一步探索，尤其是三个环节如何能够真正做到有机衔接，还需要相关的制度安排；长期以来，民主监督重宣传轻实效、重原则轻程序、重规定轻落实的弊端始终难以得到实质性的改变，这一点也极大地制约了各方面对于完善民主监督环节的重视程度，进而使民主监督难以真正落到实处，发挥其应有的作用。

（三）司法机构

在中国的人权体制中，司法机构不仅是对侵犯人权行为进行惩治的最后防线，也在人权保障的实践中扮演着重要的建设性角色。从广义上说，当前中国的司法体系主要包括司法审判机构、司法检察机构、司法侦查机构和司法行政机构。从狭义上说，作为人权保障司法主体的机构则具体包括最高法院和各级地方法院在内的法院系统负责司法审判，包括最高检察院和地方检察院在内的检察机构负责司法检察。作为是依据中国宪法设立的司法机关，法院和检察院分别依法独立行使审判权和检察权，不受行政机关、社会团体和个人的干涉。最高法院、最高检察院还通过司法解释等方式，对司法过程中与人权保障相关的审判、检察工作进行指导。各级检察院、法院对侦查、审判案件过程中发现涉及侵犯人权的重要问题，有权及时向有关部门和单位提出检察建议和司法建议。

法院

法院是国家的审判机关，在人权保障方面发挥着首要的司法保障作用。新中国成立以来，中国各级法院坚持“公正司法、一心为民”的方针，充分发挥审判职能作用，依法尊重和保障人权，为人权提供了坚实的司法保障。

依法惩罚犯罪，维护国家安全和社会稳定，维护和保障人权是法院的基本职能和基本职责。在刑事审判工作中，各级法院严把案件的事实关、证据关、程序关和适用法律关，保证案件审理事实清楚、证据确实充分、定罪准确、量刑适当、审判程序合法。

在民事案件审理中，法院依法平等保护自然人、法人和其他组织的民事权利，加大调解力度，促进社会和谐稳定；坚持进行调解的审判原则，做到“能调则调、当判则判、调判结合、案结事了”，把诉讼调解贯穿于案件审理全过程，以定纷止争为目标，最大限度地化解社会矛盾纠纷。

法院通过行政审判工作，发挥中国特色的司法审查制度的作用，既监督和支持行政机关依法行政，又保护公民、法人和其他组织的合法权益。近年来，最高人民法院审理的行政案件和国家赔偿案件不断增加，通过行政诉讼，有效增加了当事人和社会公众对人民法院裁判和政府的信任程度，减少了社会的不稳定因素。

各级法院还加强和改进执行工作，努力解决“执行难”问题，最大限度实现生效裁判所确认的权益。完善申诉复查和再审工作机制，着力解决申诉难，依法支持当事人的合理诉求。最高人民法院依法协调和督办跨地区民事执行案件，监督指导地方各级人民法院加大执行协调工作力度，积极推动国家执行联动机制建设。对申诉和申请再审理由充分、裁判确有错误的，依法提起审判监督程序予以纠正，及时保护当事人的合法权益；对申诉和申请再审无理的，在驳回再审请求的同时进行判后答疑，最大限度地止争息访。

检察院

按照中国宪法和人民检察院组织法的规定，检察院是国家的法律监督机关，在落实宪法“国家尊重和保障人权”原则、依法保护公民的人身权利和政治权利方面负有重要使命。各级人民检察院对于公安机关的侦查活动是否合法，实行监督；对于人民法院的审判活动是否合法，实行监督；对于刑事案件判决、裁定的执行和监狱、看守所、劳动改造机关的活动是否合法，实行监督。人民检察院依法保障公民对于违法的国家工作人员提出控告的权利，追究侵犯公民的人身权利、民主权利和其他权利的人的法律责任。

检察机关通过行使立案监督权、不批准逮捕权和不起诉决定权，力求及时有力打击犯罪与依法有效保障人权相统一，保障犯罪嫌疑人的合法权益与保障案件被害人的合法权益相统一，使无罪、罪行轻微和犯罪证据不足等依法不应受刑事处罚的人免受追究，使依法应当追究刑事责任的人得到应有的处罚，切实做到不枉不纵。

为更好实现对公民、政治权利的司法保障，近年来检察机关加快了检察体制改革和工作机制创新的步伐。2005 年 5 月，最高人民检察院印发《关于地方各级人民检察院渎职侵权检察机构统一名称的通知》，作出了将全国各级渎职侵权检察机构统一更名为反渎职侵权局的重大举措。到目前为止，全国各省（自治区、直辖市）、市（州、盟）和县（区）人民检察院都设立了专门的反渎职侵权机构，并进一步加强了班子、队伍、装备和制度建设，使反渎职侵权机构设置更加科学合理，反渎职侵权队伍综合素质进一步提升，为进一步推进人权保障工作提供了强有力的组织保障。

（四）行政机构

人权保障职责的功能性嵌入在中国是全方位的，不仅人大、政协、法院、检察院在人权体制中承担着基本的立法、监督、司法等方面的职责，作为狭义政府构成的行政机构在其行使公共权力过程中也被赋予了各自不同的人权保障功能，成为保障人权的直接责任主体。这也是中国式人权保障的显著特色之一。

公安机关

中国公安机关的职责是：预防、制止和侦查违法犯罪活动；防范、打击恐怖活动；维护社会治安秩序，制止危害社会治安秩序的行为；管理交通、消防、危险物品；管理户口、居民身份证、国籍、出入境事务和外国人在中国境内居留、旅行的有关事务；维护国（边）境地区的治安秩序；警卫国家规定的特定人员，守卫重要场所和设施；管理集会、游行和示威活动；监督管理公共信息网络的安全监察工作；指导和监督国家机关、社会团体、企业事业组织和重点建设工程的治安保卫工作，指导治安保卫委员会等群众性治安保卫组织的治安防范工作。公安部是国务院主管全国公安工作的职能部门。各省、自治区设公安厅，直辖市设公安局；各市（地、自治州、盟）设公安局（处）；市辖区设公安分局，接受上级公安机关直接领导；各县（市、旗）设公安局，分别接受同级人民政府和上级公安机关领导。县（市、区、旗）公安局下设公安派出所，由县（市、区、旗）公安机关直接领导和管理。公安部设有办公厅、警务督察、人事训练、宣传、经济犯罪侦查、治安管理、边防管理、刑事侦查、出入境管理、消防、警卫、公共信息网络安全监察、监所管理、交通管理、法制、外事、装备财务、禁毒、科技、反恐怖、信息通信等局级机构，分别承担有关业务工作。交通部、民航总局、国家林业局的公安局和海关总署缉私局列入公安部序列，接受主管部门和公安部双重领导。

中国的公安机关依法承担着预防、制止和惩治违法犯罪活动，保障民众生命财产安全权的重要职责。近年来，公安机关认真贯彻依法治国方略，坚持以人为本，坚持执法为民，强化执法制度建设，严格、公正、文明执法，完善执法监督制度，解决执法中的突出问题，在依法尊重和保障人权方面取得了突出成效。各级公安机关和民警不断强化以人为本、执法为民的意识，确立了维护社会秩序与保护人权、打击犯罪与保护人权并重的执法理念，不断强调在各项执法活动中全力维护宪法和法律赋予人民群众的合法权益，既有效维护正常的社会秩序又有效保护相对人的权利，既依法及时打击刑事犯罪又依法保障嫌疑人的合法权益。保护人权的思想、理念在公安机关得到空前的强化。

为切实保障公民权利，公安部根据国家有关法律，制定、颁布了《公安机关办理刑事案件程序规定》、《公安机关办理行政案件程序规定》、《公安机关办理行政复议案件程序规定》等规定，从执法程序上进一步严密了公安机关各项执法活动的规范及其标准；单独或者与其他部门联合发布了《关于刑事诉讼法实施中若干问题的规定》、《关于取保候审若干问题的规定》、《关于依法适用逮捕措施有关问题的规定》、《关于适用刑事强制措施有关问题的规定》、《公安机关适用刑事羁押期限规定》等规范，突出了对人权的保护。比如，《公安机关办理刑事案件程序规定》第181条规定："讯问的时候，应当认真听取犯罪嫌疑人的供述和辩解；严禁刑讯逼供或者使用威胁、引诱、欺骗以及其他非法的方法获取供述。"《公安机关办理行政案件程序规定》第4条规定："公安机关办理行政案件应当遵循合法、公正、公开、及时的原则，尊重和保障人权，保护公民的人格尊严。"

公安机关还不断完善监督机制，确保公安机关及其人民警察依法履行保障人权的应有职责。为规范民警的执法行为，公安部先后制定《公安机关内部执法监督工作规定》、《公安机关人民警察执法过错责任追究规定》和《公安机关执法质量考核评议规定》等内部监督制度，建立了警务督察制度，实行了公安厅局长定期接访等制度，形成了系统的执法监督和过错责任追究制度。各地公安机关紧密结合本地实际，普遍建立了执法责任制，加强执法监督，形成“事前监督、事中监督和事后监督”相结合的全方位监督体系，使公安执法监督逐步规范化、制度化。同时，加强了法制部门案件审核工作，加大了对办理各类案件的执法监督力度，近年来先后组织开展了《刑事诉讼法》执法检查、超期羁押专项治理、“规范执法行为、促进执法公正”、逮捕专项检查等执法检查监督活动，有效减少了侵犯犯罪嫌疑人合法权益等执法问题，提高了执法办案质量。

司法部门

司法部是主管全国司法行政工作的国务院组成部门，在司法人权保障中发挥着不可替代的作用。根据《国务院办公厅关于印发〈司法部主要职责内设机构和人员编制规定〉的通知》（国办发〔2008〕64 号），司法部主要承担以下职能：（1）拟订司法行政工作方针、政策，起草有关法律法规草案，制定部门规章，制定司法行政工作的发展规划并组织实施。（2）负责全国监狱管理工作并承担相应责任，监督管理刑罚执行、改造罪犯的工作。（3）负责全国劳动教养管理工作并承担相应责任，指导、监督劳动教养的执行工作，指导、监督司法行政系统戒毒场所的管理工作。（4）拟订全民普及法律常识规划并组织实施，指导各地方、各行业法制宣传、依法治理工作和对外法制宣传。（5）负责指导监督律师工作、公证工作并承担相应责任，负责港澳的律师担任委托公证人的委托和管理工作。（6）监督管理全国的法律援助工作。（7）指导、监督基层司法所建设和人民调解、社区矫正、基层法律服务和帮教安置工作。（8）组织实施国家司法考试工作。（9）主管全国司法鉴定人和司法鉴定机构的登记管理工作。（10）参与有关国际司法协助条约的草拟、谈判，履行司法协助条约中指定的中央机关有关职责。（11）指导司法行政系统的对外交流与合作，组织参与联合国预防犯罪组织和刑事司法领域的交流活动，承办涉港澳台的司法行政事务。（12）负责司法行政系统枪支、弹药、服装和警车管理工作，指导、监督司法行政系统计划财务工作。（13）指导、监督司法行政队伍建设和思想作风、工作作风建设，负责司法行政系统的警务管理和警务督察工作，协助省、自治区、直辖市管理司法厅（局）领导干部。（14）承办国务院交办的其他事项。

司法部门充分发挥职能作用，在促进和保障人权相关立法、执法、法律服务上，在提高公民人权保障意识上，做了大量工作，取得新的进展；加强人权保障执法力度，采取切实有效措施保障罪犯人权。罪犯人权保障是监狱工作的重要组成部分，是一个国家人权状况的重要标志之一，是当今国际社会关注的热点问题。中国监狱高度重视依法保障罪犯的权利，从监狱立法到监狱日常管理和执法工作始终高度重视罪犯人权保障工作，并努力在监狱日常管理和执法工作中切实采取有效措施，大力保障罪犯人权，维护罪犯这一特殊群体的正当权益。

中国还十分重视律师在司法人权保障中的作用，把律师参与诉讼、特别是参与刑事诉讼作为保护司法人权的一项重要内容，通过律师参与诉讼，保障所有人平等地获得律师帮助，以最大程度地促进司法程序的公正性，维护当事人、犯罪嫌疑人和被告人合法权益，强化人权的司法保障。截至 2007 年底，中国的律师事务所已经发展到 1.3 万多家，律师队伍发展到 14.3 万多人。2007 年，全国律师代理刑事诉讼案件 34.7 万件、民事诉讼 124.7 万件、行政诉讼 5.6 万件，办理非诉讼案件 60.7 万件，提供咨询和代书 453.4 万件。律师还积极履行法律援助义务，积极为经济困难群众和残疾人、老年人、妇女、未成年人等提供法律帮助，2007 年律师办理法律援助案件 12 万多件。正是基于对律师在司法人权保障中作用的高度重视，中共十八届三中全会报告专门强调，“完善律师职业权利保障机制和违法违规职业惩戒机制，加强职业道德建设，发挥律师在依法维护公民和法人合法权益方面的重要作用。”

民政部

民政部是人权保障功能发挥最为广泛的行政部门之一，在涉及民众经济、社会日常生活中与人权保障相关的诸多方面，民政部都是直接的责任主体。其人权保障功能主要体现为：（1）拟订民政事业发展规划和方针政策，起草有关法律法规草案，制定部门规章，并组织实施和监督检查。（2）承担依法对社会团体、基金会、民办非企业单位进行登记管理和监察责任。（3）拟订优抚政策、标准和办法，拟订退役士兵、复员干部、军队离退休干部和军队无军籍退休退职职工安置政策及计划，拟订烈士褒扬办法，组织和指导拥军优属工作，承担全国拥军优属拥政爱民工作领导小组的有关具体工作。（4）拟订救灾工作政策，负责组织、协调救灾工作，组织自然灾害救助应急体系建设，负责组织核查并统一发布灾情，管理、分配中央救灾款物并监督使用，组织、指导救灾捐赠，承担国家减灾委员会具体工作。（5）牵头拟订社会救助规划、政策和标准，健全城乡社会救助体系，负责城乡居民最低生活保障、医疗救助、临时救助、生活无着人员救助工作。（6）拟订行政区划管理政策和行政区域界线、地名管理办法，负责县级以上行政区域的设立、命名、变更和政府驻地迁移的审核工作，组织、指导省县级行政区域界线的勘定和管理工作，负责重要自然地理实体以及国际公有领域、天体地理实体的命名、更名的审核工作。（7）拟订城乡基层群众自治建设和社区建设政策，指导社区服务体系建设，提出加强和改进城乡基层政权建设的建议，推动基层民主政治建设。（8）拟订社会福利事业发展规划、政策和标准，拟订社会福利机构管理办法和福利彩票发行管理办法，组织拟订促进慈善事业的政策，组织、指导社会捐助工作，指导老年人、孤儿和残疾人等特殊群体权益保障工作。（9）拟订婚姻管理、殡葬管理和儿童收养的政策，负责推进婚俗和殡葬改革，指导婚姻、殡葬、收养、救助服务机构管理工作。（10）会同有关部门按规定拟订社会工作发展规划、政策和职业规范，推进社会工作人才队伍建设和相关志愿者队伍建设。（11）负责相关国际交流与合作工作，参与拟订在华国际难民管理办法，会同有关部门负责在华国际难民的临时安置和遣返事宜。（12）承办国务院交办的其他事项。民政部承担的人权保障职责之广由此可见一斑。

监察部

根据《中华人民共和国行政监察法》规定，监察部主管全国监察工作，对国务院各部门及其公务员、国务院及国务院各部门任命的其他人员和各省、自治区、直辖市人民政府及其领导人员实施监察。换言之，监察部的职责虽然与直接的人权保障事务无关，但它承担着防止政府机构和人员侵犯人权的重要职责。监察部依照《中华人民共和国行政监察法》第十八条等规定履行职责。根据该法第十八条规定，监察机关对监察对象的执法、廉政、效能情况进行监察，履行下列职责：（1）检查国家行政机关在遵守和执行法律、法规和人民政府的决定、命令中的问题；（2）受理对国家行政机关及其公务员和国家行政机关任命的其他人员违反行政纪律行为的控告、检举；（3）调查处理国家行政机关及其公务员和国家行政机关任命的其他人员违反行政纪律的行为；（4）受理国家行政机关公务员和国家行政机关任命的其他人员不服主管行政机关给予处分决定的申诉，以及法律、行政法规规定的其他由监察机关受理的申诉；（5）法律、行政法规规定由监察机关履行的其他职责。监察机关按照国务院的规定，组织协调、检查指导政务公开和纠正损害群众利益的不正之风工作。根据《中华人民共和国行政监察法》第十七条规定，监察部可以办理各省、自治区、直辖市人民政府监察机关管辖范围内的监察事项，必要时也可以办理各级监察机关管辖范围内的监察事项。

国家信访局

信访是中国特色的人权保障制度，各级政府都专门设置了信访机构。在中央层级上的机构为国家信访局，其职责主要是：（1）负责处理国内群众、境外人士、法人及其他组织通过信访渠道给党中央、国务院及领导同志的来信来电，接待来访。（2）负责向党中央、国务院及中共中央办公厅、国务院办公厅反映来信来电来访中提出的重要建议、意见和问题，综合研判信访信息，开展调查研究，提出制定修改完善有关方针、政策和法律法规的建议。（3）承担督促检查领导有关批示件落实情况的责任，拟订信访督查制度并组织实施，承办中央领导同志交办信访事项的落实，向地方和部门转办、交办信访事项，督促检查重要信访事项的处理和落实。（4）承担协调处理群众集体来京上访和非正常上访的责任，综合协调处理跨地区、跨部门的重要信访问题。（5）综合协调指导全国信访工作，起草有关信访工作的方针、政策和法律、法规草案，推动中央关于信访工作决策部署的贯彻落实，总结推广各地区、各部门信访工作经验，提出改进和加强信访工作的意见和建议，检查、指导中央党、政、军各部门的信访工作和地方党、政机关的信访工作。（6）制定信访问题排查化解制度并组织实施，建立和完善信访信息汇集分析机制，指导信访信息系统建设和应用。（7）承担中央处理信访突出问题及群体性事件联席会议的日常工作，督促落实联席会议决定的事项。（8）协调信访工作的宣传和信息发布，协调信访工作外事活动和对外交流。

国家食品药品监督管理总局

食品药品监督管理直接与民众食品安全、药品安全等日常生活的基本权利相关。国家食品药品监督管理总局为此承担的主要职责是：（1）负责起草食品（含食品添加剂、保健食品，下同）安全、药品（含中药、民族药，下同）、医疗器械、化妆品监督管理的法律法规草案，拟订政策规划，制定部门规章，推动建立落实食品安全企业主体责任、地方人民政府负总责的机制，建立食品药品重大信息直报制度，并组织实施和监督检查，着力防范区域性、系统性食品药品安全风险。（2）负责制定食品行政许可的实施办法并监督实施。建立食品安全隐患排查治理机制，制定全国食品安全检查年度计划、重大整顿治理方案并组织落实。负责建立食品安全信息统一公布制度，公布重大食品安全信息。参与制定食品安全风险监测计划、食品安全标准，根据食品安全风险监测计划开展食品安全风险监测工作。（3）负责组织制定、公布国家药典等药品和医疗器械标准、分类管理制度并监督实施。负责制定药品和医疗器械研制、生产、经营、使用质量管理规范并监督实施。负责药品、医疗器械注册并监督检查。建立药品不良反应、医疗器械不良事件监测体系，并开展监测和处置工作。拟订并完善执业药师资格准入制度，指导监督执业药师注册工作。参与制定国家基本药物目录，配合实施国家基本药物制度。制定化妆品监督管理办法并监督实施。（4）负责制定食品、药品、医疗器械、化妆品监督管理的稽查制度并组织实施，组织查处重大违法行为。建立问题产品召回和处置制度并监督实施。（5）负责食品药品安全事故应急体系建设，组织和指导食品药品安全事故应急处置和调查处理工作，监督事故查处落实情况。（6）负责制定食品药品安全科技发展规划并组织实施，推动食品药品检验检测体系、电子监管追溯体系和信息化建设。（7）负责开展食品药品安全宣传、教育培训、国际交流与合作。推进诚信体系建设。（8）指导地方食品药品监督管理工作，规范行政执法行为，完善行政执法与刑事司法衔接机制。（9）承担国务院食品安全委员会日常工作。负责食品安全监督管理综合协调，推动健全协调联动机制。督促检查省级人民政府履行食品安全监督管理职责并负责考核评价。

三、人权保障的主体资源吸纳

在中国的功能嵌入型人权保障体制中，除了拥有公共权力的政府部门承担着直接的人权保障职责外，还广泛吸纳各方面的人权主体共同参与人权保障事务。这些主体不仅来自于体制内部，近年来体制外的力量也开始逐步受到重视并逐步被吸纳到中国人权保障的有机体系之中，成为不容忽视的新主体。

（一）人民团体

人民团体也是中国特色的人权保障主体构成，工会、共青团、妇联这三大主要的人民团体虽然不是正式的政府机构，但仍然作为体制内的人权保障主体发挥着重要的人权保障功能。

工会

按照工会章程，中国工会是中国共产党领导的职工自愿结合的工人阶级群众组织，是党联系职工群众的桥梁和纽带，是国家政权的重要社会支柱，是会员和职工利益的代表。换言之，工会主要致力于对工人这一群体权利和利益的保障。在中国的工会体系中，全国总工会是各地方总工会和各产业工会全国组织的领导机关。全国总工会由中共中央书记处领导。其机关主要职责是：（1）根据党的基本理论、基本路线、基本纲领和工运方针，围绕党和国家工作大局，贯彻执行中国工会全国代表大会和执委会议确定的方针、任务和作出的决议。（2）依照法律和《中国工会章程》，组织和指导各级工会坚定不移地贯彻落实党的全心全意依靠工人阶级的根本指导方针，进一步突出和履行维护职能。（3）对有关职工合法权益的重大问题进行调查研究，向党中央和国务院反映职工群众的思想、愿望和要求，提出意见和建议；参与涉及职工切身利益的政策、措施、制度和法律、法规草案的拟定；参与职工重大伤亡事故的调查处理。（4）负责工会理论政策研究，研究制定工会的组织制度和民主制度，监督检查《中国工会章程》的贯彻执行；研究指导工会自身改革和建设；指导各级工会组织开展以职工代表大会为基本制度的民主选举、民主决策、民主管理和民主监督工作，推动建立平等协商、集体合同制度和监督保证机制的工作。（5）协助省、自治区、直辖市党委管理省级总工会领导干部，协助中央国家机关有关部委（局）管理全国产业工会的领导干部；监督、检查全国总工会机关和直属单位党员干部党风廉政建设情况；研究制定工会干部的管理制度和培训规划，负责市以上工会和大型企事业单位工会领导干部的培训工作。（6）协助国务院做好全国劳模的推荐、评选工作，负责全国劳模的管理工作；负责全国“五一”劳动奖章、奖状获得者的评选表彰和管理工作。（7）负责工会经费和工会资产的管理、审查、审计工作；研究制定工会组织兴办职工劳动福利事业的有关制度和规定；负责对工会兴办职工劳动福利事业的指导、协调工作。（8）负责工会国际联络工作，发展同各国工会的友好关系；负责与香港、澳门特别行政区和台湾地区工会的交流工作。（9）承担党中央、国务院交办的其他事项。

共青团

共青团是中国共产党的后备力量组织，其高度的政治特性决定共青团的组织原则是民主集中制，在人权方面主要致力于青年和未成年人的权利保障。团的全国领导机关是团的全国代表大会和它产生的中央委员会。团的全国代表大会每5年举行一次，由中央委员会召集，在特殊情况下，可以提前或延期举行。在全国代表大会闭会期间，中央委员会执行全国代表大会的决议，领导团的全部工作。团的中央委员会全体会议选举常务委员若干人，组成常务委员会。选举第一书记1人和书记若干人，组成书记处。中央委员会全体会议由常务委员会召集，每年至少举行一次。中央委员会闭会期间，由它选出的常务委员会和中央书记处行使职权，负责全团的日常工作。在全国31个省、自治区、直辖市和解放军、武警、全国铁道、全国民航、中直机关、国家机关、中央金融、中央企业等都有团的省级及下属团的地方领导机关和基层组织。共青团的基本宗旨是：（一）坚持党的基本路线不动摇。用邓小平理论和党的基本路线统一思想和行动，团的各项工作都必须服从和服务于经济建设这个中心；必须把改革开放和四项基本原则统一起来，使党的基本路线在团的工作中得到全面贯彻。（二）坚持先进性与群众性的统一。教育、引导青年坚定正确的政治方向，发挥团员的模范作用；广泛团结青年，与青年保持密切的联系。（三）坚持民主集中制。民主集中制是共青团根本的组织原则。要充分发扬民主，切实保障团员的民主权利。要实行正确的集中，加强组织性和纪律性，保证团的决议得到有效的贯彻执行。（四）坚持不懈地抓好基层建设。基层组织是团的一切工作的基础。团的领导机关要确立基层第一的观念，发扬务实、求实的作风，深入基层，服务基层，不断增强基层活力。

妇联

以妇女权利保障为己任的中华全国妇女联合会的基本社会职能是：代表和维护妇女利益，促进男女平等。工作方针是：团结教育广大妇女，贯彻党的基本路线，在建设富强、民主、文明的社会主义现代化国家中发挥积极作用，维护妇女的合法权益，推进妇女解放事业。基本任务是：（1）团结、动员妇女投身改革，参与经济建设，促进社会发展。（2）教育、引导广大妇女，增强自尊、自信、自立、自强精神，全面提高素质，促进妇女人才成长。（3）代表妇女参加社会协商对话，参与民主管理、民主监督，参与有关妇女儿童法律、法规、条例的制订，维护妇女儿童合法权益。（4）为妇女儿童服务。加强与社会各界的联系，推动社会各界为妇女儿童办实事、办好事。（5）巩固和扩大各族各界妇女的大团结，促进四个现代化建设和祖国统一大业。积极发展同世界各国妇女的友好交往，增进了解和友谊，维护世界和平。为了保证妇女联合会在国家政治生活中的法律地位，保证妇女联合会在社会主义民主生活中发挥作用，参与立法，参与决策，保证妇女联合会在妇女儿童方面的建议权和监督权，中华人民共和国在各级人民代表大会和政治协商会议及其常务委员会中都设有妇女联合会的代表。各级人民代表大会设立妇女儿童专门委员会或妇女儿童专门工作小组，负责研究审议有关议案、法案和推动妇女儿童方面的立法工作，并依法监督社会各方面执行有关保护妇女儿童权益的法律。

（二）社会团体与公民个体

与体制内人权保障主体相比，社会团体和公民个体的人权参与在中国起步相对较晚，但近年来发展十分迅速，日益构成中国嵌入型人权保障体制中不可或缺的重要主体。与政府机构不同的是，由于组织化程度不高和自身资源的不足，社会团体的人权保障参与目前主要是以外部性监督的方式进行，公民个体则基本属于自身的权利维护。根据 1998 年 10 月 25 日国务院第 250 号令发布的《社会团体登记管理条例》，目前中国全国性的社会团体，由国务院的登记管理机关负责登记管理；地方性的社会团体，由所在地人民政府的登记管理机关负责登记管理；跨行政区域的社会团体，由所跨行政区域的共同上一级人民政府的登记管理机关负责登记管理。登记管理机关、业务主管单位与其管辖的社会团体的住所不在一地的，可以委托社会团体住所地的登记管理机关、业务主管单位负责委托范围内的监督管理工作。申请成立社会团体，应当经其业务主管单位审查同意，由发起人向登记管理机关申请筹备。

当前，在中国成立社会团体的基本条件是：（1）有50个以上的个人会员或者30个以上的单位会员；个人会员、单位会员混合组成的，会员总数不得少于50个；（2）有规范的名称和相应的组织机构；（3）有固定的住所；（4）有与其业务活动相适应的专职工作人员；（5）有合法的资产和经费来源，全国性的社会团体有10万元以上活动资金，地方性的社会团体和跨行政区域的社会团体有3万元以上活动资金；（6）有独立承担民事责任的能力。按照规定，社会团体的名称应当符合法律、法规的规定，不得违背社会道德风尚。社会团体的名称应当与其业务范围、成员分布、活动地域相一致，准确反映其特征。全国性的社会团体的名称冠以"中国"、"全国"、"中华"等字样的，应当按照国家有关规定经过批准，地方性的社会团体的名称不得冠以"中国"、"全国"、"中华"等字样。

社会团体的人权保障参与是近年来中国社会结构多元化的产物，多元的社会结构决定了不同社会群体的权利和利益诉求之间的巨大差异，为维护群体的合法权益，社会团体的大量兴起成为必然的人权现象；而且，新兴的社会团体与传统的人民团体的不同之处在于它与政府之间保持着适度的距离，出于维护群体权益的存在价值需求，它们更加具有广泛参与人权保障的需求和冲动。从目前看，社会团体人权保障参与的方式和途径主要包括：行政诉讼、参与听证、协同政府机构制订政策等。其中行政诉讼是指社会团体作为某些弱势群体权益的代言人或者行政行为相对方的代表对特定的政府行为提起诉讼，以法律维权的方式维护公民的合法权利；参与听证是近年来社会组织最常见的活动之一，通过参与听证，社会组织不仅可以公开表达自己的参与诉求，也有助于拓展与政府机构的沟通渠道；协同政府机构制订政策则是多方位，包括以第三方身份参与、提交可行性报告、提供专业咨询等。

公民个体的人权参与同样是近年来出现的现象。在传统的单位人属性下，公民的权利和利益诉求主要通过向自身所属单位进行表达来实现，但随着终身雇佣制度的解体和单位福利保障功能的淡化，加之公民权利意识的觉醒，个体参与的主动性不断增强，其方式主要是举报、信访、极端情况下的群体性事件，等等。必须看到，在民众的理性人权意识相对匮乏的现实条件下，他们的人权参与或维权行动常常存在着向无序化发展的可能性。由于人情社会、人际关系、家族传统等历史因素的影响，中国民众理性的人权意识相对比较薄弱，大多数人对人权的理解和认识来自于公共媒体的宣传，部分来自于自身参与维权行动的体验，由此产生的人权意识常常是感性的和相对片面的，在实践中容易受到异化，甚至常常以非理性的人权行动来维护权利。近年来，尽管民众参与人权建设的主动性和积极性增强，但受非充分理性人权意识的内在制约，民众的人权参与热情往往或者以极端的非制度化方式来表达和采取行动，或者以消极沉默的方式被逐渐消减。前者的后果是以维权为名的群体性事件的易发和多发，后者的后果则是另一些民众参与人权保障的主动性不足。中国要培育民众理性的民主意识和人权意识，还有很长的路要走。

（三）大众传媒

大众传媒是中国人权保障体制中的特殊主体，一方面，它承载着中国党和政府赋予的宣传中国人权建设成就、展示中国人权发展的每一步进程的传播使命，另一方面，大众传媒又是人权保障重要的监督主体，曝光侵犯人权行为并将相关信息及时传递给民众越来越成为大众传媒的重要职责。尤为值得强调的是，当今中国民众对于人权状况的感知和判断绝大多数都来自于传媒，在很大程度上，传媒甚至不仅是人权信息的发布者，同时也是人权舆论导向的引导者和价值塑造者。

从世界各国的普遍经验看，大众传媒对于人权发展和社会进步的作用是不言而喻的。在当今的中国，大众传媒的人权维护功能也处于不断提升的状态。但在重视大众传媒的人权功能的同时，也必须强调这样的功能是具有双重性的。在根本定位上，传媒是中国党和政府的喉舌，接受党和政府的领导并构成体制内的人权建设主体，这一点与西方媒体表象上的独立地位是截然不同的。在当今中国的政治生态中，媒体没有也不可能以“第四权力”自居，所谓的“第四权力”是西方式“三权分立”体制下的思维逻辑，而在中国这样一个明确宣布不实行“三权分立”的国家当然也就没有“第四权力”可言。而且，即使在西方，“第四权力”指的也是舆论所产生的“软权力”而不是媒体所拥有的权力，媒体只是承载第四权力的公共平台而不是权力本身的拥有者，如果认为媒体是权力的拥有者，那么必然的问题首先是其权力的来源是什么？在西方式的理念下，一切权力都来自于人民的赋予，政府和议会的合法性即源于此，而媒体显然是未经人民授权的，换言之，即使在西方，媒体自认为所谓的第四权力拥有者也是一个荒唐的逻辑；第二，媒体的定位是什么？媒体不是政府和公共权力的对立面，当媒体不断质疑所谓公共权力时，它们忘记了自己本身也是拥有特定公共权力的机构；第三，什么是监督，如何进行监督？任何一种监督都是有着特定边界的，监督不是不受限制的行为，监督不是可以私闯民宅，不是可以任意介入监督对象的私人生活空间，更不是可以不负责任地未经调查任意发表言论，或者偏信其中一方的言论；第四，媒体是公共话题与公众之间的信息传播者，负责把信息公正、迅速、准确地传递给受众，而不是喋喋不休的价值评判者，更不应该居高临下地说教和批评其所断定的批评对象，甚至对政治决策和司法程序施加舆论压力，干涉政治和司法活动。

五、人权保障的运行机制

为保障功能嵌入型人权保障体制的有效运行，中国也推进了人权保障的机制化步伐。从理论上说，人权保障的机制化不仅是提高人权保障实效的重要组成部分，也有助于协调各种人权保障机构之间的职责关系，从决策、执行、反馈等各个环节加强对人权制度在运行中的规范和监督，实现人权保障的制度化、规范化和程序化，切实保证人民的权利不受来自任何方面的侵蚀和损害。经过改革开放30多年来的多次调整和不断完善，中国目前在总体上已经基本建立起了比较健全的人权保障运行机制，以各级政府机构为核心的人权保障体制结构正在不断完善，各人权保障主体的职责和资源配置界限日益清晰。

在政治学的意义上，“机制”一般被认为是“在特定的问题上整合了角色期望的原则、准则、规章和决策程序”。[145] 在此意义上，人权保障的运行机制可以大致界定国家为发挥人权保障制度的运行效力而对人权保障的权力结构、资源配置、运行规则及监督程序作出的有机系统安排。人权机制与人权体制是两位一体的相互耦合，人权体制是静态的结构和组织方式，是对国家尊重和保障人权宗旨、目标、内容、方向作出的规范；人权机制则是动态的适应性安排，是为了保障人权体制的顺利运行并最大限度地发挥效力而采取的措施和行动。

在当代中国，正在不断健全和完善的人权保障的运行机制以国家遵循尊重和保障人权原则为核心价值取向，以功能嵌入型体制结构为外在的形态，以一整套日趋严密的运行规则和决策程序为主要内涵，以有效地监督和制约权力运行为出发点和落脚点。分析人权保障运行机制的本义是促使各项人权保障制度能够有效地发挥保障人权功能，通过对国家权力进行合理的体制和结构安排，对不同人权保障主体拥有的权力界限进行科学的配置，对制度运行制定严密的决策规则和执行程序，从多渠道、多角度对权力运行进行全方位的有效监督和制约，从根本上保证国家的人权形象。

从总体情况看，中国现有的人权保障运行机制是基本合理和有效的，经过改革开放以来的多次调整和改革，与市场经济和社会结构变迁相适应的人

145 Stephen D. Krasner ed., *International Regimes*, Cornell University Press, 1983, p. 1.

权保障机制已基本建立起来。这主要体现在：（1）人权保障在运行中的体制结构日趋合理。人民代表大会作为最高权力机构的地位日益明确并成为基本共识，各级人大保障人权的功能都得到了程度不同的增强，人大与“一府两院”的人权保障关系初步理顺；（2）对于不同人权保障机构的权力配置基本科学。当前，中央和地方在人权保障方面的职能和权限基本得到规范，尤其是中央的统筹和协调功能正在增强，中央垂直管理部门和地方政府的关系基本理顺；立法权、行政权和司法权分别由不同机构行使并相互监督和制约的框架已基本形成；（3）权力运行中的程序设计日趋严密，决策的科学化和民主化水平有所提高。以《行政许可法》为代表的对于权力执行过程中的程序规范也已提上了日程，尤其是在科学化、民主化和制度化基础上对决策程序的严密设计正在成为严密权力运行程序的重要组成部分；（4）对权力的监督和制约效力有所增强，权力侵犯权利的现象在一定程度上受到了遏制。《党内监督条例》、《党政领导干部选拔任用条例》和《中国共产党纪律处分条例》等一系列重要文件的起草和修订，巡视制度的推广、党代会常任制试点等重要举措都使党内监督和组织监督的力度空前提高。同时，民主监督和舆论监督的功能也得到了不断的发挥，尤其是新闻舆论的监督力度空前增强，影响力迅速上升。

中国人权保障运行机制的基本结构形态是改革开放初期建立起来的，带有较为浓厚的集中和垂直型的色彩，运行方式呈以党为核心的单一指令性特征。这一运行机制在改革开放初期是适应的，党通过对公共权力的直接控制不仅可以提升人权保障的运行效率，有效地集中有限的公共资源实现人权保障目标，对于公共权力的行使和防止侵犯人权现象的发生也具有较强的控制能力。但随着市场经济的建立和完善，经济形态和社会结构的多元化决定了党政一体的人权保障运行机制逐渐难以适应不断加强人权保障、有效提升人权保障水平的要求，适应性调整人权保障的运行机制成为新的要求。不同公共领域的人权保障有必要通过不同的人权保障结构和资源配置来进行推进，人权诉求的多样化和人权保障范畴的日趋广泛更要求严密的程序设计和加强对运行机制的调整和完善。

完善人权保障运行机制的根本宗旨是推动人权保障体制的功能得到有效的发挥，在此意义上，中国完善人权保障运行机制的协调性目标是：按照结构合理、发展平衡、网络健全、运行有效、覆盖全面的指导思想，以中国共产党为主导，以政府部门为骨干，鼓励社会的积极参与，努力建设人权公共产品生产供给、设施网络、资金人才技术保障、组织支持和运行评估为基本框架的人权保障体系，切实保障民众的基本权益。这一协调性目标实现的预期指标主要是：（1）基本完善人权保障的制度框架和体制建构，尊重和保障人权真正成为各级执政党组织和政府的工作重心；（2）人权保障相关的政策体系逐步完善并在政府部门的运作过程中得到切实执行；（3）人权保障相关的监督、评估、反馈和支持系统初步建立；（4）民众对于人权保障的水平和人权建设的导向基本满意，认同度显著提高；（5）以制度建设为抓手和突破口，人权保障的体制进一步深化和完善。

人权保障运行机制的功能性目标是：通过对政府发挥人权保障功能的动态推进，有效形成促使人权保障体制有效运作的动力机制，通过优化公共权力的功能，促进人权发展，突出人权保障的重点领域，鼓励外部监督，合理配置人权保障的资源等方式加快政府人权保障功能有效发挥的步伐。这一协调性目标实现的预期指标主要是：（1）人权保障的主体形态基本实现从“包揽型”向“共建自治型”的转变；（2）人权保障的水平提升与机制完善得到同步协调推进；（3）重建公共财政，均衡公共权力保障人权功能的合理配置；（4）社会性人权保障参与的功能再造，各种类型的社会组织不断发展并构成体制内人权保障的重要补充；（5）尊重和保障人权成为大多数官员的自觉行动，同时理性有序的人权参与行动在社会中广泛普及。

为实现上述目标，人权保障运行机制的完善有必要遵循下述可操作的功能性原则：

第一，层级化原则。不同层级的政府承担有所区别的人权保障职责。国家层面，人权立法、人权发展规划、重大人权保障政策、引起全体公民共同关注的人权问题属于中央政府，反之则属于各级地方政府的人权保障范畴。从一般规律而言，中央政府关注的主要是涉及宏观层面的人权事务，而大多数的人权保障事务应由最易取得成效、最为民众关注的地方政府来负责，这是因为地方政府更了解当地民众的人权需求，能够提供更适合本地居民偏好的人权保障政策供给；同时，地方政府在地理空间上更接近民众，更有利于吸纳民众共同参与人权建设，政府也更能了解民众对于人权的需求状况。

第二，公开性原则。政府的人权信息应向所有的民众公开，人权保障信息也只有向民众公开才能发挥其应有的效用。换言之，人权建设从政策设计、措施制订到实施情况的全过程都必须公开透明，便于公众了解和认同，接受民众的监督和促进。也只有在公开的原则下，人权建设才能更加追求制度化和规范化，相关的人权责任主体才能不规避自己的责任和义务。

第三，普遍性原则。人权建设不仅是党和政府的职责，同样也是社会中所有民众共同的目标，因此，除了对于拥有公共权力和保障人权职责的各级政府官员有必要加以特殊的规范和行为要求外，所有的民众在人权建设过程中都既是参与主体也是受约束的个体。必须明确的是，虽然人权保障的主体常常被理所当然地视为政府部门及其官员，但任何一个公民个体也都可能因不同的权利诉求和维权行动而成为人权发展的协调推进者。

第四，均衡性原则。人权保障制度规范的对象是所有与人权相关的公共行为和政府主体，任何人都不能享有高于别人的权利保障规范，不论其党派归属、行政级别、性别、民族、职业有何不同，都不能超越于人权规范之上而追求超越社会现实的权利保障水平。均衡原则的确立不仅有助于提升人权保障制度和规范的权威性，也可以更好地增强民众对公平享有人权保障的信心。

第五，便捷性原则。人权保障机制的核心要素是制度规范但绝不仅限于制度规范，在运行过程中还必须注重便捷性，亦即有关的制度措施必须易于规范对象便捷的理解，过于繁琐的条文只能使规范对象限于对文字表面的理解而难以从内心加以认同，对人权的实际保障效力也可能因此被消减。

上述功能性原则既是对完善人权保障运行机制的限制性要求，也为各级政府和各人权保障责任机构之间各自承担的保障职责划分提供了依据和方法，为人权机制的不断完善奠定了指导性的原则。一般而言，各级政府和各人权机构的职责界定和功能划分可遵循如下指导性思路：首先，根据层级化的原则，区分什么是全国性的人权保障制度，什么是地方一级的人权保障制度，对中央和地方各自的专有职责作出初步界定；其次，根据公开性原则、普遍受益原则、选择性原则、均衡原则，区分哪些人权事务仅仅靠地方政府的努力是不够的，还需要中央的干预和参与，进而确定中央和地方共有的保障职责；再次，根据便捷性原则，促使每一级政府均能承担其应有的人权职责。

如何切实提升人权建设的水平和质量是当前中国人权道路在实践中面临的核心问题。尽管从总体上看，近年来中国已经取得了经验和成绩，但也必须清醒地认识到，由于各种因素的限制，无论是人权的制度设计还是运行质量都还不尽如人意，人权机制运行的几乎每一步进展都是在社会的不断呼吁和紧迫要求下才采取应对性的行动的。随着中国经济实力的进一步增强和人权保障机制在运行中面临的新的机制化要求，人权建设不应再单纯地思考如何被动地应对社会民众的维权需要，而应该从自己的实际情况出发，构建起与中国经济社会发展水平相适应的人权保障体系。

因此，人权运行机制的完善必须始终坚持四个基本导向：（1）执政党和政府主导导向。人权问题在本质上是属于各级执政党和政府的职责范围的问题，执政党和政府必须在人权建设中发挥主导作用，必须防止任何其他社会行为主体以民众权益代言人的身份损害政府的主导地位，使政府的人权行动被民众误认为是某些媒体、组织甚至个人施加压力的结果，进而导致政府的公共形象日益下降；（2）辩证导向。各级政府必须辩证看待人权保障问题，人权保障的政治、经济、社会和文化内容是一个相互依存和不可分割的整体，政府既不能只强调对于某方面的人权保障而忽视整体性推进人权建设，也不能为了树立人权形象而一味迎合社会的非理性要求；（3）渐进发展导向。人权保障体系的建立和完善是一个历史的渐进过程。各级政府当然都有责任促进和不断提升人权保障水平，尽力改善人权保障制度常常难以落到实处的制度运行状况，但也要看到人权建设目标的实现不是一蹴而就的，由于历史、体制、思维定式、经济发展水平和公共财政能力的制约，不同的政府机构和政府官员对人权建设的认识往往并不一致，推动人权机制有效运行的政策和力度也各有不同。在此意义上，衡量一个国家的人权建设的成效和发展步伐，不能拿某些人权状况相对较好国家的情况来简单比较，更不能把某种特定的人权模式作为样板来加以一味地模仿；（4）平等协商导向。人权建设与一般意义上的国家发展和进步的最大区别，在于一个国家的发展和进步是一个历史的发展过程，国家是最大的责任主体，而人权建设则是一个国家与社会互动和共同推动的过程。国家不能凭借自己的主观意志来决定是否推行人权建设或在多大程度上推行人权建设，也没有必要强制性要求所有民众无条件地参与到人权建设的进程中来。一种与中国国情相适应的人权运行机制和人权发展模式应该实现国家与社会之间最广泛的平等协商和沟通，争取民众的理解和支持，否则只能起到适得其反的效果。

完善人权运行机制在实践中的基础性工作，是加强对官员和民众共同的人权意识的培育。中国是一个具有5000年官本位封建传统的国家，长期以来，无论是官员还是民众的潜意识中都没有现代意义上的人权意识。尽管改革开放30多年来，经过广泛的宣传和教育，人权观念在各级政府官员和大多数民众中已逐步深入人心，但如何通过人权教育和培训在中国社会培育起理性的人权发展意识，仍然是人权建设中长期面临的艰巨任务。从当前看，中国要完善人权运行机制，首先面临两个方面亟待解决的问题：一是培育政府官员正确的人权观念；二是培育社会公众的理性人权意识。前者的重心是通过教育和培训使政府官员逐步养成尊重和保障人权的职业素养和自觉行为；后者的重心则在于引导民众的公共理性，客观地看待中国的人权状况，防止极端化和情绪化。

在完善人权保障运行机制的推进过程中，也要认识到当前中国经济和社会状况的复杂性，不能失去必要的政治敏感。人权建设虽然属于国家发展的范畴，对于那些理解人权建设中存在的客观困难的批评和改进意见，政府应坦诚接受，尽力采纳；但对于那些借人权建设中存在的弊端而从根本上否定中国的人权建设努力，甚至以人权状况不佳为理由把政府推到社会公众的对立面的恶意攻击者，则必须保持高度警惕，采取适当的措施加以限制，使中国的人权建设在运行过程中能够始终保持在正确的轨道上。

应当采取慎重态度与国外人权机构开展人权领域的交流和合作。应该承认，一些国家由于经济发展的阶段性原因而在人权保障建设方面起步较早，取得了一些成熟的普遍性经验，值得中国加以借鉴。但也要看到，由于国家体制和经济、社会发展水平的不同，其他国家在人权建设方面与中国面临的现实情况是有所不同的，不能简单地、绝对化地以国外最成熟的经验来对比中国的不足，更不能给予民众不切实际的人权承诺，在社会心理上引发民众的非理性预期。

为更好实现完善人权保障运行机制的目标，有必要选择一些有助于促使人权制度在实践中有效落实的策略性的技术路径。必须认识到，中国当前致力于完善人权运行机制的阶段性目的不是要彻底解决目前人权建设中存在的所有问题，使中国的人权状况能够充分满足所有民众的所有期望；中国人权建设中存在的机制性缺陷是长期积淀下来的产物，不可能通过一种过渡性的机制安排得到完全解决。为此，当前推进人权运行机制逐步完善的立足点，是首先基本满足民众最基本的民生权利需要，使弱势群体对生存权利保障水平的提升增强信心，防止社会稳定问题由于人权状况评价上的不足而成为中国从战略上长期深化人权建设的机制性障碍。从这一立足点出发，中国在完善人权保障运行机制中必须坚持的基本原则是：第一，任何与人权建设相关的政策措施的制定都必须有助于增进国家政权和国家基本制度的稳定；第二，任何的人权保障措施和手段都必须从中国当前经济社会发展的实际情况出发，与国家建设的整体发展目标相适应。在始终坚持原则性的前提下，灵活性的人权保障政策措施才能有效推进中国不断完善人权保障运行机制。

第七章　比较视角下的中国人权道路：世界人权发展的多元抉择

人权是当今世界与发展、安全并列的三大主题之一，也是不同国家和不同人之间在理解和认识上千差万别的争议性问题。在国家层面上，或许歧见最大的问题是在一个多元文化共存的世界上是否同样应该有着多元人权道路的共存。答案在逻辑上看来似乎是不言而喻的，一个多元的世界当然应该允许不同的国家根据自身的情况来探索自己国家保障人权的独特道路，但在现实的国际关系中，人权保障在一些把持着强势话语权的国家看来却只能有一种道路和模式。理念逻辑和现实实践的鸿沟，促使人们不得不重新思考多元人权道路的合理性和可能性，中国的人权道路就孕育在这一人权道路多元化的进程之中并展现出日益强大的生命力。

一、人权理念的世界性传播

人权是近代欧洲启蒙运动中提出的政治口号，从地域的层面上说，人权理念的世界性传播主要是人权逐步超越欧洲的范畴，向世界其他区域和国家扩散与普及的过程。但是，现代人权理念在欧洲缘起的事实不等于人权就是西方的专利。在人权的世界性传播过程中，人权所蕴涵的价值理念、概念内涵、目标取向、社会影响都逐渐超越了西方的狭隘视野，融入了人类社会共同的精神追求和进步理想。在此意义上，人权理念的世界性传播蕴涵的人类进步的历史逻辑不仅体现为欧洲各国在争取“天赋人权”的口号下摆脱了近代封建专制的桎梏，更表现为人权理想在世界性的传播过程中成为殖民地和落后国家争取民族独立和解放、促进经济和社会发展的思想武器。

近代意义的人权思想发端于欧洲启蒙运动时期，从最初的渊源看则可以在 14 世纪"文艺复兴"时期的人道主义思想中找到端倪。"文艺复兴"被恩格斯称为"一次人类从来没有经历过的最伟大的、进步的变革"。[146] 在名义上，"文艺复兴"是一场复古主义运动，当时的思想家们试图回归古希腊罗马时代的人文精神，从柏拉图、亚里士多德等人那里发掘思想遗产，但在本质上，"文艺复兴"并不是单纯的古典文化的回光返照，人文主义者们实际上是通过古典文化的外壳来阐释新的时代现实，从当时神权的阴影下重新发现人和人的价值。在这场呼唤人性的人本主义运动中，人们开始萌生了朦胧的人权意识。著名诗人但丁在《论世界帝国》中第一次提出"人权"的概念，他写道，人类要追求神圣的幸福，必须建立一个世界帝国，这个"帝国的基石是人权"，帝国"不能做任何违反人权的事"。[147] 当然，但丁的人权意识还不是完整的理论主张。"文艺复兴"也不是一场人权运动，当时的人文主义者们要求的还只是以"人"为中心，主张将"人"从"神"、"人性"从"神性"的束缚中解放出来，而这种要求的政治属性是建立世俗的民族国家，而且主要是君主专制的中央集权国家。文艺复兴的政治实质决定了人文主义者们还没有将"人性"上升到"人权"的高度，并将其视为国家的权力基础和归属。

文艺复兴时代对后世影响最大的，是马基雅维利和布丹的政治理论。他们不但被视为近代欧洲国家学说的奠基人，其人本主义主张也对后世启蒙学者的人权思想产生了重大影响。马基雅维利首次把政治主张建立在人性论基础之上，在他看来，"人民的声音就是上帝的声音"，因为"人民较之人君，智虑更深，意志更坚。所以，'民意即天意'的说法，并非没有道理"。另外，他特别强调私人财产权的重要性，建议君主"对自己的公民和自己的属民的财产、对他们的妻女不染指"，尤其是"务必不要碰他人的财产，因为人们忘记父亲之死比忘记遗产的丧失还要来得快些"。[148] 稍后的法国学者让·布丹则首次论证了公民权利和世俗民族国家的合法性。他宣称，既然"所有的人都是公民"，那么"每个公民，即使是最微不足道的，也有某些权利；每个公民，即使是最高贵的，也有某些义务"。布丹对私有财产权也十分强调，认为"私有财产权的不可侵犯"是国家的基本属性。他写道，"如果把'你的'及'我的'去掉，则一切国家的基础必将倾覆"，因为公民权利和私有财产权源自自然法则，"人主没有破坏神法和自然法的权力"。[149]

17、18 世纪是"是资产阶级民主运动的时代"。[150] 资本主义生产方式在

146 恩格斯：《自然辩证法》，《马克思恩格斯选集》第 3 卷，第 445 页。
147 但丁：《论世界帝国》，中译本，商务印书馆 1985 年版，第 4 页。
148 马基雅维利：《君主论》，中译本，商务印书馆 1985 年版，第 81 页。
149 布丹的论述均引自编写组：《西方政治思想简史》，北京大学出版社 1982 年版，第 68—70 页。
150 列宁：《打着别人的旗帜》，《列宁全集》第 21 卷，第 125 页。

西欧各国的萌芽和发展要求政治学说和意识形态与时代的特征相适应，一场以强调理性和人权为核心的“启蒙运动”随之具有了历史的必然性。启蒙运动始于 17 世纪的英国、荷兰等国，在 18 世纪的法国达到巅峰。恩格斯在评价 18 世纪法国启蒙运动时指出，“在法国为行将到来的革命启发过人们头脑的那些伟大人物，本身都是非常革命的。他们不承认任何外来的权威，不管这些权威是什么样的。宗教、自然观、社会、国家制度，一切都受到了最无情的批判；一切都必须在理性的法庭面前为自己的存在作辩护或者放弃存在的权利”。[151] 在启蒙运动的推动下，西欧各国先后将人权纳入了国家和法律保障的框架，“天赋人权”、“人民主权”、“个人权利”等人权理念逐步牢固地确立起来，成为今天西方各国社会制度和政治思想的重要基石。

第一，人权在本原上是自然法赋予的“天赋的”权利（天赋人权论）。几乎所有的启蒙学者都是以自然法为出发点来阐释人权的本原。自然法观念最初源自古希腊哲学家亚里士多德，但不同之处在于，亚里士多德认为自然法是神的意志的体现，启蒙学者则将自然法建立在人性和理性的基础之上，认为人类与动物的根本差别就在于人具有理性，人的行为受到理性的支配，而理性即构成自然法的第一个渊源。格劳秀斯指出，“自然法是理性的命令，它指明任何与我们理性和社会本性相合的行为就是道义上的公正行为，反之就是道义上的罪恶行为。”他将自然法视为人类社会生活的基本法则，坚信“自然法是极为固定不变的，甚至神本身也不能加以更改的”，人的权利和国家的主权都首先是自然法的合乎逻辑的延伸。

洛克深刻地分析了“天赋人权”理论从自然状态、自然权利到自然法的逻辑演绎过程。他认为，人类社会在出现国家之前处于一种“自然状态”之中，在这样的生存状态下，人人过着充分自由的生活，不受任何权力的限制和侵犯，每个人都平等地享受着生命、财产、自由的权利，没有一个人享有高于别人的权利，也不必服从别人的意志，自然状态是和平、善意、互助和安全的状态。但是，自然状态是自由的却不是纵容的或放任的，自然状态得以维持的根源在于人们按照理性来生活，而这种理性，就是自然法。它“教导着有意遵从理性的全人类：人们既然都是平等和独立的，任何人就不得侵害他人的生命、健康、自由和财产”。自然法规范着自然状态下人们的理性生活，然而，由于有些人因利害关系而存有偏见、有些人对自然法缺乏研究而一无所知，因此自然法的约束力又是有限的。这种有限性使自然状态仍有许多缺陷存在，如缺少一种判断是非的明确标准和裁判人们纠纷的尺度、一个有权根据既定

151 恩格斯：《反杜林论》，《马克思恩格斯选集》第 3 卷，第 324 页。

法律来裁判人们之间争执的公正的裁判者、一种保证判决得以执行的权力机构等。由于这些缺陷，虽然自然状态是人类理想的生存状态、自然法是最合乎理性的维护人权的方式、自然权利也是人们生而有之的天赋权利，但它们毕竟不能长期存在，为了更好地确保人类天生具有的权利，人们选择了新的人权保障形式，这就是国家。

与洛克一样，卢梭也是以“人”为中心，根据自然状态—自然权利—自然法三位一体的认识论展开对人权的论证的。他多次表示，“我所论述的是人”，“为人类而辩护”。在《论人类不平等的起源和基础》中，他断言人类最初处于自然状态，在这种状态下，人人都是自由、独立与平等的，不存在天生的奴隶和天生的主人，也不存在服从与被服从、奴役和被奴役的情况，人们在道德上清白无垢，过着没有善恶的纯朴的道德生活。他比洛克更为推崇自然状态，认为“自然状态是每一个人对于自我保存的关心最不妨碍他人自我保存的一种状态，所以这种状态最能保持和平，对于人类也是最为适宜的”，为此，他提出了“自然人是幸福的，文明人是不幸的”的著名命题，主张人类要维护自己的“天赋人权”，最好的选择就是回到自然状态。

第二，订立“社会契约”是保障人权的最好方式（社会契约论）。洛克认为，原始的自然状态被打破后，人们为了更好地保护自己的财产、公共的幸福、繁荣和安全，就相互达成了协议，自愿放弃部分自然权利，尤其是自愿放弃做他认为合适的任何事情的权利和单独处罚违反自然法的罪行的权利，共同将这些权利交给一个由契约产生的公共机构来行使，这个公共机构的外壳，就是国家，“这就是立法和行政权力的原始权利和这两者之所以产生的缘由，政府和社会本身的起源也在于此”。在契约的意义上，国家是人们之间相互达成协议的产物，是一种“社会契约”，是为了更好地保障人民的权利而产生的。国家形成以后，虽然人们不再像过去那样拥有完整的自然权利，但他们在与他人的交往和互动中可以得到许多方便，更可得到制度化力量的强有力保护，这对人权的享受和保障不仅是必要的，也是合乎公道的。而且，人们经社会契约放弃的自然权利仅是有限的部分，决非全部，他们仍保留着生命、自由和财产等基本的权利，这些权利是“不可转让”和“不可侵犯”的，统治者如果违背社会契约、侵犯了人们不可转让的权利，人们有权进行反抗，甚至另立新的契约，选择新的统治者。

与洛克相比，卢梭的社会契约主张更加激进。他有过一句名言：“人是生而自由的，但却无往不在枷锁之中。”在卢梭看来，尽管在自然状态下人是生而自由的，但这样的自由得不到可靠的保证，人类要真正摆脱枷锁，就必须通过订立“社会契约”建立新的制度，这个制度的最好形式是“民主共和制”。在民主共和制度下，人们将自己的全部权利毫无保留地转让给社会，但这种转让并非等于将权利奉献给任何人，而是人们同时可以从社会中得到同样多的权利，而且借助于国家和社会的力量，人民的权利和利益能得到更好的保障，因为“集体在接受个人财富时远不是剥夺个人的财富，而只是保证他们自己对财富的合法享有，使据有成为一种真正的权利，使享用变成所有权”。卢梭坚信，“人类由于社会契约而丧失的，乃是天然的自由以及对于他所企图的和所能得到的一切东西的那种无限的权利，而他所获得的，乃是社会的自由以及对于他所享有的一切东西的权利”，“基本公约并没有摧毁自然的平等，反而以道德的法律的平等来代替自然造成的人与人之间身体上的平等，人们尽可以在力量上和才智上不平等，但是由于约定并且根据权利，他们却是人人平等的”。在卢梭的契约主张中，特别强调法治的精神，他多次提出，自由和平等是一切立法体系的“两大主要目标”，“在社会状态中，一切权利都被法律固定下来”，“根本就不存在没有法律的自由，也不存在任何人是高于法律之上的。一个自由的人民，服从但不受奴役；有首领但没有主人；服从法律但仅仅是服从法律”。基于对法律的高度重视，卢梭还宣称，“凡是实行法治的国家，无论它的行政形式如何，我就称之为共和国：因为唯有在这里才是公共利益在支配着，公共事务才被认为是重要的。”

第三，人权的基础和核心是个人对私有财产的所有权（个人财产权）。几乎所有的启蒙学者都是从维护个人权利、尤其是个人的财产权利出发阐述自己的人权主张的。格劳秀斯关于权利三重属性的阐释中，第一重就是权利是“私有而低下的，是为着每一个人的利益而成立的”。洛克在自然权利中最为强调的是私有财产权。他认为，财产权是人类最永恒的权利，“人们联合成为国家和置身于政府之下的重大的和主要的目的，是保护他们的财产”，“最高权利，未经本人同意，不能取去任何人的财产的任何部分”，“政府的主要的目的是保护财产”。出于保护私有财产权的宗旨，洛克还提出了“三权分立”和“权力制衡”的政治原则。他认为，由民选的议会掌握最高权力的政府最能有效保障人民的权利，政府权力应分为立法权、执行权和对外权。立法权是制定和公布法律的权力，执行权是执行法律的权力，对外权则是与外交有关的宣战、媾和和订约等权力。每一种权力都应由不同的机关来分别行使，如果同一机关同时握有制定法律和执行法律的权力，就会诱使人们去攫取权力、只顾自己私人的利益，从而对大多数人的自然权利造成损害。洛克的“三权分立”主张，后来被西方各国普遍尊奉为最基本的政治原则。

第四，人民是一切政治权力的来源和归属（人民主权论）。洛克强调，“只有人民才能通过组成立法机关和指定由谁来行使立法权”，“当人民发现立法行为与他们的委托相抵触时，人民方面仍然享有最高的权力来罢免或更换立法机关”。[152]卢梭的社会契约论中，人民主权思想更始终贯穿于其中。他宣称，社会契约赋予了政治体以超乎于各成员之上的绝对权力，这个绝对权力在受“公意”所指导时，就获得了“主权”这个名称。而正是基于主权源自公意，主权者不是君主而是人民，国家主权应该永远属于人民。人民主权包括三个基本原则：其一，主权不可转让。转让主权就意味着出卖自由，出卖生命，而“无论以任何代价抛弃生命和自由，都是既违反自然同时又违反理性的”；其二，主权不可分割。他说，“基于主权是不可转让的这一同一理由，主权也是不可分割的”；其三，主权是绝对的、至高无上的和神圣不可侵犯的[153]。人民主权观的提出，不仅将人权从封建专制意识的羁绊下解脱出来，也为近代西方各国将人权纳入政治保障范畴提供了更为坚实的理论基础。

人权观念在启蒙学者那里，从根本上说是为近代欧洲新的政治权力服务的，为政权提供合法的价值基点，就其本身而言并没有多少国际化的寓意。换言之，无论是启蒙学者还是最早将人权付诸政治实践的西方国家都没有试图把人权观念推及欧洲以外的世界，更谈不上要为其他国家和地区的人民争取享受同样的权利保障。在今天看来，如果说人权在近代具有一定的世界性传播的寓意的话，那主要在于它适合了人类生存和发展最根本的需要，符合了人们追求自由和幸福的本性，内在蕴涵着人类进步的价值理念。不管怎样，启蒙学者“天赋人权”理论的提出，在当时是最进步的历史潮流。在西方列强拓展海外市场、将世界纳入资本主义世界体系的侵略与扩张进程中，人权的观念也不可避免地会被带到封建专制下的世界其他落后地区和殖民地，成为殖民地人民推翻封建专制和殖民统治的革命性思想元素。西方的思想最终被用来反对西方，这就是人权观念世界性传播蕴涵的最深刻的寓意。

从历史的进程看，人权观念的世界性传播不仅是人为推动的历史进程，也是人权蕴涵的经济、政治和人类进步精神等多重属性共同决定的必然结果。具体说来，这主要表现在：

第一，资本主义生产方式是世界性的生产方式，与之相适应的人权、民主、自由等价值理念也必然具有世界性，必然会随着资本主义生产方式的世界性传播而逐步走向国际化。人权观念得以在近代欧洲滋生和发展，是以当时西欧各国正在萌芽的资本主义生产方式为深刻背景的，这一新兴生产方式的核心要素，是资本对利润最大化的无限追求，它不是某一个国家的特殊需要，

---

152 本文引用之洛克的观点均参见其所著：《政府论》（下篇），中译本，商务印书馆 1964 年版。

153 有关卢梭人民主权和社会契约观念的引文依次参见其所著：《社会契约论》，中译本，商务印书馆 1961 年版，第 6、33、30、34、45、32 页。

也不是内在封闭式的自给自足，当一个国家内部的市场不能满足资本实现利润的要求时，它必然会超越国家的界限向外部市场扩展，一旦遇到阻力，服务于资本的国家力量将不惜通过武力或其他任何方式扫除障碍。而人权作为资本追求利润最大化本质所要求的自由竞争、政治平等、权力分立等理念的人本主义价值体现，当然会在资本主义获得政权后付诸政治实践的同时，成为资本拓展市场的伴生物，服务于市场的世界性扩张进程，随着资本主义生产方式的世界性扩展而传播到世界各地，这是不以任何人的意志为转移的。

第二，人权与封建专制和强权相比是当时最进步的政治主张。作为神权和封建专制的对立物，人权在本质上是所有人均应平等享受的基本的政治和法律保障，在人权面前没有也不应有种族、语言、地域、政治、宗教等的差别，这就适应了一切国家人民的根本需要，可以说，人权理念蕴涵的进步性意义是它能够逐步超越欧洲国家界限向国际化扩展，成为世界上所有国家和人民的共同追求的内在动因。

第三，人权在最初是受到政治压迫的人们争取自己权利和利益的思想武器，必然会为被压迫和被剥削民族所接受。人权口号是当时在欧洲受到天主教会压迫下的新兴市民社会提出的政治要求，在 17、18 世纪欧洲革命时期，成为新兴资产阶级反抗封建王朝、争取政治权利的重要口号。到美国独立战争时期，“天赋人权”成为英国统治下北美 13 个殖民地争取独立的思想武器，著名的《独立宣言》就是从维护殖民地人民人权的角度阐述独立的理由的，它第一次在欧洲以外的地区公开宣布了国家独立的人权宗旨，表示“我们认为下面这些真理是不言而喻的：人人生而平等，造物者赋予他们若干不可剥夺的权利，其中包括生命权、自由权和追求幸福的权利。为了保障这些权利，人类才在他们之间建立政府，而政府之正当权力，是经被治理者的同意而产生的。当任何形式的政府对这些目标具破坏作用时，人民便有权利改变或废除它，以建立一个新的政府”。[154] 在美国独立战争的鼓舞下，拉丁美洲各国 19 世纪上半叶也在争取人权的口号下获得了独立地位。进入 20 世纪、特别是二战以后，饱受西方列强欺凌的亚洲和非洲大陆也举起了人权的旗帜，通过艰苦的民族解放运动最终赢得了国家的独立和民族的解放，维护和保障人权从此真正成为世界性的历史潮流。

第四，人权观念走向世界不是西方恩赐给世界其他国家和地区人民的自上而下的传播过程，而是这些人民拿起西方的思想武器反对西方的历史进程，这一特质是人权世界性传播得以实现的基本根源。近代以来，西方列强在进

154 赵一凡编：《美国的历史文献》，三联书店 1989 年版，第 17 页。

行海外市场扩张，将世界其他国家和地区变成殖民地和半殖民地的进程中，不仅需要坚船利炮和廉价的商品，也需要为扩张和侵略行为制造“传播文明”的道义假象，这就使列强在将世界纳入其殖民体系的同时，有意无意地将人权的观念输入了落后的国家和地区。同时，由于人权本身包含着进步的价值理念，客观上容易为所有国家和地区人民所接受和认同。当然，严格说来，人权的国际化在早期本质上不过是人权的西方化，人权在观念和视野上都是纯粹西方式的。而且，西方并不试图给殖民地带来真正的人权，掩藏于人权背后的，是更为深刻的政治和文化扩张。但是，作为进步的价值理念，人权在由西方传播到世界各地的同时也奠立了它逐步超越西方化的基础，一旦落后国家和地区接过了人权的口号，人权就会在新的理念下成为各国反对西方殖民统治的政治武器。

人权观念内在蕴涵的世界性寓意，是人权的道义性和政治性双重属性共同作用的结果。如果说道义性主要体现了人类的进步精神和人性意识的话，政治性则决定了它在走向国际化的进程中必然掺杂着复杂的其他因素，充满着矛盾和对立。当然，人权在传播过程中的道义性和政治性也是相对的，道义性如果成为政治性的附庸，就为成为少数国家对外扩张的伪善工具；相反，政治性对于人权在世界范围内传播的意义也并不一定是负面的，至少就转折点而言，人权世界性传播进程的实质性启动就是给予第二次世界大战这样重大的国际政治事件的推动。

早在 19 世纪甚至更早一些时候，一些国家和国际组织就已进行了形式和程度不同的努力，推动了人权在国际社会的广受关注。“三十年战争”后法国、瑞典和神圣罗马帝国等国家于 1648 年签署的《威斯特伐利亚和约》作为近代国际法产生的标志，在规定了国家主权和独立、集体安全、遵守和约和常驻外交使节等原则的同时，规定卡尔文派教徒应该享有与路德派教徒同等的权利，这是近代国际社会首次对信仰平等这一重要的人权内容作出的超国家规范，从而不仅打破了罗马教皇神权下的世界主权论，使国际法逐步脱离了神权的束缚，更为日后国际法将人权纳入规范的范畴开了先河。

进入 19 世纪，对人权的国际保障逐渐向深度和广度发展，国际社会在废除奴隶制、种族平等、战争期间平民和战俘的权利保障、劳工权利等方面都达成了许多协议。（1）废除奴隶制。1885 年，英、法、德、美、俄等 14 个西方列强召开的柏林会议在总议定书中正式规定禁止奴隶买卖，1890 年的《布鲁塞尔条约》则不仅谴责了奴隶制和奴隶贸易，而且制定了一系列制止奴隶贸易、反对维持奴隶制的具体措施，包括相互承认搜查权和缉捕权等。（2）劳工权利保障。这方面最早的成就之一是 1906 年第二届伯尔尼世界会议上通过的《禁止在工业企业中雇佣妇女上夜班国际公约》和《关于使用白（黄）磷制造火柴的国际公约》，它们首次表达了国际社会对工人健康权利的保护。一战后，国际劳工组织主持通过了数十份有关劳工权利的国际文件，把劳工权利问题置于广泛的国际关注之下，其中较具代表性的如 1921 年的《关于农业工人结社权的公约》规定："国际劳工组织每一成员承诺保证一切从事农业的人均享有与产业工人同样的结社权，废除限制从事农业的人享有这些权利的任何法令或规定"[155]；1926 年的《强迫劳动公约》规定"国际劳工组织各成员国均承诺在可能范围内以最短时间制止强迫或强制劳动的一切形式"。[156]（3）武装冲突中对平民和战俘的人道主义待遇。这方面各国达成的共识和协议包括 1856 年的《巴黎宣言》、1864 年的《日内瓦公约》、1968 年的《圣彼得堡宣言》、1899 年和 1907 年的《海牙公约》等，虽然这些国际规范没有也不可能从根本上宣布禁止战争这一最残酷的摧残人权行为，但作为一种补救性措施，这些规范在减少战争中人们所受灾难、限制武装冲突中残酷性的界限和范围、促进对人的基本生存权利的保护等方面还是起了一定的作用的。

总体而言，20 世纪中期以前人权的世界性传播程度是十分有限的，发展步伐也相对十分缓慢，有关的国际人权规范只存在于某些具体方面，对各成员国几乎毫无约束力。尤为重要的是，当时世界大多数国家和地区尚处于西方列强的控制和压迫之下、没有政治和经济上的完整主权的情况下，根本谈不上切实保障人权。只有到了二战后，在大多数国家获得独立和主权、相互间联系和依存态势逐渐深化的前提下，人类越来越认识到某些国际性的侵犯人权行为非一国力量可以防止，必须通过国际社会的共同努力，人权的世界性传播才有了现实的必要性和可能性。

第二次世界大战是国际人权发展史上最重要的里程碑和转折点。按著名国际人权学者、联合国首任人权司司长约翰·汉弗莱的说法，这场战争是"一场前所未有的为维护人权而战的战争"。他强调，二战"不仅很快给关于个人的法律带来了前所未有的发展，而且改变了法律体制的结构和性质，不仅给现存的体制增加了新的标准而且使得该体制的性质发生了变化，所发生的一切都是革命性的。过去平行的体制现在变成了垂直的，'国际法'这一传统上国家之间关系的法律现在将其范围扩大到了其他实体，包括男女个人，个人在很长时间内是国际法的客体，现在变成了国际法的主体"。[157]

155 董云虎、刘武萍编：《国际人权约法总览》（续编），四川人民出版社 1993 年版，第 1092 页。
156 董云虎、刘武萍编：《国际人权约法总览》，四川人民出版社 1990 年版，第 1177 页。
157 约翰·汉弗莱：《国际人权法》，中译本，世界知识出版社 1992 年版，第 52 页。

二战结束后，虽然各国政府在对人权的理解和立场上各有不同的政治考虑，但由于人权意识在国际社会的深入人心，人权国际化和国际人权保障形成了一股不可抗拒的历史潮流。联合国虽然在很长一段时间内没有在保障国际安全和促进世界发展这两大宗旨上发挥出应有的作用，甚至一度成为大国权力斗争的场所，但在推及人权国际化方面，它发挥了不容置疑的作用，将人权的国际保障纳入了规范化和法制化的轨道。正如美国学者汤姆·J·法雷所评价的那样，“从一开始，联合国就仿佛注定是人权的机构。”[158] 作为联合国基本文件的《联合国宪章》虽然不是一份纯粹的国际人权文件，但它在序言中开宗明义地宣布了自己维护人权的宗旨：“我联合国人民同兹决心，欲免后世再遭今代人类两度身历惨不堪言之战祸，重申基本人权和人格尊严与价值，以及男女大小各国平等之权利”。各国庄严承诺“重申基本人权，人格尊严与价值，以及男女大小各国平等权利之信念”。以《联合国宪章》的规范为起点，人权的国际化在拥有了良好的环境、框架和组织机构的同时，日益向人类生活的各个领域延伸和扩展，人权从此成为人类社会一个超国家、超地域、超社会制度和意识形态的全球性的观念。

在《联合国宪章》精神的指导下，1949 年 12 月，联合国大会发布了著名的《世界人权宣言》，正式确立了“所有人民和所有国家努力实现的共同的标准”。为了使这些标准在国际关系实践中得到切实的遵守和奉行，1966 年，联大又通过了《公民权利和政治权利国际公约》和《经济、社会和文化权利国际公约》，构建了保障国际人权的国际法体系。从此，人权不再仅仅是西方的专利，而成为超越了西方人权的狭隘视野和范畴的人类社会的共同追求，人权也不仅仅指西方式的个人权利，它也是集体和国家的权利；不仅指公民和政治权利，也包括了经济、社会和文化方面的权利内涵。

与一般国际合作有所不同的是，二战后人权的世界性传播进程不是自下而上、由里及表、由小而大梯次推进的，而是一个自上而下、由表及里、由大而小的反向演进过程。换言之，大多数的国际合作一般是合作各方为了解决共同面临的问题而展开，其发展和扩大大多经由双边或多边—区域—全球的梯次推进过程。战后人权的国际人权合作则是人类社会出于反法西斯战争这一特定要求的共同选择，几乎没有经过多少准备过程就直接进入了全球合作的阶段。1946 年成立的联合国成为全球性人权保障的核心组织形式，《联合国宪章》和 1947 年的《世界人权宣言》则确立了国际人权保障的基本原则和规范方向。根据宪章和宣言的精神，联合国还先后成立了人权委员会（1946

158 汤姆·J·法雷：《联合国与人权》，载于《联合国研究参考资料》，第 17 辑，第 4 页。

年）、防止歧视和保护少数人小组委员会（1947 年）、联合国人权司（1947 年后改称联合国秘书处人权中心）等一大批人权机构，初步构建出全球性的人权保障体制的基本框架。这种倒置式的传播进程，决定了人权国际化在当时没有也不可能得到大多数国家的认同和接受，也很难在国际人权保障中发挥切实的监督和规范作用，其价值主要仅在于为今后的发展提供了原则性的方向和思路。

二战后，人权在半个多世纪的世界性传播进程中逐步超越了西方的范畴，成为世界各国共同关注和高度重视的全球性问题。

二战结束以来，人权的世界性传播进程先后经历了四个重要的阶段。在各个阶段，尽管国际社会对人权的强调重心和人权保障发展的速度都有所不同，各国的立场和态度也各有差别，但总体而言是处于不断的发展和变化之中。国际社会在联合国的主持下不仅从无到有地制定出了为世界上几乎所有国家认同和接受的有关保障人权的宗旨、原则和规则，还成立了以人权委员会、人权理事会为代表的大量全球性的人权机构以履行在世界各地保障人权的职责，在民族独立与民族自决，消除种族主义、种族灭绝、种族歧视和种族隔离，促进人民经济、社会和文化权利，维护公民权利和政治权利，保护妇女、儿童和其他易受伤害群体，审议国别人权问题，促进国家对人权的尊重和保障等方面都作出了积极的贡献。但是，人权在国家、区域乃至全球的扩展并不理所当然地意味着它无可指责地代表着人类社会在保障人权方面的进步和发展方向。从纯粹抽象的意义上说，通过全世界的共同努力来实现和保障人权当然比单凭一国的力量更加有效，特别是在超越了国家能力范畴的国际性人权事务上更是如此，但在现实的世界中，人类社会显然还远远没有进步到这一程度，不同国家在理念上存在着诸多人权主张的交锋和冲突，存在着一些大国把自己的人权标准视为全球统一标准的企图；在实践中存在着国家职责如何协调、全球规则与国家主权的关系如何调整、哪种权利应优先得到保障、对一国侵犯人权行为如何惩罚和制裁等有待解决的重大难题，尤其是近年来西方凭借自己的政治和经济优势对别国人权事务横加干预，更增加了许多国家对于加入人权国际化、接受其规范和监督的疑虑，导致今天人权的世界性传播在许多方面陷入了困境。如果国际社会不能给予妥善的解决，这一进程的深化和完善将面临更多的限制和障碍。

具体而言，在当前人权的世界性传播进程中，不同国家之间的矛盾和争议主要集中于如下几个问题：

其一，人权的国际保障与国家保障间的权限划分和协调问题。应该承认，人权观念从一开始就蕴含着某种超国家的要素，大多数国家也都同意，对于法西斯主义这类大规模的践踏人权行为，必须采取国际性的共同行动。但是，在具体实践中，国际社会与有关国家在权限的明确划分和相互协调方面没有得到妥善解决。尽管《联合国宪章》中规定了联合国在保障人权方面只有“促进”、“激励”、“发动研究”、“作成建议”等声明性或外部促进性质的权力，但随着近年来全球化进程的加快和人权问题的日益突出，许多西方国家提出了“人权无国界”的主张，强调对人权的国际保障应该超越传统的国家主权。发展中国家则坚持认为人权保障从根本上说是国家主权范围内的事务，一个国家的人权状况是由本国的社会制度、发展水平和历史文化传统所决定的，国际社会对此只有外部促进和帮助完善的责任，无权将某种观念和行为模式强加于任何一个主权国家。

应该说，造成这一争论的根源有着人权在世界范围传播过程中带来的某些客观效应，但更重要的在于隐藏于人权背后的复杂的政治考虑和社会原因。当今确有一些国家借口人权属国家主权的范畴而拒绝国际社会对其侵犯人权行为的正当干预，但更多的是一些大国试图借口“人权高于主权”干涉别国内政，进而试图改变别国的政治体制和社会制度。如果这两种不合理观念得不到消除，这一问题的争论将很难找到令人满意的出路。

其二，保障人权标准的普遍性和相对性问题。这是上一争论在观念上的延伸，它包括三个方面的内涵：一是国际社会在保障人权方面是否存在普遍标准；二是如果存在普遍标准，它与不同国家的相对标准之间关系如何协调；三是在实践中这些标准如何适用。西方国家大多认为，人权和基本自由是一种应当被普遍尊重和遵循的人文精神和价值，这种价值的存在和实现对于任何国家、任何种族和民族的任何人是没有区别的。而且，既然有关的人权公约已经确立了普遍适用的价值标准，就应该将这些标准用于衡量所有国家的人权状况。发展中国家则坚持，人权和基本自由是与特定的文化传统、政治制度、经济形态相关联的价值标准，它的存在和实现是有条件的、相对的，历史和现实的差异决定了人权只具有相对的属性，过于强调人权的普遍标准只会使人权被泛化或成为霸权的工具。发展中国家还强调，西方国家在对待发展中国家的人权问题时采取一种标准，对国内的人权问题则采取另一种标准；对社会制度不同国家采取一种标准，对社会制度或战略利益相近国家又采取别的标准。这种典型的双重标准的做法更是不能接受的。

客观而言，随着经济全球化程度的不断提高，国际社会中确实已经存在着一些普遍的价值准则，至少《世界人权宣言》和国际人权公约中的标准已经为大多数国家所接受，但同时，世界的多样性和不同类型国家之间在政治制度、经济发展水平和历史文化传统上的不可调和的差异性又确实使国际社会很难用普遍的标准来规范各国的人权行为。对于这一矛盾，关键不在于普遍的人权标准是否存在，而在于如何使普遍标准和相对标准相互协调，如何在实践中防止双重标准的做法，这直接制约着人权世界性传播的未来走向和进程。

其三，两种不同性质权利的优先性问题。这包括：一是经济权利和政治权利孰先孰后；二是个人权利与集体权利孰先孰后。权利的优先性问题从表面上看似乎无足轻重，但其间蕴含的却是两种人权立场的根本性对立。

在经济权利和政治权利孰先孰后方面，早在国际人权公约酝酿和草拟时期，该问题就是不同制度国家间争论的焦点。西方国家最初试图在公约中只对公民权利和政治自由加以规范，其理由是经济和社会权利只是一种“逐渐实现的理想”，不能通过国际法的形式来实现；而当时的苏联等国家则认为，仅仅通过实现途径来判断一种权利是否应该得到保障是错误的，苏联代表曾反驳道：“按照是否可由法院审理来将公约中包含的权利分为两种范畴是武断的……是基于个人可以通过司法行为来保护其公民和政治权利，却不能以同样的程序来保护他的经济、社会和文化权利这样一种假设，而这种假设是经不起推敲的，因为在许多国家，某些公民和政治权利，如投票权，很难由个人司法行为得到保护”。[159] 人权委员会决定分别用两份公约规范这两种不同权利后，双方仍在这两份公约在实践中的优先考虑问题上长期争执不休。到今天，西方仍坚持在实践中公民权利和政治自由应该首先得到全球的关注和保障，发展中国家则认为人的基本生存和发展的权利是一切人权的基础，如果人连基本的生存权利都朝不保夕，其他权利就无从谈起。

在个人权利和集体权利孰先孰后方面，西方从其个人主义至上的人文传统出发，坚持个人权利不仅是国家人权保障的核心，也应是全球人权保障的基本出发点；发展中国家则主张，国家和集体的权利是个人权利的基本前提，国家失去主权地位，个人权利也就不可能得到保障，这是近代殖民地经历留下的惨痛教训。

其四，非政府组织的地位和作用问题。《联合国宪章》第 71 条规定，经社理事会得采取适当办法，“俾与各种非政府组织会商有关本理事会职权范围内之事件”。在每次联合国人权委员会会议期间，也都有大量非政府人权组织受邀参加，它们利用自己专业性较强、活动比较自由的便利，常常通过各种调查和提交研究报告影响人权委员会决定。应该说，这些活动对联合国的人权事务是有拾遗补阙的补充作用的，但各国发生争论的是，这些组织大

159 UN Documents, E/CN4/SR206, p. 13.

多存在于西方国家，甚至受西方国家的赞助和授意，其主张和建议往往对发展中国家存有偏见；而且这些组织通过游说或施加各种政治与舆论压力给公众和人权委员会以误导，因此发展中国家要求限制它们的活动范围，剥夺这些组织在联合国及其人权委员会中的发言权。发展中国家认为，联合国是政府间的国际组织，其主体只能是主权国家，非政府组织的活动只能使国际人权事务变得更加复杂，不利于全球人权体制的正常运作。西方国家则认为非政府组织对于联合国保障人权功能的发挥是有效的促进和补充，不仅不应削弱，而且应该进一步鼓励并使其成为全球人权体制的正式组成部分。美国政府发言人即曾公开表示，“联合国 90 年代人权活动的纪录与以往相比有了重大的改进的重要原因，是非政府组织的功劳。”[160]

这些争议，就外在而言反映了不同国家间人权主张的差异性，内在蕴涵的则是社会制度和历史文化传统的根本对立，构成了人权在深化世界性传播过程中的根本障碍。在这些矛盾和争议得到妥善解决之前，人权的世界性传播只能在曲折中徘徊前进。

必须强调，在今天的世界上，人们对人权世界性传播的进步性还不能有太高的期望值，毕竟人权的国际保障和国家保障在本质上是有所不同的，两者在权威性和强制力上有着天然的矛盾和对立。理论上说国际保障不可能真正代替国家发挥对人权的保障功能，而只能在国家保障中发挥外部推动作用，营造一个有助于人权实现的外部环境。实际上，人权在世界性的传播进程中无论有意还是无意，都会试图不断超越国家主权，加上某些大国根深蒂固的霸权意识掺杂其间，使人权的世界性传播进程仍将是充满矛盾和曲折的。人类要真正实现对人权的充分保障这一梦想，还有很长的路要走。

二、不同国家人权道路的多元化选择

一种人权道路是诸多政治、经济、社会、文化要素和变量的互动与整合的外化形态，同时也受到诸多要素和变量的制约和规范，这决定了不仅关于人权的保障构想和理论是多种多样的，在实践中，不同社会制度和文化传统的国家所走的人权道路也是不尽相同的，呈现出多元化的保障模式。这些道路的存在和并立，充分反映了当今世界对人权认知的巨大差异和人权保障方式的多样性。即使在西方世界内部，人权保障的道路和方式上的共性也只是相对的，所谓的西方式的人权道路只不过指西方各国在基本的体制原则和价

---

160 David P. Forsythe, *The Internationalization of Human Rights*, Lexington Books, 1991, p. 69.

值取向上与其他社会制度国家间相比有着相对的一致性，但在具体的制度规范、实施过程、关注重心上，各国也是多种多样、千差万别的，没有哪个国家可以宣称自己的人权道路是应该为所有西方国家认同和仿效的样本或固定模式。

西方国家的人权道路

西方是近代人权观念的发源地，也是最早将人权纳入政治、法律和社会实践的地区。由共同或相近的政治制度、生产方式、社会结构、价值体系和宗教文化传统所决定，欧美各国自近代以来先后完成资产阶级革命和工业革命后，构建出了相近的资本主义性质的人权保障制度，并将这种制度作为唯一合理的模式向世界其他国家和地区推广。在长达数百年的时间里，由于西方世界的政治经济强势，殖民地和落后国家在选择自己的人权发展道路时，或多或少都受到西方模式的制约和影响。直到20世纪第一个社会主义国家苏联出现后，西方人权道路和模式一统天下的局面才受到来自社会主义国家的全新人权发展道路的挑战。二战后，广大新兴民族独立国家在世界舞台上的出现，进一步打破了西方式人权价值的神话，不但西方人权道路作为普世性模式的宣传被彻底否定，在很长时间内，连其政治制度自身的合理性也日益受到怀疑。国际社会的人权发展从此进入一个多元化道路并存的时代，各种人权道路选择的并存和在相互摩擦中相互磨合，曾在20世纪中后期成为国际人权发展的显著走向。

近代西方的人权思想萌芽于中世纪意大利的“文艺复兴”运动，但以保障政治民主和个人自由为核心的人权政治实践最初并不出现于亚平宁半岛，而源自欧洲大陆之外的英国。近代以来教权与王权、由工商业主组成的新贵族与由骑士和王族组成的世袭贵族之间的矛盾和权力制衡，导致了英国最早建立起议会民主制，走出了一条议会主导下的人权保障道路。“光荣革命”后，随着专制君主制转变为立宪君主制，英国成为第一个建立了较为系统的人权保障制度的近代国家。

但是，英国的经验并没有在其他欧美国家那里被普遍借鉴，更没有成为西方式人权保障的统一模式。相反，美国和法国在18世纪通过革命而创立的人权理念和制度被认为更具有典型的示范价值，成为西方现代化和民主化进程中在制度创新上最引人注目的成就。美国在独立战争中发布的《独立宣言》和法国大革命后制定的《人权宣言》至今仍是西方在人权观念上最富革命精神的文献。

必须看到，西方的人权保障实践自近代形成以来的数百年实践中，其发展并不是直线的和一帆风顺的。人权之于西方世界并不像西方学者所认为的那样是国家和社会的根本属性，人权也不是社会制度最本质的要素，相反，它在根本上是服从于国家的政治制度、为国家的本质需要服务的。这表现为各国人权保障制度在形成后很长一段时间内不仅没有得到进一步发展和完善，反而在19世纪西方列强对世界霸权和殖民地肆无忌惮的争夺中完全虚化为一纸空文。人权口号甚至常常成为列强对外侵略和扩张的政治工具。进入20世纪上半叶，人权精神在西方世界奉行的对极端权力和利益的追求中更是消失殆尽，人权完全臣服于政治国家的扩张和霸权这一最高的政治要求。在一些在争夺霸权中失败或后进的具有霸权野心的国家那里，更是出现了反人权的强大逆流，德国、意大利和日本在国内公然建立了压制人权的法西斯体制，进而挑起了最野蛮践踏人权的第二次世界大战。虽然这场战争最终以民主和人权的胜利而告结束，但西方的人权主张在实践中因利己性和扩张性而致的诸多局限已充分暴露出来。

二战后，西方的人权道路不再被视为唯一的、甚至不再被视为合理的选择模式。在一大批国家走上社会主义道路、构建起全新的社会制度并推行新的人权保障实践的同时，新独立的发展中国家在选择人权发展道路时，也对西方的人权模式采取了怀疑和戒备的态度，走上了人权保障实践上独具民族主义特质的“第三条道路”。对此，连基辛格也不得不承认，“西方的民主制度是土生土长的，是在地球的一个小小的角落里经过几百年的时间逐步发展起来的，忘记这一点是很危险的。它是由西方文明一些独异的特点培育起来的，迄今为止，在其他文明中还没有出现同样的特征。”[161]

从历史上看，西方的人权保障始终是为政治和社会制度的需要服务的。不同的国家出于不同的政治考虑、历史文化传统和社会现实，建立的人权保障制度当然不应该也不可能是完全相同的。如法美等国对人权的成文宪法保障方式高度重视，特别是法国在其多份宪法中都对人权作了具体的详尽规定；而英国则至今为止并没有一份成文宪法。又如美国对政治自由这一权利至为偏爱，而德国、日本等国则较为重视对自由权利的社会约束。再如美国认为陪审团制度是在司法过程中保障人权的主要途径，而法国则甚至长期没有陪审团制度。

尽管在具体构成方面有着诸多差异和不同，出于共同或相近的社会制度、政治价值、生产方式和宗教文化背景，西方国家的人权道路在基本的原则、观念、结构和运作方面根本上还是相同或相近的，属于同一种人权发展模式。

---

161 基辛格：《从现实出发》，载于《洛杉矶时报》，1987年11月22日。

具体而言，决定这种道路同质性的基本要素包括：

第一，生产方式。所有的西方国家的生产方式都是以私有制为出发点、以大机器工业为物质基础、以市场及其对资源的自由配置为核心的资本主义性质的生产方式。在这种生产方式下，对私有财产的保护当然是最根本的问题，“私有财产神圣不可侵犯”的观念构成推动生产和经济发展的根本动力，因此，所有的西方国家在人权保障的实践中，都不可避免地把维护私有财产权放在首要位置。同时，为了确保市场的正常运行和流通，人必须有自由选择的权利和在作为经济运行的润滑剂的资本面前的平等权利，按马克思的说法，“资本是天生的平等派”。加之为了充分发挥自由竞争对市场和生产力发展的推动作用，至少在机会层面的平等权利也是所有西方国家在人权实践中共同加以高度重视的。

第二，政治制度和国家形态。从本质上说，西方国家当然是资产阶级统治的资本主义国家，这是所有西方国家人权道路呈现高度同质性的决定性因素之一，当然也是其人权实践不可能真正确保大多数人权利的实现的根本所在。进一步说，西方国家的政治制度和国家形态的构成特质也决定了它们的人权道路在根本上属于同一类型。按照马克思主义的基本原理，资产阶级的政治统治的表现形式是政治的多元化，无论是在君主制、总统制还是议会民主制国家，多种政治力量的存在都是重要的政治现实。与之相适应，政治稳定和发展成为国家的基本需要之一，为保障政治的稳定和发展，国家权力必须在不同的权力集团中得到合理分配，并在这些握有权力的集团之间保持必要的平衡和相互制约。而作为权力分配和制衡的具体体现，国家制度就必须采取共和制、选举制、三权分立制、代议制等共同的制度形式，这些形式在有助于政治稳定和发展的同时，客观上也对人权提供了相对有效的保障和维护，成为西方人权道路的制度构成。

第三，市民社会。资本主义生产方式在西方经济层面表现为以自由竞争为法则的市场经济、政治层面表现为制衡原则下的民主政治，在社会层面则主要表现为市民社会。在市民社会中，人被视为独立的个人，每个独立的人按照契约组成社会。换言之，个人先于社会而存在，社会不是对个人的制约而只是个人契约关系的一种体现。马克思认为，市民社会和政治国家的“彼此分离”是“现代的市民社会和政治社会的真正的相互关系”，“在政治国家真正发达的地方，人不仅在思想中、在意识中，而且在现实中、在生活中，都过着双重的生活——天国的生活和尘世的生活。前一种是政治共同体中的生活，在这个共同体中，人把自己看作社会存在物；后一种是市民社会中的生活，在这个社会中，人作为私人进行活动，把别人看作工具，把自己也降为工具，成为外力随意摆布的玩具”。[162] 由市民社会的性质所决定，西方国家在人权保障的政治实践中，除了必须保障人作为政治共同体成员的那一部分权利，亦即政治自由和公民权利外，还必须保障其作为“市民社会的成员的权利，即脱离人的本质和共同体的利己主义的人的权利”。这些权利，就是一般意义上的“天赋人权”，是先于社会而存在的、不受任何侵犯的权利。

第四，个人主义。与市民社会相适应，西方国家普遍崇尚的是以个人主义为核心的价值体系。个人先于社会的市民社会滋生的当然是个人至上的价值观念，利己主义成为西方社会的绝对精神，构成西方社会最具有实质意义的元素。在个人主义意识的决定下，人被分解为两个简单的组成部分，一是现实存在的“个人”，二是构成这些个人生活内容和市民地位的“物质要素”（包括商业、地产、财产和职业等）与“精神要素”（包括宗教信仰、审美意识、价值观念及权利意识等）。正是在此意义上，马克思提出，“现代的市民社会是彻底实现了的个人主义原则”。这一原则投射到人权保障层面，各国对人权保障的着眼点当然也共同以保障个人的权利为核心。

第五，基督教文化传统。宗教作为民族凝聚力的重要源泉和民族文化传统的精神载体，在近代西方历史进程中扮演了重要的角色。正式举起“天赋人权”旗帜的“启蒙运动”的首要目标，就是要从封建神权的蒙蔽下唤醒人的自我意识和权利意识。而启蒙思想家们所用的武器并不是唯物主义，而是改良后的新基督教精神。所谓的新教伦理成为资本主义生产方式崛起的文化原动力，新教伦理涵盖下的信仰自由和言论自由要求因之成为最重要的权利主张之一。

在西方社会共同存在的诸多要素的共同决定下，西方各国的人权道路当然在许多主要方面体现出政治共性。这主要表现在：

其一，遵循共同的基本原则。“天赋人权”、人民主权、代议制和有限权力政府、法律至上等共同的人权原则是西方各国人权保障的结构共性和发展的内在规律性的价值体现，它们由体制结构、具体规则和操作程序及其运行过程所外化，又规范和制约着这些要素的基本取向。

其二，采取相近的保障方式和路径。西方各国建构的人权保障制度虽然在某些具体方面有所差别，但结构形式却是大同小异的，一般均包含着如下要素：（1）宪法保障。宪法世界绝大多数国家社会制度和人权体制的核心，是对人权最基本的规范文件。1789年法国的《人权和公民权利宣言》强调，“凡权利无保障和分权未确立的社会，就没有宪法。”今天，宪法是人权的法律

162 《马克思恩格斯全集》第1卷，第428页。

保障的最高形式，在宪法的指导下，当今西方各国都建立了较完善的法律体系，不仅制定了较完备的人权立法，每一项被承认的人权都有相应的法律条文作为保障，而且立法、行政和司法机构一般都能根据法定的程序和权限履行对人权的保障职责，在司法过程中根据法律规范保障公民的合法权益；（2）政治保障。在西方，尽管人权被宣称为“天赋”的人类精神和政治道德的基础，但实际上，人权从提出之日起就是、并始终是与政治生活相关的，是政治的人权而非纯粹道德的人权；（3）社会保障。人权的社会保障是政治保障的补充，它一般以社会组织为主导力量，通过社会和舆论的监督或施加道德压力等非强制性方式予以实现。在早期，由于政府作用的强大和政治社会化程度相对较低，社会保障发挥的作用相对较弱。在当代，随着宗教、传媒、教育、劳工以及环保等组织社会影响的增强，人权的社会保障越来越在西方各国的人权保障中占有重要位置，许多方面甚至成为保障人权的主要力量，如劳工组织在就业权、生活保障权、失业救济权方面，传媒在言论自由方面，宗教、少数民族组织在社会平等权、保障少数人权利和反对种族歧视方面等都发挥着政府和法律不可替代的作用；（4）法律保障。作为奉法律至上原则为圭臬的国家群体，对人权的法律保障是西方各国人权保障的核心构成。西方各国均同意，法律体系是以保障人权为目的建立起来的，所有的法律都直接或间接地为了保障人权，法律保障是否完善是评判一国人权保障是否完善的基本标准，人权只有被纳入法制的轨道才是应受保障的，反之，如法律无法规范（如生存权、发展权等经济权利）则不在受保障的人权之列；（5）经济保障。经济保障是传统西方国家人权保障中最薄弱的环节，私有财产权至上和绝对化的自由竞争观念使经济权利在西方长期被认为是个人的能力和努力范围内的事，与政府无关，政府至多只负责向每个人提供平等的经济机会。迟至今日，西方国家的许多人仍坚持反对政府在经济权利方面提供过多的福利保障，认为这违背自由竞争的法则，为懒惰和寄生提供了温床。

其三，共同的实施标准。为保障人们在日常生活中的权利，西方各国也制定了大量的具体人权规则作为实施标准，这些规则主要包括互补的两种类型：一是宪法和法律条文的补充和实施细则。在当代，西方各国都制定了针对人权保障的无以计数的法律条文及由此引申的具体规则，宪法固然有大量的法律和规则作为其补充，几乎所有的法律也都有无数的修正、补充规定和实施细则，所有这些，使各国形成了一个庞大而复杂的法律体系，人的政治、经济和社会生活的每一步都与人权有关，同时人的每一步行为都受到法律无所不在的保障；二是针对具体某一项人权而专门制定的限制。当代西方人权发展的重要特点之一，是在人权的保障方面不断完善的同时，越来越多的人认识到传统的极端个人主义和个人权利至上观念已不符合今天的社会现实，要求政府在注重保障个人权利的同时，还必须使个人在享受自己的权利时不能妨碍他人权利的实现，更不能对国家安全和社会稳定带来损害。因此，对某些方面人权的限制也越来越多，而且这些限制出于传统的考虑，大多不以正式的法律形式出现，而表现为在具体履行过程中制定的专门限制规则的形式。以传统上被视为西方首要人权之一的信仰自由为例，即使在最强调信仰自由的美国，虽然《权利法案》明确规定了国会不得制定法律“禁止信仰自由”，但在实践中却通过法院案例的形式设立了诸多限制性规则。如1878年的雷诺兹诉美国案的判决书规定：法律“不能干涉宗教信仰和见解，但是可以干涉宗教实践”；1890的戴维斯诉比森案的判决书进一步强调：宗教实践必须符合“旨在保障社会安定繁荣的法律和全体人民的道德观”；1940年的坎特维尔诉康涅狄格州案甚至规定“一个州可以用一般的、非歧视立法规定”宗教组织“在街头募捐的时间、地点和方式以及街头集会的方式，可以在其他方面保障和平、良好的秩序和社会的安宁”。由此可见，近年来引起广泛争议的美国政府对个人自由和权利的限制问题在美国的政治实践中早已有着悠久的传统。

第四，类似的实践和操作程序安排。为确保人权规范在实践中得到严格的遵循和执行，西方各国还通过立法形式制定了严格的操作程序。就人权体制的法律规范而言，人权法可以分为实体法和程序法两种类型。实体人权法是国家通过制定宪法、民法、刑法、经济法等规范公民在政治、经济、社会、文化诸方面的权利，使公民能够充分享受属于自己的各方面权利。程序人权法则涵盖了法律在保障人权方面从立法、执法到司法及其救助的全过程。其中对立法程序的规范包括对制定机关和委托立法机关的监督与控制、提案制度、审议制度、通过程序、公布程序、修改程序，这些程序有助于杜绝政府在立法过程中侵犯人权的可能性。对执法程序的规范主要包括对行政立法程序的规范和对行政执法程序的规范两个方面，后者是传统的规范行为，直接监督和控制政府的日常行为；前者则是本世纪以来的新现象，主要针对行政权扩大后行政机关拥有的越来越大的行政立法权和自由裁量权的行使而言。对司法程序的规范则主要指日臻完善的诉讼程序法。规范的操作程序，是整个人权体制原则、体制构成和具体规则得以充分发挥作用的重要保障。

冷战结束以来，随着世界的发展和结构态势的重大变化，重新在国际关系中处于强势地位的西方再度确立起对自身人权体制的信心，人权成为社会制度和意识形态冲突结束后西方扩展其影响的新的思想武器，西方式人权体制模式再度被其视为唯一的人权保障模式向世界推广，非西方国家和地区的人权体制和人权状况一再受到西方的指责。在西方强权式的人权攻势下，因观念和体制差异而致的人权冲突随之日益激化。

社会主义国家的人权道路：以前苏联为例

苏联是人类历史上第一个社会主义国家，它的出现不仅打破了近代以来资本主义制度一统天下的世界格局，在人权道路选择上也具有革命性的创新意义。只不过，从斯大林时期开始，苏联的人权实践逐渐偏离了列宁时期的正确方向，高度集权的政治体制和严重的个人崇拜阻碍了苏联人权建设和完善的步伐，保障人民合法权利的问题长期没有得到足够的重视。更为严重的是，苏联忽视人权的做法还影响到其他社会主义国家，尤其是东欧各国均以苏联为模式建立了集权体制，结果导致苏联东欧各国的人权问题成为冷战时期以美国为首的西方阵营攻击社会主义的重要武器。20世纪80年代中期后，苏东各国在一片改革声中试图对此问题加以修正，但由于种种原因不仅没有达到加强人权保障的目的，反而放弃了人权道路的自主选择权，最终导致整个社会制度的转变和苏联及苏东阵营的解体。这一点，是社会主义国家选择人权发展道路时最值得总结的经验教训之一。

沙皇俄国曾经是欧洲大陆上最专制、最落后的国家之一，人民长期享受不到基本的人权保障。因此，十月革命胜利后，新生的苏维埃政权从一开始就把保障人民权利、建立充分保障人权的国家制度提上了重要的议事日程。1917年10月26日，刚刚取得革命胜利的布尔什维克党在苏维埃第二次代表大会上决定成立苏维埃政权的同时，通过了《和平法令》和《土地法令》两份重要文件。这两份文件虽然不是严格意义上的人权文献，但包含了许多与西方截然不同的人权观念和保障内容，标志着与“天赋人权”对立的马克思主义人权观开始进入政治实践阶段。

面临当时各国被持续3年多的世界大战弄得精疲力竭的严峻形势，《和平法令》主要是呼吁实现“不割地不赔款的和平”，要求废除列强经常玩弄的秘密外交，“建议各国政府和人民立即就缔结和约问题进行公开谈判”，“立即缔结停战协定”，但其中强调了美国在《独立宣言》中曾经提及但未予推行的、超越了西方关于人权只是个人权利这一观念局限的全新的人权主张——民族独立和自决权。它明确宣布，“本政府根据一般民主派的法权意识，特别是劳动人民的法权意识，认为凡是把一个弱小民族合并入一个强大国家而没有得到这个民族的同意合并、希望合并的明确而自愿的表示，就是兼并或侵略别国领土的行为，不管这种强迫合并是发生在什么时候，不管这个被强迫合并或被强制留在别国版图之内的民族发展或落后的情形如何，最后，不管这个民族是居住在欧洲或是居住在远隔重洋的国家，都是一样。”

《土地法令》则否认了作为西方人权基础和出发点的“私有财产权神圣不可侵犯”的合法性。法令宣布，在俄国废除土地私有权，没收地主、皇族、寺院和教堂的土地，全部土地收归国家所有并交给农民耕种。

《和平法令》和《土地法令》是一个国家在人类历史上首次以基本法的形式，正式打破了个人权利和私有财产权至上的西方人权模式，从而为日后苏俄进行全新的人权道路探索奠定了基础。

1918 年 1 月 17 日，全俄苏维埃第三次代表大会期间，通过了《被剥削劳动人民权利宣言》，这是苏俄制定的第一份宪法性文件。《宣言》不仅规定了苏维埃政权的基本性质，而且重申了《和平法令》和《土地法令》中确认的新人权理念，奠立了苏俄人权道路选择的基本方向。《宣言》首先宣布了苏俄与欧美资本主义截然不同的国家性质，宣布“俄国为工农兵代表苏维埃共和国。中央和地方全部政权属于苏维埃。俄罗斯苏维埃共和国是建立在自由民族的自由联盟基础上的各苏维埃民族共和国联邦”。国家性质的根本不同，决定了苏俄在人权保障方面提供的保障方式和制度形式也有重大的差别。具体而言，在《宣言》中，与人权及其保障实践相关的内容主要包括：（1）人民享有真正的平等权利。《宣言》第 2 章在序言中规定，要“消灭一切人剥削人的现象，完全消除社会的阶级划分，无情地镇压剥削者的反抗，建立社会主义的社会组织，使社会主义在一切国家获得胜利”，这就在根本上提供了一种充分实现人权的前景和设想；（2）限制私有财产权，特别是消灭在俄国最不合理的土地私有制。《宣言》第 2 章第 2 款再次强调，“废除土地私有制。全部土地以及一切建筑物、农具和其他农业生产用具均为全体劳动人民的财产”；（3）民族自决权。宣言最后一段规定，“立宪会议力求建立俄国各族劳动阶级真正自由自愿的，因而也是更加紧密和巩固的联盟”；（4）人民拥有当家作主的权利。这一点与西方的“人民主权”原则相似，但更加明确地强调，“每个民族的工人和农民是否愿意参加和在什么基础上参加联邦政府及其他联邦苏维埃机关，这应当由他们在自己的全权苏维埃代表大会上独立决定。”这就不仅明确了“人民当家作主”的权利首先是参政权，而且明确了“人民”的主体是工人和农民这两个占社会人口绝大多数的阶级。与西方的“人民主权”原则相比，这样的表述在主体和内涵两个方面都更加明确，在实践中也更能落在实处。

应该看到，在《被剥削劳动人民权利宣言》中，主要强调的是人民作为一个整体的权利，没有对人民作为个体所应享受的权利及国家的人权保障制度作出具体的规范。这一不足，在全俄第五次苏维埃代表大会上通过的《俄罗斯社会主义联邦苏维埃共和国宪法》中得到了修正和完善。宪法首先确认了《被剥削劳动人民权利宣言》是苏俄宪法的一部分，在具体的90条规范中，不仅确认了大量受国家保障的人权内容，而且确立了以保障人民权利为宗旨的政府体制。在人权保障方面，宪法确认的受保障的权利主要包括：信仰自由、表达意见即出版自由、集会自由、结社自由、免费的受教育权、劳动权、外国人享有同等的政治权和居留权、民族平等权、公民的选举权和被选举权等。在保障人权的制度方面，宪法规定，由全体劳动人民选举产生的全俄苏维埃代表大会为最高权力机构，全俄中央执行委员会则负责处理国家的日常事务。这就彻底超越了西方的“三权分立”模式，以便国家能更有效地保障人民权利的实现，完成“消灭人对人的剥削，奠立没有阶级划分、没有国家权力的社会主义”这一根本的人权任务。

苏俄宪法的颁布在世界人权发展的进程中占有重要的一席之地。它是人类历史上第一份社会主义性质宪法，使国际社会第一次出现了与西方人权主张不同的新人权保障设想，它所构建的社会主义国家人权保障的基本制度框架对日后所有社会主义国家建立保障人权的制度理念都产生了深远的影响。列宁曾经对这部宪法高度评价道，“苏维埃宪法和苏维埃一样是在革命斗争时期产生的，它是第一个宣布国家政权属于劳动人民、剥夺剥削阶级及新生活建设者的敌人的一切权利的宪法，这就是它与其他国家宪法的重要区别，同时也是战胜资本的保证。”[163]

1924年苏联宣布成立后，在第二次全苏联苏维埃代表大会上又正式通过了《苏维埃社会主义共和国联盟根本法》（《苏联宪法》）。新宪法由苏联成立宣言和成立盟约两部分组成。宣言规定了实行“相互的信任与和平，民族的自由与平等，各族人民的和平共处与友爱合作”和保证“这个联盟是各平权民族的自愿联合，每一共和国均有自由退出联盟之权”这两大基本的集体权利原则。盟约规定了苏联保证人民权利得以真正实现的国家制度，其框架与苏俄宪法大致相同，但在具体规范上有所发展。这一是表现在行政机构的设置上，盟约除继续规定中央执行委员会为负责国家行政事务的最高权力机关外，还规定委员会由联盟院（由各加盟共和国按人口比例选出代表）和民族院（由各加盟共和国和自治共和国选派代表）组成，中央执行委员会则将苏联最高立法、行政和指挥权委托给由两院联席会议选出的主席团负责执行。二是表现为设立了苏联最高法院，它除了享有一般的审判权外，还有权解释法律并对加盟共和国某项决定是否符合宪法提出意见。但与西方的不同

163 《列宁全集》第27卷，第520页。

之处在于，苏联的最高法院不能独立于行政权力之外，而是从属于中央执行委员会。

在《苏联宪法》基础上，苏联在20、30年代还在保障人权方面进行了较大规模的法制化建设。仅1922—1923年间，就先后制定了《刑法典》、《民法典》、《劳动法典》、《土地法典》、《刑事诉讼法典》、《民事诉讼法典》等一大批旨在以法制和司法程序切实保障人权的法律，这样大规模的立法活动在人类立法史上是十分少见的。到20年代中期，苏联的人权保障制度已经基本建立起来。

十月革命的胜利和苏联的建立，标志着人类社会一种全新的人权保障实践的开始，这种实践无论在基本原则还是在构成框架与保障规范方面都与西方的人权模式有着根本的区别，是从根本上实现对人权的全面保障的一种尝试。作为人权保障制度的一种全新的尝试，苏联人权保障的创新性主要体现在如下几个方面：

首先，公开宣布社会制度与西方有着根本的不同，这是苏联人权道路与西方人权模式不同的根源所在。苏联是人类历史上第一个社会主义国家，人民在国家中当家作主的地位使人权第一次真正有了得到切实保障的可能，在社会主义制度下，作为人权保障者的政府不是人民的对立面，而只是人民权利的代言人，不需要像在西方制度下，为了防止人权受到侵犯而必须采取限制政府权力的严格规范。同时，社会主义政府存在的根本目的就是为了使人民更好地享受人权，因而也不需要像西方那样要对政府权力实行严格的制衡。由社会制度所决定，苏联得以自下而上地建立立法、行政、司法三位一体的人权保障体系，从理论上说，这一体系既使人民不虞政府侵权，又使政府得以有可能充分提高保障人权的效率。

其次，苏联提出的"人民权利"与西方的"天赋人权"在根本性质上不同。这至少表现在两个方面：一方面，"人民权利"的主体，是占人口大多数的劳动人民，并不包括不劳而获的剥削阶级，而"天赋人权"则空泛地指所有的自然人；另一方面，"人民权利"强调了权利是人民经过斗争和努力才能得到实现的，而"天赋人权"则认为人权是人生而有之的。"人民权利"与"天赋人权"的这两方面根本差别，表明苏联的人权理念更加合乎自己国家的政治现实。

再次，苏联的人权理念强调权利与义务的高度统一。无论在苏俄宪法还是在苏联宪法中，几乎每一种权利后都规定了大量公民应尽的义务，如劳动既是一种权利也是义务，公民既有享受国家提供人权保障的权利，也负有保卫国家的义务。为国家尽义务不仅是政治和法律上的要求，也反过来可以使权利得到更好的实现。权利和义务的这种相辅相成、高度统一体现了权利的辩证性，这在英美等国的人权理念中是没有的，法国虽然在宪法中也规定了一些公民义务的问题，但无论是对义务的重视程度还是对义务与权利辩证关系的认识都远远不及苏联的规定。

第四，苏联人权道路的创新性还表现在它极大地拓展了置于国家制度保障下的人权的内涵和视野，突出了国家和民族等集体权利之于个人权利的优先地位，强调个人权利只有在集体权利得到保证的前提下才有可能得到真正的实现。这一观念对于当时那些处于西方殖民统治之下，连国家和民族基本的独立和自决权都没有实现的广大殖民地和落后国家来说，提供了根据自己的国情现实、以全新的方式保障人权的道路选择。

最后，在苏联的人权制度设计中，每一种受保障的权利都规定了相应的保障措施。在西方的人权模式中，人权都是在宪法或宪法性文件中得到笼统地确认，然后在较规范的法制程序中得到判断和保障。苏联体制的不同之处则在于在宪法对一种权利进行确认时，就已确定了具体的保障手段，如1918年的苏俄宪法在确认信仰自由的同时规定，“为保障劳动者享有真正的信仰自由，实行教会与国家分离。学校与教会分离，并承认全体公民均有进行宗教宣传与反宗教宣传的自由”（第13条）；在确认表达自由时规定，“为保障劳动者享有真正表达自己意见的自由，俄罗斯社会主义联邦苏维埃共和国消灭出版事业对资本的从属关系，将一切有关出版报章书籍及其他任何印刷品的技术与物价手段一律交给工人阶级与贫农掌握，并保障此等印刷品在全国的自由传播”；在确认集会自由时则规定，“为保障劳动者享有真正的集会自由，俄罗斯社会主义联邦苏维埃共和国承认苏维埃共和国公民有权自由集会、游行等的同时，将一切适合举行人民大会的场所，连同家具陈设、照明及保暖设备交归工人阶级与贫农处理。”这样详尽的权利保障规定，是任何一个西方国家都没有的。

应该看到，苏联的人权道路不是凭空而来的，它在具体的人权保障手段上也并不完全排斥西方的某些合理的做法。尤其是在法制化保障方面，苏联吸取了以法国为代表的大陆法系的方式，通过成文法的明确性优点实现对人权的规范化保障，在人权涉及的民事和刑事各方面都制定了大量具体的法律和法规以严格操作程序，在司法过程中则吸取了演绎式推理、审判人员行使法庭指挥权、诉讼中采取纠问方式、解释法律时不拘于具体条文的字面意义等。

当然，作为一种新的道路尝试，苏联的人权道路的价值主要在于为人权的真正保障提供了一条新的选择路径和发展方向，这主要表现在：一方面，作为第一个社会主义国家，十月革命胜利后的苏俄面临国内外对新生苏维埃政权的严重威胁，不得不把主要精力放在政权建设和对付外来威胁上，保障人民权利问题不得不被暂时置于次要地位；另一方面，在人权保障的制度理念上，苏联建立后，为表明与西方资本主义制度的区别，体现国家追求社会主义性质的坚定性，基本上抛弃了包括人权在内的所有资本主义认同的价值主张，这就忽略了人权本身具有的普遍性意义。30年代中期以后，苏联人权道路的先天不足逐步显现，斯大林执政后，苏联的人权建设逐渐沿着不良的方向发展，到斯大林后期更扭曲为个人崇拜的附属物。到赫鲁晓夫和勃列日涅夫时期，虽然在一定程度上纠正了个人崇拜，但在人权实践上却始终延续着斯大林模式，人权保障问题被过度的政治化，人权保障制度的完善工作始终没有得到足够的重视，这最终为苏联的解体埋下了严重的隐患。1979年，美国提出“人权外交”后，把攻击苏联的人权状况作为东西方对抗的重要战略手段，苏联在舆论和形象上逐渐被置于国际道义的不利地位。戈尔巴乔夫上台后把保障人权作为改革的突破口之一也部分根源于此。但显然，这同样体现了人权建设理念和道路选择的严重失误，人权问题又最终成为苏联解体的重要推动力。

发展中国家的人权道路

发展中国家是二战后在世界舞台崛起的新生政治力量。从前殖民国家或占领国那里获得政治独立后，它们根据自己国家的实际情况努力探索一条具有民族主义性质的人权道路，并不断地促使这一道路走向稳定和持续。虽然发展中国家作为一个庞大的国家群体，相互间有着巨大的政治、经济和社会文化差异，其人权道路在理念、制度和保障措施上各有不同，但共同的历史经历决定了它们在争取民族独立和解放的斗争中，形成了许多对人权和人权保障的独特而共同的见解，在人权道路上的许多方面有着共同的特性。当然，由于政治、经济和社会条件的限制，发展中国家在人权道路的探索过程中并不是一帆风顺的，特别是在当前西方人权话语具有超强压制力的情况下，它们面临着许多困难和挑战，如何缩小保障人权愿望和保障人权实践之间的差距，是它们面临的共同难题。

发展中国家是在人类社会的一个全新的历史时期开始自己人权道路的探索的。种种历史的和现实的条件为它们在人权道路方面体现出不断的创新性和共同性奠定了坚实的基础，也使它们在人权保障上走出了具有发展中国家特征的“第三条道路”，为多样化的国际人权道路增添了新的选择可能。

二战后民族解放运动的兴起是发展中国家探索人权道路的前提。在这之前，它们连基本的国家独立地位都难以维持，当然谈不上有独立的人权道路选择，更谈不上在人权保障方面进行适合自身国情和发展道路的制度和实践创新。只有二战结束后，发展中国家进行了轰轰烈烈的民族独立和解放运动，赢得了国家独立和民族解放后，才得以开始了在人权道路上的探索和创新进程。大致而言，这一进程到目前为止经历了四个阶段：

第一阶段：二战结束到50年代中期，这是发展中国家探索人权道路的萌芽时期。在这一时期，亚洲的大多数国家及一些非洲国家实现了民族独立，其独立方式主要有三种情况：一是中国、朝鲜等国在共产党领导下，通过武装斗争把殖民者或外国势力赶出了国门；二是印尼、老挝、柬埔寨等利用德意日投降之机宣布了国家独立，随后又因原殖民者势力未及卷土重来而开展了民族解放运动；三是英国、法国等西方殖民者在战后国际国内进步运动的压力下，被迫宣布在一些殖民地国家实行非殖民化，印度、巴基斯坦等国即以这种方式赢得独立。但不管具体方式如何，其结果都为这些新兴民族独立国家探索人权道路奠定了基础和前提。

受独立方式不同的影响，这一时期发展中国家的人权保障在制度建设和实践中表现出很大的差异性。中国等走上社会主义道路的国家在共产党领导下，建立起了与社会主义国家制度相一致的人权保障制度。因西方殖民者的非殖民化政策而获得独立的许多国家则由于在经济上继续受到原宗主国的控制，掌握国家政权的又大多为与原宗主国关系良好，或在西方接受教育、在思想观念上深受西方影响的领导人，因而这些国家的人权道路较多具有西方式的色彩。大多数通过民族独立运动获得国家主权地位的国家则在或者受西方或者受社会主义人权体制影响的同时，致力于在人权保障实践中充分体现自己的人权主张和要求，走上了观念和体制创新的道路。

第二阶段：从50年代中期至60年代末期，这是发展中国家民族解放运动的高潮时期，也是发展中国家在独立后不断走向联合、在国际舞台上开始用同一个声音说话，进而在人权主张和国内政治实践上也逐渐趋同的时期。1955年的万隆会议是这一时期到来的重要标志，万隆会议最后宣言首次提出了发展中国家对人权的集体看法，鲜明地表达了亚非国家团结起来共同反对帝国主义、殖民主义，争取民族独立，在世界各地实现广泛的共同人权的愿望。1956年，印度、埃及、印尼、南斯拉夫等国领导人发起不结盟运动，逐渐使这一运动成为显示发展中国家团结和力量的标志性产物。在不结盟运动的整合下，反对帝国主义、殖民主义、霸权主义、种族主义等人权主张进一步成为发展中国家的普遍共识，其影响在许多国家的人权保障制度和政策实践中得到了明显体现。

这一时期，非洲国家成为发展中国家探索人权道路的重心。万隆会议精神的激励和不结盟运动的推动，使殖民地的最大堡垒非洲也掀起了大规模的民族解放运动，中部和中南部非洲出现了大批新兴民族独立国家，到60年代末期，非洲的主权国家由1955年的4个增加到了41个，至此，世界上绝大多数国家已经获得了独立。人权道路在发展中国家的探索从此具有了普遍的政治基础。这些国家都在很短的时间内选择了自己的人权道路，发展中国家的人权主张成为一种具有广泛影响的国际思潮，而且，它们还凭借自己在联合国中的多数席位对正在制定中的《国际人权公约》施加了重要的影响，使最终通过的《经济、社会和文化权利国际公约》和《公民权利和政治权利国际公约》的有关规范远比《世界人权宣言》更能体现发展中国家的人权保障主张。

第三阶段：从70年代初期到80年代末期，这是发展中国家人权道路逐渐走向成熟，对全球性人权事务的影响稳步增强的时期。在国内，大多数发展中国家的政治局势和政治制度基本确定，开始致力于发展民族经济，力争实现人民基本的生存权和发展权。各国都先后制定了经济发展战略，从西方跨国公司手中收回了国家的经济主权，积极调整国内经济关系，工业化进程有了长足的进步，国内的人权保障水平逐步提高。在国际上，经过了60年代登上国际人权舞台并以独立的姿态发挥自己的影响后，发展中国家已日益成为国际社会一支重要的独立政治力量，特别是在联合国中，发展中国家作为一支整体力量的影响不断扩大，在维护自己的发展权和经济主权方面取得了重大的成就。这最直接体现在1974年第六届特别联大上通过的《建立国际经济新秩序宣言》和《行动纲领》、1986年联大通过的《发展权利宣言》等重要的国际人权文件上。这些文件的制订充分表明，国际社会已经不能忽视发展中国家的权利主张，保障人民的发展权利、各国享有对自己的所有自然资源和天然财富的不可剥夺的主权、建立公正合理的国际经济新秩序已经成为世界性的人权潮流。

进入80年代起，由于经济发展的不平衡和外部势力的不断介入，发展中国家的国内政治出现了一些动荡和不稳定的局面，其人权保障的进一步发展及实践中也随之出现了一些问题：在经济权利方面，由于债务危机、粮食危机和通货膨胀等因素的影响，发展中国家普遍难以实现预定的发展目标，人民生活水平的提高和劳动、就业等方面的权利相应地也难以实现，中部非洲的许多国家甚至连人民最基本的生存权利也无法保障，每年都有大批人、特别是儿童因饥饿和营养不良而死亡。在政治权利方面，由于一些国家较严重的个人专制或军人独裁问题，加之长期存在着的种族、民族、宗教和教派之间的矛盾不断激化，许多国家出现了政局不稳和动荡的现象，宪法规定的民族平等、信仰自由及其他公民和政治权利都很难在现实生活中得到确实的保障。一些国家间的战争和军事冲突等给各国的人权状况带来了严重的灾难，人民的无数财产直接或间接地化为灰烬，生活水平严重下降，一些民族或种族甚至遭到灭绝性的屠杀，人权保障不仅没有在过去的基础上进一步发展，反而在许多方面有所退步。

第四阶段：20 世纪 90 年代至今，这可以认为是发展中国家人权道路进一步分化和走向多元化的时期。虽然这一时期具体的进一步取向和后果尚有待时日加以证实，但基本的大势已经外化出来，这就是一方面，以东亚、金砖国家为代表的经济增长较快的国家在保障人权方面取得了举世瞩目的成绩，人民在经济、社会、文化权利和公民与政治权利方面都得到了较好的国家制度保障；而另一方面，一些国家由于长期陷于内乱或战争，经济发展长期停滞不前，在人权保障方面不仅没有取得进展，反而继续不断退步，国家和人民的权利都陷入严重的困境之中。

严格说来，占当今世界 3/4 的国家数量和 80% 以上人口的发展中国家，作为在政治制度、经济发展水平、历史文化传统、宗教信仰等各方面都有着极大的差异的国家群体，在人权道路的选择上是一个极为分散和复杂的组合。只是基于历史的原因和它们在当今世界上面临着共同的问题和挑战，发展中国家才仍然被视为独立于发达资本主义和社会主义国家之外的第三种国家类型，其人权道路也才具有了相对的整体感。大致而言，决定发展中国家人权道路呈现出共性和整体性的主要因素有如下几方面：首先，共同的殖民地和受压迫受剥削的历史经历决定了发展中国家在独立后有着维护国家主权、促进民族经济发展和社会进步的共同使命，这种使命的共同性投射到其国家制度建设和人权道路选择上，必然在许多方面表现出相对的共同性。其次，二战后人权观念在国际社会的广泛传播和世界性人权保障思潮的兴起，为发展中国家的人权建设创造了良好的外部氛围，维护和实现人权成为各国民族解放运动和争取国家独立的共同口号，其人权道路的共性因而具备了必要的政治基础和内外条件。再次，区域性和全球性人权保障思潮的酝酿和规则制订为发展中国家的人权道路提供了共同的标准和规范模式，促使它们在构建自己的人权制度时，必然大量吸纳这些共同的人权规范标准。特别是《世界人权宣言》和国际人权公约的保障观念和有关要素，更对发展中国家的人权道路产生了十分明显的影响。最后，发展中国家在独立后不断走向联合和合作，注重在国际舞台上以同一个声音说话，也在客观上推动了它们在人权道路方面不可避免地具有明显的共性特征。具体说来，这些共性特征体现为：

第一，民族主义特征。发展中国家的人权道路是革命的结果，民族主义则是革命者唤醒国内民众、争取国家独立和民族自决的重要精神武器，无论是中国的孙中山还是印度的圣雄甘地，他们所倡导的都是复兴本国民族主义意识，根据本民族的文化和历史传统来探索适合本国国情的政治制度和人权道路。建国后，民族主义意识渗透到了所有发展中国家的人权观念中，对民族的忠诚和义务几乎在所有发展中国家得到体现，特别是发展民族经济、维护国家主权和独立、确保对本国的自然资源和天然财富的永久主权等典型的民族主义性质的主张，不仅为各国共同确认，而且在各国的共同努力下，还得到了许多国际人权文件的认同和接受。这是将发展中国家道路视为国际社会多元人权道路选择中的“第三条道路”的首要理由。

第二，调和主义特征。发展中国家在人权观念和宗旨上是民族主义性质的，但它们的制度规范和保障程序并不是凭空想象出来的，它们的封建专制主义乃至部落阶段的文化传统决定了它们无法完全从自己殖民时代以前的制度模式中进化出现代人权保障的系统制度规范来，而必须从既存的道路和模式中吸取有用的要素。而在战后的国际现实中，最富个性魅力的就是社会主义和资本主义两种人权道路，在这两大道路的吸引下，许多国家在独立后或者宣称走社会主义的道路、或者宣称走资本主义道路。但不管其如何宣称，它们实际上没有也不可能真正成为社会主义抑或资本主义国家，这不仅由其民族主义的基本特质所决定，也因为它们既出于殖民地经历而在独立后始终注意与资本主义国家保持距离，以免国家的独立再度受到损害，同时也因没有一个真正意义上的共产党领导而不可能走上真正的社会主义道路。这样的政治现实，决定了发展中国家在人权道路的选择上必然是调和主义的。所谓调和主义，是指大多数发展中国家都站在民族主义的价值基点上根据自己的需要来有选择地从资本主义和社会主义的人权道路中吸收对自己有益的要素，并以民族主义的名义把它们调和成自己的独特道路。如印度、巴基斯坦等国一方面在宪法中强调保障经济民主和社会公平与平等，同时又保留了两党制、代议制和三权分立的原则，对个人自由和公民权利给予了高度重视；另一些非洲国家如扎伊尔（今刚果民主共和国）、马拉维等国则在宪法中既规定了制度民主和公民权利，又规定军人政权是社会经济进步所必不可少的，这些都反映了明显的调和主义意识和特征。

第三，国家主义特征。与战后西方各国“小政府、大社会”或“弱政府、强社会”的国家主义色彩淡化的趋向相反，大多数发展中国家出于政治稳定和经济发展的需要，都采取了强国家政权的政治体制，国家在社会生活的各个方面都无所不在地发挥着主导作用。在经济领域，国家主义的特殊意义在于国家对经济运行和发展过程的高度控制，经济发展的所有重要资源都由国家统一支配，人民的财产所有权和其他经济权利也由国家来决定受保障的程度；在政治领域，作为政治机构的国家更在政治体制中起着决定性的作用，政党被视为夺取政权和巩固政权的工具，军队则是国家政权稳固与否的首要象征，在许多国家，军队始终是政治体制的决定性因素，而公民权利和政治权利在这样的国家及其政治体制中当然也是国家的附属物。

第四，权威主义特征。权威主义是国家主义在政权控制性方面延伸的产物，一般是指国家政权的执掌者通过种种集中的甚至强制性的方式树立自己的权威，长期控制国家政治和经济社会生活的各方面。权威主义的主体往往最终体现为"政权个人化"，亦即作为权威象征的政治领导人尽力使自己的至高权力通过法律的确认合法化。他们通常是国家中唯一的政党或执政党的领导人，是国家的最高行政首脑和军队的最高指挥官，甚至也是官方哲学的奠基人或代表人。权威主义与独裁主义的差异主要在于其领导人不是君主，对人民没有法律赋予的生杀予夺的绝对权力，其地位既通过领导人的个人威望，也通过一个强大的政党和一支强大的军队来确立和维持。在权威主义的体制下，国家的独立权和集体权利较为受到重视，人民的经济权利一般说来会因经济的较快发展而得到较好的实现，而宪法赋予的个人政治权利则相对有所削弱。

第五，传统主义特征。发展中国家是在贫困和落后的状态下赢得国家独立的，不发达的政治文化和民主意识、强烈的习惯行为、宗教规范和传统行为准则都对它们选择的人权道路产生着巨大的影响，在许多情况下，人们的权利保障更多的不是来自宪法和法律的明确规范，而是来自传统主义的不成文约束和"习惯法"。非洲的部族主义、亚洲和拉美的村落和族际意识都直接影响着人权体制的规范和运作，公民的权利往往通过部族或村落来共同行使，亦往往由部族或村落来施予保障。在一些阿拉伯国家，政教合一的政权性质使宗教的人权影响更为明显，妇女的平等权利甚至在宪法中也无法得到哪怕是表面的规定。

有必要注意的是，发展中国家的人权道路共性在反映了它们对人权保障的共同主张和要求的同时，从另一方面看也体现出它们在理念和制度等方面的重大差异和多样性。民族主义等特质在国家对外交往方面的直接体现，就是高度强调保持自己的文化个性；在国内的人权政策实施中，也使不同的发展中国家采取的人权保障措施在实践中表现出很大的不同。在此意义上，共性和个性都是相对的道路特性，既不能因强调共性而忽视发展中国家人权道路的个性特征，也不能因重视个性而将发展中国家的人权道路视为凌乱和无序的非整体性发展取向，这是认识发展中国家人权道路的重要价值基点。

1990 年 5 月，面对世界局势正在发生的前所未有的重大变化，以坦桑尼亚前总统尼雷尔为首的南方委员会曾发表一份《对南方的挑战》的报告，提出了发展中国家在当今世界面临的 8 大挑战：（1）以言论和行动重申，发展的目的是为了促进人民的福利，实现经济增长是为了满足人民的需要和达到他们的目的；（2）加强民主，以便其人民能自由地生活并制定出与他们的文化和价值观相适应的他们自己的发展道路；（3）能更有效地利用自己的资源，以加速发展，把满足人民基本需求置于优先地位，使人民摆脱贫穷、疾病、无知和恐惧；（4）使其人民能充分发挥其才能和创造力的潜力，建立起自信心，并动员人民为社会的幸福和进步作出贡献；（5）为争取其人民生活的更美好而扩大其从先进科学技术中获得效益的能力；（6）在推进发展的同时要适当关注对自然环境的保护，以支撑当代人和子孙后代的生存；（7）将自己有效地组织起来，并通过广泛的南南合作的合营事业吸取力量，这种合作可从资源的互补性中获益，并且增进集体的自力更生；（8）用自己的团结一致，通过对全球关系的重建，使世界成为全球人民的一个更加公正、更安全的家园。

报告中提及的这些挑战，每一项都直接涉及人的权利的实现和保障问题，充分体现了发展中国家在人权保障方面面临的严重障碍和巨大难题。而且，由于这些挑战、障碍和难题是多方面的，既有历史的、也有现实的，既有经济的、也有政治和社会的，既有国内的、也有国外的，发展中国家要通过自己自主选择的人权道路实现改善人权状况变得更加艰难。事实上，自报告发表以来的 20 多年时间里，大多数发展中国家的人权状况几乎没有得到明显的改善。当前，发展中国家在人权保障实践中仍然面临诸多难以克服的障碍和难题。

当然，也必须看到，从发展趋势和长远的走向而言，发展中国家的人权发展始终是不断趋于深化和完善的，当前人权保障中面临的困难和问题只是选择发展道路上发生的曲折。不管如何，它们在战后对人权保障的高度重视和不断努力探索与自身国情相适应的人权道路本身就是一个巨大的成就，这些国家摆脱了数百年的外无主权、内无人权的封建专制统治，开始逐步走上现代化和民主化的道路，也使人类社会形成了一个全面保障人权的有机体系，有力地推动了世界的进步和发展。

三、文明的多样性决定人权道路的差异性

从三种不同类型国家人权道路的选择中可以发现人权道路的多元性体现的不同国家基于各自国情的必然选择，而在国家类型比较的层面上，决定国

情的核心因素体现为不同文明形态对人权道路的内在决定性。换言之，多种文明并存的事实决定了今天的世界上没有也不不应该只有一种发展人权的道路选择。人权当然是人类社会共同接受和认同的理念，但在不同国家中如何保障人权是这个国家的人民自主选择的结果，不同文明国家的人民不需要另一种文明来教育自己应该采取怎样的方式来保障人权，这应该是人类社会人权发展的基本逻辑。

文明多样性是当今人类社会面临的基本现实。尽管在一些人看来不同文明之间存在着冲突的可能，西方与阿拉伯国家近年来不断发生的冲突和摩擦似乎也容易使人联想起基督教文明与伊斯兰文明之间的某种程度上的抗衡，但回顾冷战结束以来国际关系发展的总体态势，多样文明的和平共处和和谐共生显然是时代的主流，并没有发生过不同文明之间的激烈冲突。文明多样性现实投射到人权发展问题上，就是任何一种理性的判断都应该承认不同文明生态中的国家和人民都享有自主选择人权发展道路的权利。具体说来，文明多样性与人权道路多样性的内在逻辑体现为：

第一，文明多样性为人权发展道路的多样性选择奠定了合理的价值基点。今天的世界上，无论是基督教文明、伊斯兰文明还是佛教文明、印第安文明、东正教文明，都以自己的方式传承和坚持着自己的核心价值与文明理念。在很大程度上，打上了强烈基督教文明印痕的人权之所以在不同国家呈现出不同的保障方式，其内在的根源即在于此。

第二，文明多样性为人权保障的多样性提供了现实的可能选择。当一些国家要求别国必须按照自己的方式来保障人权的时候，一些国家仍然坚持从自己的文化传统出发决定自己怎样保障人权，如“鞭刑”这一被西方批评为侵犯人身权的制度在文莱、新加坡等国家却仍然盛行并受到国民的普遍认同。

第三，人权的多样性发展道路有助于进一步增进文明的多样性，共同为世界的和谐提供了动力。

在理性的内在逻辑基础上，尽管少数文明形态基于经济和政治实力而在人权的对话与互动交流中居于相对强势的地位，一些国家甚至达成过“华盛顿共识”，试图在世界上强制推行一种文明，但在文明多样性的前提下，人权发展道路当然也就存在多样性的选择，每一个国家、每一种文明都有理由从自身的经济、政治、社会和文化状况出发选择适合的人权发展道路。这是现实逻辑对于理性逻辑的经验验证。只有在尊重文明多样性的基础上承认人权发展道路的多样性，不同国家和文明之间才能真正实现和谐相处，人类的人权理想才能拥有一条可行的实现路径：

第一，人权发展道路的多样性并不是导致国际冲突的根源，冲突的根源在于一些强势国家试图压制文明的多样性，不顾基本国情的不同，迫使不同文明传统的国家按它们的意志和愿望来发展人权。相反，承认并增进这一现实有助于积极推动人权的和谐发展，有助于帮助一些经济发展落后的国家提高人权水平。

第二，人权和发展之间可能的内在矛盾制约着不同文明国家推动人权发展的意愿和动力，但这不意味着其他国家可以加以强制性的干预，更多的合作和经济援助或许是更好的选择，因为一些国家的落后和贫困是受到某些国家长期掠夺造成的，曾经的掠夺者今天需要做的不是喋喋不休地指责被掠夺者的人权状况，而是有着不容推卸的责任去提供实实在在的经济援助，使它们拥有改善人权状况所必需的经济能力。

第三，强调人权发展道路的多样性并非意味着对于其他文明发展人权的有益经验的拒绝，而是赋予它们自主选择借鉴哪些经验、通过何种方式来借鉴外部经验的权利，这既是人权发展道路多样性的应有之义，也是构建和谐世界的有机组成部分。

第四，人权的发展植根于文明多样性及其相互沟通和交流的过程之中，在尊重差异性的基础上增加包容性和互补性，即使不同文明对于普遍的人权标准有着不同的理解，也只能通过包容和沟通来增进共识。

文明多样性是人类社会长期存在的基本现实，人权发展目标的实现也是长期努力的结果，只有各国以更加积极的态度承认这一现实，人类和谐的人权关系才有可能逐步形成，人权的发展才能在和平与发展的氛围下拥有良好的外部环境。

四、人道主义干预：对人权道路自主选择权的挑战

在当前关于中国人权道路的讨论中，开放性是公认的道路特征之一。但开放性不仅意味着中国可以选择和借鉴其他国家的人权保障经验，也意味着外部性理念渗透乃至干预可能的增强。这就促使人们必须客观面对当今国际社会中的人道主义干预思潮。

20 世纪 90 年代冷战结束以来，国际关系中一个极具争议的重要议题就是国际人道主义干预。国际法庭对前南斯拉夫领导人的种族灭绝罪审判、北约对伊拉克和科索沃的武力干涉、中亚地区的“颜色革命”、阿拉伯国家的“茉莉花革命”等一系列引人注目的“人道主义干预”行动的实施，都在国际社会引发了激烈的辩论。这场辩论的核心，是人道主义干预是否符合国际法和国际关系的基本准则？换言之，人道主义干预是否具有充分的合法性依据？

支持的意见认为人道主义干预基于自然法和习惯法，如果一个主权国家政府对其统治下的人民残暴不仁，其忤逆足以“震撼人类的良心”时，其他国家当然有权进行干预，甚至使用武力也不为过[164]。而反对的意见则强调，不干涉别国主权和内政是国际法和国际关系的基本准则，利用人权和人道主义的借口对主权国家进行干涉是典型的霸权主义和强权政治做法，其实施的结果不仅无助于国际社会的公正和稳定，反而可能造成新的混乱。显然，合法性问题是当前人们对人道主义干预进行价值评判的重要基点，直接关系到它能否为大多数国家所认同和接受，进而广泛地付诸国际关系实践，为动荡的当今世界缔造和平与稳定的局面。

人道主义干预的理念出现于近代，尽管就其内涵和合法性而言，至今没有一份国际法文件作出过明确的规范，但按照劳特派特在《奥本海国际法》中的权威界定，人道主义干预的法理依据是“如果一个国家犯有对本国人民施行残暴或迫害的罪行，以至否定他们的基本人权并且震骇人类良知，那么，为人道而进行的干预是法律所允许的”。[165] 从这一理解出发，最早为人道主义干预奠定理论基础的，是 17 世纪的荷兰法学家雨果·格老秀斯。他从限制国家战争权的角度，提出基于正义亦即自然法的权利而进行的战争是合乎国际法的，国际法应该允许国际社会乃至每个特殊的国家在一定情况下为维护人的根本的自然法权利而进行干涉，受国内统治者压迫的人民为了反抗暴政也有权寻求外国帮助。这种从自然法角度论证人道主义干预及其合法性的思维方式，成为人道主义干预论的经典逻辑。

在自然法理论的支持下，19 世纪出现了大量的人道主义干预实践。1827 年英法俄三国借对人民实行残酷统治或政府屠杀少数民族之名对奥斯曼土耳其帝国进行武装干预被认为开创了人道主义干预的先河。此后的著名案例则包括，1841 年至 1861 年间神圣同盟以保护处于少数地位的基督徒为由对叙利亚进行干涉，1877—1878 年俄国出于宗教同情和人道原因对巴尔干半岛进行干涉，1891 年和 1905 年英法等国也曾因俄国在国内大肆屠杀犹太人而联合出兵进行干预。但是，尽管这些干涉都借用了“维护宗教自由”、“保护少数群体”等人道主义理由，在当时几乎没有任何国家和任何国际法条文承认其具有合法性，这不仅在于近代国际法已经确立了国际关系的不干涉原则，更在于这种干涉都是大国针对弱国采取的行为，人们可以明显地看出其中蕴涵的扩张和强权动机。19 世纪上半期美国的门罗主义就是对人道主义干涉的政

---

164 赖彭城等：《国际人权论》，上海人民出版社 1993 年版，第 27 页。

165 劳特派特：《奥本海国际法》，中译本，上卷，第一分册，商务印书馆 1981 年版，第 235 页。

治动机的明确诠释，门罗总统在其1823年发表的著名咨文中强调，美国不干涉欧洲的事务，同样为了美洲的和平与幸福的目的也不能允许欧洲国家将它们的政治制度扩展到美洲的任何部分（具有讽刺意味的是，曾经强烈反对外部干预的美国在今天却是“人道主义干预”的倡导者，这至少是对其政治传统的背离）。

进入20世纪以后，越来越多的国家意识到，人道主义的干预理由如果遭到大国的滥用，将给世界的和平与稳定带来严重的灾难。1919年的国联盟约为此曾规定“联盟会员国担任尊重并保持所有联盟各会员国之领土完整及现有之政治上独立，以防御外来之侵犯。如遇此种侵犯或有此种侵犯之任何威胁或危险之虞时，行政院应筹履行此项义务之方法”。[166]但由于缺乏足够的抵御干预的措施，人道主义干涉行为不仅没有得到有效的控制，其滥用反而在德意日法西斯那里被推到了极端。1938年纳粹德国吞并捷克斯洛伐克就是打着“人道主义”的旗帜，而日本对中国和其他亚洲国家的侵略更是用了“把亚洲人民从西方殖民者统治中解放出来”的伪善口号（值得一提的是，日本右翼至今仍沉湎于这种伪善的人道主义幻觉中，拒不反思其侵略行为给亚洲各国带来的深重灾难，这是对“人道主义干预”被滥用后果的令人深省的注脚）。约翰·汉弗莱在追溯人道主义干预的严重后果时沉痛地写道，“有一点是明确的，没有任何一个国家承认对它的国家干涉的合法性，而且正如对侨民的外交保护一样，只有强国可以做到并且只能针对较弱的国家。还有一个十分重要的历史事实，那就是，在20世纪30年代，并没有任何人和任何民主国家为在纳粹德国受到迫害的少数民族和其他受迫害的人进行人道主义干预。”[167]在此意义上，正是为了防止任何国家和任何人以任何借口干涉别国主权和内政，《联合国宪章》才明确将不干涉原则规定为国际法和国际关系最基本的原则。

二战后，以人道主义为理由进行的国际干预在相当长一段时期内受到遏制，人道主义干预理论也常常被等同于传统殖民主义的强权行为而受到抵制和驳斥。《联合国宪章》明确规定：“本宪章不得认为授权联合国干涉在本质上属于任何国家国内管辖的事件，且并不要求将该事件依本宪章提请解决”，“各会员国在其国际关系上不得使用威胁或武力，或与联合国宗旨不符之任何其他方法，侵害任何会员国或国家之领土完整或政治独立。”[168]1981年12月9日，联合国还专门通过了《不容干涉和干预别国内政宣言》，宣布“任

166 董云虎、刘武萍编：《世界人权约法总览》，四川人民出版社1992年版，第921页。

167 约翰·汉弗莱：《国际人权法》，中译本，世界知识出版社1992年版，第28页。

168 《宪章》全文参见董云虎、刘武萍编：《世界人权约法总览》，四川人民出版社1990年版，第928—945页。

何国家和国家集团均无权以任何方式或以任何理由干涉或干预其他国家的内政和外交”。[169] 这些规范的确立，是国际社会对传统上大国借人道主义之名行侵略和掠夺之实的反思的结果，对战后国际社会制约和谴责人道主义借口下的干预和侵略行为发挥了积极的作用。

情况的变化始于冷战的结束和后冷战时代的到来，随着人类社会相互依存态势的空前深化、世界经济一体化和国际政治全球化趋势的日益显著、科学技术的突飞猛进、全球性问题的产生，国家行为日益被认为不再仅仅是一国内部的事情，越来越多的国家行为具有了直接或间接的国际效应，国际社会对国家的渗透和影响力也不断增强。这一切，都为人道主义干预思潮的再度兴起提供了环境和条件。同时，冷战和两极体制的不复存在使战后维持近半个世纪的国际秩序被打破，国际关系一度处于动荡不安的状态，国际社会亟须重建秩序和稳定，平息不断爆发的民族、宗教和政治冲突，为国际人权的有效维护提供充分的保障，等等。人道主义干预在具有了可能性的同时更具有了紧迫的现实性。在许多人看来，无论在任何地方，只要一个国家或国家之内的集团不能满足人民的人道主义要求，国际社会就有义务进行干预。进一步说，国际社会应该被赋予保护因冲突和政府的敌意而受到威胁的种族的、宗教的和其他的少数群体的权利和义务。按联合国前秘书长德奎利亚尔的说法：“国际干预的权力已经由于最近发生的政治事件而被赋予了新的意义……我们正清楚地看到公众的态度将可能发生不可逆转的改变，即认为以道义的名义对被压迫者提供保护应超越边界和法律文件的约束。”[170] 通过人道主义和国际道义方面的理由，人道主义干预由此被认为找到了合理性基础上的合法性基点。

20 世纪 90 年代以来，人道主义干预在国际关系中越来越多地付诸实践，正日益对传统的不干预原则和国家主权原则构成前所未有的挑战。大概而言，当前人道主义干预的实践和发展取向主要表现为：

1. 干预主体的多元化。传统的干预主体主要是具有强烈扩张意识的大国和强国，近年来国际组织逐步成为人道主义干预的重要主体，这些组织既包括联合国等全球性政治组织，也包括一些区域性和专业性的国际组织，特别是联合国正在被视为实施人道主义干预的唯一合法主体，大国在采取对外干预行动时也常常借助联合国的名义。其他的干预主体还包括联合的多国组织（如频繁介入“人道主义危机”的北约、介入利比里亚内战的西非多国部队）、

169 转引自《人民日报》，1993 年 6 月 13 日，第 5 版。

170 联合国出版社发行，SG/Sm/4560，1993 年 4 月 24 日。

非政府国际组织（如大赦国际、人权观察、亚洲人权观察等人权组织）、跨国公司（如美国国会曾作出决议要求跨国公司在与相关国家的经济和贸易往来中“致力于促进该国的人权状况”）等。

2. 干预范围的广泛化。这包括干预对象和干预事务两个方面。过去的人道主义干预主要是针对代表主权国家的合法政府的对外侵略和对内压迫少数人行为。但在今天，被干预的对象已不仅仅是国家及其行为，国家内部的民族、种族、群体行为也成了人道主义干预的对象。在涉及的事务方面：对外武力侵略和扩张；国内局势严重混乱且政府已无能为力；政府对国内少数群体的大规模迫害或屠杀；侨民权利、利益乃至生命得不到有效保障；人权状况恶劣；与他国的历史遗留争端和重大摩擦；恐怖主义和跨国犯罪等，都有可能受到来自外部力量的人道主义干预。

3. 干预方式和手段的多样化。在干预方式方面，包括：（1）国际决策。即通过国际条约、协议、决议乃至武装介入等方式进行的干预；（2）国际监督。即国际社会通过正规途径实施国际决策；（3）政策协调。通过干预方与被干预方的对话和沟通平息纠纷和冲突；（4）国际谈判。国际组织或第三方出面促使被干预方坐到谈判桌前，主要适用于被干预方为两个或以上的主体；（5）发展与援助。通过多边或国际性发展与援助项目促使被干预方的行为向积极方向发展，从而达到实际上的干预目的；（6）国家决策。被干预国考虑到国际干预的压力而采取主动的自我约束行动，这也是国际干预的一种间接方式。在干预手段方面，当今的人道主义干预行为包括政治干预、军事干预、经济干预、文化干预、人权干预等。

4. 干预强度多层化和强制化。按由弱而强的程度，今天的人道主义干预强度可分为多个层次：（1）声明性干预。即国际社会通过对干预对象公开表达某种愿望或意向以达到目的，这是强度最弱的一种干预；（2）发展性干预。相当于发展与援助方式，主要起诱导或正面推动作用，比声明性干预稍强之处在于它毕竟采取了行动；（3）实施性干预。通过积极的协调、谈判、决议等干预措施进行半强制性干预，具有较强的压力性质；（4）强制性干预。这是干预强度最高的一种方式，包括国际制裁和战争等强制措施。值得一提的是，今天的人道主义干预强度的深化不仅表现为强制程度的不断增强，而且是多种强度的并存和耦合，共同发挥作用。

5. 干预活动的机制化。当今人道主义干预涉及的领域已经深入国际关系和国家内部的各个方面，一个初步具备了原则、规章、措施和决策程序的国际人道主义干预机制正在形成，人类的政治、经济、安全、社会和文化活动都日益处于人道主义干预机制的规范之下。尤其是人权领域，联合国人权委员会已经建立起广泛的人权监督和汇报机制，每年一度的联合国人权委员会会议有权对严重侵犯人权的国家决议进行谴责并要求其改善人权状况。

上述取向说明，人道主义干预已日益成为当今世界使用广泛、方式多样、手段复杂的国际政治行为，越来越多的国家和民族受到人道主义干预的制约和侵蚀；主权国家在试图通过融入一体化的世界、分享相互依存带来的和平与发展的好处的同时，受到的外部限制和影响越来越大，传统主权国家的绝对权力日益失去充分的国际保障。显然，这是对整个传统国际关系秩序基础的动摇和挑战，对于人道主义干预的这一取向和前景，每个国家都不能不持审慎的态度。

尽管人道主义干预正在成为盛行一时的国际关系行为，但它在国际法上显然缺乏足够的合法性支持，其中最为致命的，在于它在根本上无法逾越国家主权原则的法理制约。在格老秀斯看来，人道主义干预思想的提出是对近代国家主权原则的补充和完善，但正如当代法学家布瑞厄利所指出，"如果格老秀斯的整套信条被各国接受，成为他以后规范国际关系的法律的一部分，那么他的著作几乎完全失败。"[171] 从法理上说，人道主义干预不仅不是对国家主权原则的补充，它的内在逻辑在根本上是与主权原则相悖的，既然国际法明确承认了国家拥有主权及主权不可侵犯，就必须同时承认任何国家和外部力量均没有权力以任何理由干预任何国家的内部事务，否则，国家主权原则将面临被虚化的危险，进而导致国际关系陷入混乱和无序状态。换言之，基于人道主义的干预原则与基于主权的不干预原则在根本上是对立的，如果人道主义干预具有了合法性，国家主权原则就实际上失去了法理基础；反之，只要国际社会还承认国家主权原则是国际法和国际关系的基本准则，人道主义干预就在本质上不具有合法性。

当前，国家主权原则无论在理论上还是国际关系实践中，都对人道主义干预构成了多方面的合法性制约：

其一，主权仍然是公认的国际法和国际关系基本原则，只要主权国家在面临人道主义干预时以维护主权的理由加以抵制，这种干预就因合法性基础的缺乏而很难为大多数国家所支持。正因如此，北约对科索沃的干预不仅遭到绝大多数国家的反对和强烈批评，连美国国内许多人也认为这是严重违反国际法的战争犯罪行为。曾在二战后著名的纽伦堡战犯审判中担任起诉人、现为华盛顿律师的沃尔特·罗克勒撰文指出，"国际法庭宣布：发动侵略战争不仅是国际犯罪，而且是最高国际犯罪……显然，目前美国和北约违背了

171 J. L. Brierly, *The Law of Nations*, 6th edition, Oxford, 1960, p. 33.

这个基本承诺"，"按照国际法的另一个观点，美国和北约目前的轰炸行动构成了一种持续性的战争犯罪，无限制的轰炸是国际法禁止的。"罗克勒在结论中还专门强调，"认为可以利用先进的技术手段，通过胡乱破坏和杀戮来纠正反人道的行动，这本身就是不可信的。这只是我们不顾国际法、傲慢地坚持自己的支配和强权地位的借口。"[172]

其二，人道主义干预最有可能获得国际社会支持和认同的，是在惩罚侵略，对付恐怖主义、贩毒、跨国犯罪，解决人类面临的环境、粮食、贫困等国际社会公认的全球性人道主义问题方面。但即使是在这些问题上，一方面主权国家仍然承担着解决问题的主要责任，国际社会没有足够的能力提供实质性的干预和帮助，另一方面，大多数国家也因担心大国借机干涉自己的主权而难以在国际法上为干预提供合法性支持。在没有消除大多数国家在这方面的担忧之前，针对那些明显必须通过国际干预才能得到有效遏制的行为的人道主义干预行动也难以合法而有效地进行。

其三，无论从历史还是现实看，人道主义干预行为常常蕴涵着干预者特殊的政治动机和政治目的，成为大国藉人道主义之名行对外扩张之实的"软性"霸权手段。面对这样实质性的强权政治行为，处于弱势的小国和弱国唯一可以凭借的抵制资源，就是为国际社会公认和确认的国家主权原则，尤其是在西方战略强势下人道主义干预被频繁滥用的今天，国家主权原则已经成了发展中国家在全球化进程中抵制西方主权侵蚀的最后的合法屏障。在此意义上，维护国家主权的合法性关系到发展中国家的生存和独立地位，无论是来自人道主义还是其他理由的外部干预都不可能被它们视为合法的行为。

为了摆脱国家主权原则的不可超越性给人道主义干预造成的合法性困境，一些学者正在试图寻找两者间新的调适途径，在承认主权不可超越的前提下通过对主权的重新阐释来奠立国际干预的合法基础。其中较为引人注目的是"主权的自动限制论"和"共同主权论"。

"主权自动限制论"主张承认国家主权在今天仍然是至高无上的国际法原则，但国际关系的现实确实既在客观上给绝对主权的维护带来了严重的困难，主观上也要求各国为了和平与发展这一人类的共同利益而承担更多的国际义务，主动接受国际社会的更大限制，为此，国家应该采取主动的行动，对自己的主权范畴和权限加以限制。国内一些学者同意这一论点，如国际关系学者周纪荣认为："主权是国际利益的极重要的组成部分，但不是全部，在一定条件下也不一定是最高利益，当主权原则与国家最高利益相抵触时，

172 沃尔特·罗克勒：《关于战争罪的法律同样适用于美国》，载于《芝加哥论坛报》，1999年5月23日。

需要权衡利弊，不排除在国家主权的具体问题上作出暂时的让步，服从于国家最高利益。”[173]

“共同主权论”是当今盛行的国际机制理论的重要理论主张，它主张国家出于国际责任而共同将部分主权让渡给国际社会，由国际组织来行使这一“共同主权”。当然，这种让渡并不是某一国家或某些国家的事，而是所有国家的集体行为。

然而，尽管这些新的理论有着某种操作上的合理性，但仍未能解决国际干预要超越国家主权面临的合法性困境，前者并未涉及国际法问题，只是国家的一种主动行为和策略性做法，无助于国际干预合法性的提升；后者则同样可能导致否认国家主权的结果，因为现实是大国在国际关系中占有明显的强势，“共同主权”的行使结果仍然是西方可以利用其强势损人利己，造成新的国际不平等，因而也很难突破目前国际法的主权限制。

当然，在一个充满变化的世界中，作为规范世界秩序的国际法也应该有相应的变化和适应性调整。就主权国家而言，为了加快自身的国际化进程、增加人类的合作和发展、协调解决世界面临的共同问题，也有必要调整主权的绝对化理念，承认人道主义干预在特定的范围、问题、力度上具有理论上的必要性和合理性，是有利于世界的和平和发展的。但实质性的问题在于，理论上的合理性并不能代替现实的合法性，鉴于人道主义干预常常为西方大国利用来为自身扩张和利益服务，这就决定了大多数发展中国家不愿接受人道主义干预，在国际法领域为其合法性打开方便之门。在某种意义上可以说，大多数国家凭借国家主权所反对的不是人道主义干预本身，而是这种干预权力的滥用，而且，只要这种滥用的可能性还存在，人道主义干预就会在不可超越的国家主权原则制约下困境重重，难以找到自圆其说的法理依据。

在国家主权原则对人道主义干预的合法性构成了根本性制约的基础上，人道主义干预本身在理论和实践上的合法性也没有得到合理的解决，可以称之为“合法性缺乏”。

人道主义干预的支持者常常将自己的主张建立在道德主义的基础之上，用维护人权、国际公正与正义等道义的理由作为自己的价值基点，进而引申出基于国际道德而进行的干预具有合法性的命题。美国学者史蒂芬·斯特德曼为此提出的四条法则是：（1）无论在任何地方，凡是一个国家或国家之内的集团不能满足人民的人道主义要求时，国际社会就有义务进行干预；（2）人

173 周纪荣：《冷战后联合国与国家主权的新格局》，载于袁士槟等编：《联合国机制与改革》，北京语言学院出版社 1995 年版，第 20 页。

道主义干预提倡一种新的充满人道主义的社会秩序，在这种秩序中政府要受到控制，必要时可以通过外来暴力施加这种控制；（3）干预目标是把国际社会的道德义务和实行通过联合国干预各国内部争端的希望结合在一起；（4）人道主义干预认为主权的含义已经发生了重大变化，主权已经不属于国家，而是属于国家的人民[174]。

应该承认，从国际道义的角度论证人道主义干预虽然具有一定的可行性，也容易使其获得国际社会的支持，特别是对于某些确实有利于人类和平与发展的国际人道主义干预行动，如保护环境、反恐怖主义和禁毒、受主权国家合法政府之邀帮助平息混乱局面等在理论上不无助益，但是，合理性仍然不能代替合法性，这是基本的法理常识。而且，道德主义的认识论前提，必须是国际社会存在着具有普世意义的价值标准，而且这些标准应高于现存的国际法。但在当今的国际关系现实中，这一前提在观念上是虚构的，在政治上则是别有用心的。在观念上，以文化和思维个性为重要标志的主权国家仍然是基本的国际行为主体，人类还远远无法消除不同国家间的观念差异；在政治上，在缺乏普遍价值标准的现实下强调价值标准的普遍性显然是为西方的政治目的服务的，西方的政治和战略强势决定了任何所谓的普遍价值标准如果存在的话都至少是以西方的观念和标准为主导的，更多地反映了西方的主张和愿望。由此，名义上的普遍价值标准实际上只是西方的价值标准，这种标准仍然是非普遍性的，内化着西方的文化扩张和主导人类全球化进程的政治本质。作为道德主义前提的价值标准在本质上的非普遍性，是道德主义在试图为国际人道主义干预提供理论支持时论据不充分的根源所在。

在自然法方面，如前所述，人道主义干预在传统上的合法性基点是格老秀斯的自然法，今天，人道主义干预思潮的再度流行仍然没有摆脱从自然法中寻求合法性依据的观念束缚。应该承认，国际法学界在法理基础上一直存在着自然法学派和实在法学派之争。自然法学派从自然状态—自然权利—自然法三位一体观念中引申出国际法的道德基点和本源，认为既然国际法建筑在“公理”和“正义”等道德要素基础上，那么基于人道主义而进行的国际干预行为当然也是合乎国际法原理的。实在法学派则认为，自然法是虚构的法律渊源，只有为国际社会普遍接受并具有实际约束力的才属于国际法范畴。实在法的两个基本信条是：“第一，任何道德价值因素都不能进入法的定义；第二，法的规定是由经验上可观察到的标准（如立法、判例和习惯）

---

174 S. J. Stedman, “The New Internationists,” *Foreign Affairs*, Vol. 72, No. 1, 1993.

确立的。”[175]

但是，长期存在自然法学派和实在法学派之争并不能掩盖一个最基本的事实，那就是现行国际法的基础并非自然法而是实在法。从近代国际法的起点《威斯特伐利亚和约》开始，所有的国际法文件都是主权国家基于调整国际关系的需要而制定的，没有任何文件产生于纯粹国际道德的需要。《联合国宪章》序言中涉及了国际正义和人道问题，但仍明确宣布自己的基础是世界各国的共同参加和认可。而且，自然法本身只是流行于西方的法理主张，并不为世界大多数国家和地区所接受，过分强调自然法本身就必然使其他国家和地区怀疑其动机。具体到人道主义干预问题上，当今国际社会的普遍评价标准也不是基于抽象的国际道义，而是现有的国际法规范。人道主义干预作为国际社会的共同行为，其操作当然应遵循国际法的标准和原则，而人道主义作为一个空泛的概念，至今并无统一的被所有国家认同的内涵，将其视为国际干预的基础和依据无疑等于使干预成为一种缺乏客观标准的、可以被任意滥用的主观行为。反过来说，这更无助于其被国际社会普遍接受为合法的国际规范手段。

《联合国宪章》的例外条款也不适用于人道主义干预。《联合国宪章》在规定“本宪章不得认为授权联合国干涉在本质上属于国家国内管辖之事件”的同时，对什么是“在本质上属于国家国内管辖之事件”没有作出明确界定，这就为人道主义干预理论把人道主义问题排除在国家管辖范畴之外留下了余地；而且，宪章还明确把“对和平之威胁”、“和平之破坏”和“侵略行为”作为例外排除在外。这是人道主义干预自认具有国际法依据的唯一条款。但实际上，宪章规定的这些例外条款并没有、或者至少没有赋予人道主义干预充分的合法性：首先，它们针对的是特殊的国际事件，没有涉及人道主义干预提倡的对国家内部事务的介入；其次，这些行为至多只在极其有限的范畴内与人道主义相关；最后，判断这些例外的唯一合法主体是安理会，其他任何国家和任何力量均没有作出判断的权力。

人道主义干预提出的保障人权理由也不具有国际法上的合法性。《联合国宪章》虽然开宗明义地宣布了“重申基本人权和人格尊严与价值，以及男女大小各国平等之权利”这一人权宗旨，但没有在任何具体的条文中规定为了维护人权可以进行国际干预（例外条款也明确地把这类干预的可能性排除在外）。在宪章中提到人权及人权保障的6处条文中，所使用均为“增进并激励对于全体人类之权利及基本自由的尊重”，“应发动研究，并作成建议”，

175 （英）哈里斯著：《法哲学》，载于《当代西方法学思潮》，辽宁人民出版社1989年版，第42页。

“助成全体人类之人权及基本自由之实现”等非强制性语言。换言之，联合国在人权保障方面的权限和宗旨仅在于发挥“研究”、“促进”、“激励”、“作成建议”等一般性作用，在国际社会营造一种有利于人权的环境和气氛，从外部向国家提供保障人权的动力和支持。人权在本质上属于国家主权范围内的事务。应该说，这样的原则才是国际关系和国际法的基本准则，既体现了高度的人权精神，又维护了国家在保障人权方面的主体地位，较好地反映了人类进步的历史逻辑。

在人道主义干预理论提出的干预标准中，还有意无意地回避了许多干预在实践中必然面临的技术性问题，这包括：何种外部力量具有采取人道主义干预行动的合法性？被干预对象的哪些行为违反了人道主义原则而应受到干预？判断“人道主义危机”的标准由谁确定？干预应在何种情形下、通过何种方式和手段、由谁主持下进行？或许，在人道主义干预理论看来，这些问题都不值一提。但在实践中，往往正是由于这些“不值一提”的问题的存在，导致了人道主义干预注定得不到相关国家和群体的接受和服从，在国际社会中也难以得到普遍的认同和支持，进而也使之更加难以摆脱“合法性缺乏”的困境。对于这一问题，英国学者R. J. 文森特提供了有见地的分析，他写道，“我们若把国际社会准确描述为由包含不同的政治制度、相互严加防范且始终留意提防下一个威胁的主权国家组成的社会，那么在国际社会的成员中一般会对干涉问题持两种态度。其一是怀疑干涉者的动机，其二是怀疑干涉能否善终。关于第一种态度，它认为干涉是为了干涉者的利益而非整个国际社会的利益而进行的（虽然可以预见干涉者会说是为了后者的利益）。即使干涉者是出于无私的道德目的而进行的干涉，其他日也会抱怨道德概念失之偏颇。关于第二种态度，它认为干涉未必会产生什么好的结果，因为干涉带来外人，其本身从道德上讲就会引起争议，而且，即便干涉从道德上可能取得一些益处，但还会带来一些不那么好吞咽的苦果。此外，任何人道主义干涉的原则都会为各种各样的干预发出特许。尽管这种干涉口口声声大谈人道主义，听起来似乎多少有些道理，但它却在国际秩序中设置了难以逾越的障碍。因此，由于相互之间的猜疑以及对干涉因果的担忧，国际社会的成员在不干涉原则下联合起来。”[176]

深入分析起来，从人道主义干预标准中的诸多“技术性”问题中还可以进一步引申出更加广泛的合法性质疑。在当今国际社会中，人道主义干预大致可以分为两种类型，一是联合国安理会授权进行的人道主义干预，二是未

---

176 R. J. 文森特：《人权与国际关系》，中译本，知识出版社 1998 年版，第 157—158 页。

经联合国授权、由北约或某些西方大国实施的人道主义干预。按照技术性标准，这两类干预行为都不具有充分的合法性。

联合国安理会授权进行的人道主义干预被许多人认为是唯一合法性的干预行为，但即使这种类型的干预，其合法性也是有限的。有限合法性的来源基于《联合国宪章》的例外条款，但在例外条款中，仅仅规定“将维持国际和平及安全之主要责任授予安理会”，换言之，安理会拥有的是“主要责任”而非“唯一责任”。进一步说，即使在“主要责任”方面，宪章也没有明确规定如何断定“和平之威胁”、“和平之破坏”和“侵略行为”之存在，这就为安理会超越宪章合法授权采取干预行动留下了空间，特别是在军事干预行动方面，安理会在海湾战争中授权多国部队对伊拉克采取军事行动的决定很难不引起合法性是否充分的质疑。联合国官方出版的《联合国维持和平》中明确界定，维持和平是指“在联合国指挥下，使用多国部队帮助控制和解决敌对国家之间的冲突。它是联合国首创的一种方法，在这一方法中，军队是作为一种和平的促进剂，而不是战争的工具，”[177]这就是说，联合国军队不得直接参与或进行战争行为，否则就是对联合国维和行动宗旨的违背。对于安理会授权进行的人道主义干预行为的不充分合法性问题，丹麦国际问题研究所的一份研究报告作了分析：“安理会已超出了《宪章》赋予它断定‘和平之威胁’、实施单纯的人道主义行动的权力，如果安理会在国际社会的敦促下决定对一国国内的人道主义危机作出反应，它就会断定‘和平之威胁’的存在并采取行动。这种将‘和平之威胁’作为政治概念而非法律概念的方式值得商榷”[178]。

至于未经联合国授权、由北约或某些西方大国实施的人道主义干预行为，虽然一些西方学者认为它基于“人道主义的目的”而违背国家间不使用武力原则具有合理性和合法性，但如前所述，合理性（即使它真正是出于“人道主义”的动机）不能代替合法性，法律裁判任何行为的标准是事实和结果，而不是其动机如何，这与在国内法规范上任何人不能以维护道义的动机擅自杀死哪怕罪大恶极的罪犯，否则仍须受到法律制裁是同样的法理逻辑。如果一个国家或国家群体有权根据自己的价值标准而擅自对另一主权国家采取所谓的人道主义干预行动，那么世界秩序将陷入彻底的混乱之中。而且，对于这一因合法性缺乏而导致适得其反的混乱结局的可能性，人们已经可以从近年来一系列人道主义干预实践的灾难性后果中找到初步的证据：

177 联合国新闻部：《联合国维持和平》，1990 年版，第 1 页。

178 丹麦国际问题研究所：《人道主义干预——法律和政治分析》，载于杨成绪主编：《新挑战——国际关系中的“人道主义干预”》，中国青年出版社 2001 年版，第 218—219 页。

2010年起，一场由突尼斯骚乱引发的“阿拉伯之春”使阿拉伯地区第一次不因阿以冲突而成为世界政治的关注焦点，美国为首的西方、俄罗斯乃至长期持观望态度的中国都程度不同地卷入其中，致力于发挥各自的功能和作用。由于危机尚未结束，“阿拉伯之春”给国际体系造成的影响和效应还不能加以准确判断，但至少，西方在各相关国家采取的几乎是不受约束的人道主义干预行动已经给动荡中的世界带来了一系列新的问题，冷战结束以来的国际秩序正在受到或许是自恐怖主义之后又一次严峻挑战，国际体系正在无所不在的人道主义干预阴影下陷入新的碎片化局面。

从起点看，“阿拉伯之春”的到来对西方是一场突发的问题事件，但在经历了短暂的观望后，西方很快举起了维护民主、自由和人权的旗帜，对各个发生内部骚乱的阿拉伯国家实施了声势浩大的人道主义干预行动，在成功地促使突尼斯和埃及发生政权更替后，更以设立“禁飞区”的方式对利比亚直接进行军事干预，随后又把干预的视野扩大到叙利亚、也门等一系列阿拉伯国家，试图根据自己的意志把西方式的民主植入阿拉伯地区，通过在这些已经和正在发生政权更迭的国家培育亲西方势力的方式逐步把阿拉伯世界纳入自己的战略轨道。

长期以来，阿拉伯地区对西方世界是一个敏感的战略对象。一方面，丰富的石油资源决定了中东是西方的战略重心；另一方面，半个世纪的阿以冲突、敏感的宗教信仰和文明差异问题、强大的恐怖主义势力、战略盟友和战略对手的并存又促使西方的中东政策必须保持高度谨慎。在双重因素的制约下，西方的阿拉伯政策长期体现出明显的功利主义色彩，人道因素一般不在政策考虑之内。20世纪90年代的利比亚尽管被美国指责为“流氓国家”，但当时的卡扎菲政府也并没有因此被赶下台。因此，“阿拉伯之春”爆发后，西方的立场一度是摇摆不定的，最终促使西方采取人道主义干预行动的因素是：其一，在西方世界普遍存在因金融危机引发的经济不景气和各国政府的巨额债务的情况下，人道主义干预成为较为经济的选择；其二，在发生骚乱的国家重新扶持一个以西方式民主为基础的政权不仅有助于巩固西方在这些国家的石油利益，也有助于防止极端宗教势力乘虚而入；其三，在国内塑造政府的人道形象可以帮助面临大选的几个大国首脑赢得更多的选票，在很大程度上，这对经济业绩不佳的奥巴马等人是一个意外的收获。

此次人道主义干预的一个最显著特点，是西方在攻击各发生骚乱的阿拉伯国家时展示出前所未有的道德强势和优越感，直接根据自己的价值标准和制度模式衡量各个发生内部骚乱的国家政权的合法性，作为国际法基本准则的尊重国家主权和不干涉内政原则完全被不屑一顾。以2012年欧盟春季峰会通过的决议为例，欧盟在宣称支持叙利亚反对派为争取自由、尊严、民主所做的斗争的同时，公开要求现政府下台，承认“叙利亚全国委员会”是叙利亚人民的合法代表[179]。这充分表明，欧盟已经把自己放在了其他国家政权合法性确认者的位置，自认有权决定本应由叙利亚人民自己来决定的一个政权的合法性。

在人道主义干预的动机方面，尽管西方时刻宣称自己的干预是为了维护对象国人民的民主权利，但在实际行动中，各国的功利主义动机随时显露无遗。如美国最初因埃及在阿以关系中的特殊战略作用而并不积极支持推翻穆巴拉克政府，但出于争取国内选民支持的功利要求，奥巴马又改变了自己的立场，最终迫使穆巴拉克交出了政权。至于众所周知的石油资源问题，更是直接决定不同国家的态度因各自的利益差异而不同的重要因素。在利比亚禁飞区问题上，法国作为利比亚原油产业最大的外国投资者，为保护本国产业在当地的既得益，极力推动北约的介入；而德国等国家由于利益关联度不大，则不愿承担为此需要付出的代价，以至法国因此激烈攻击德国的政策态度消极。

从手段看，此次人道主义干预不再直接以人道主义的借口对对象国实施军事打击，而是根据不同国家与西方的利益关联度，分别采取强制、压制和渗透手段。即使在利比亚采取了设立禁飞区这一准军事干预方式，但经济能力的限制导致北约根本没有考虑直接出兵的可能。在诸多人道主义干预方式中，策动骚乱是最主要的手段。西方一般是首先在对象国内部扶植一个反对派，进而支持反对派在国内发动大规模骚乱，一旦政府采取镇压行动，就以其侵犯自由、人权的理由加以指责，直至挑起反对派与政府之间的军事对抗，最终宣布现政府不具有合法性而必须下台。这样的手段虽然干预效率较低，但因其表面上更具有道义的色彩而不宜引起被干预国家人民的对立情绪，更容易在实质上以牺牲被干预国家人民的利益乃至生命为代价的基础上达到推翻现政权的目的。对于西方借人道理由制造骚乱的这一新手段，每一个与西方政治制度不同的国家都不能不时刻保持高度警惕。

“阿拉伯之春”期间西方的人道主义干预从表象上看是基于一贯的习惯性选择，但从根本上说是美国为首的西方国家的制度性傲慢和意识形态偏见的行为外化。冷战结束后，西方在占据了国际政治和世界经济的强势地位的同时，刻意把自己塑造成为国际道义的化身，“华盛顿共识”达成后的西方世界坚信“历史已经终结”，只有西方的社会制度和价值观念才是唯一合理的。在傲慢与偏见的双重心态下，西方对其他国家制度的评价简化为一条基本的

179 新华社 2012 年 3 月 2 日布鲁塞尔电。

标准，那就是只有按照西方的意志来进行制度改造的国家才是可以接受的，任何拒绝让步的国家都不可避免地受到压制和干预。

然而，不断被滥用的人道主义干预决定了作为胜利者的西方并不能实现自己控制这些国家的愿望，更加可能的后果反而是在这些国家中反西方浪潮的兴起。英国学者克拉克在其《为什么人人都仇恨西方》的文章中曾剖析道，“西方联盟可以对国际法的原则完全不予理睬……结果是令人震撼的反对西方世界的抗议活动的爆发，因为西方只是决心要把它自己的价值观念和经济制度强加给整个世界。”[180] 人道主义干预在价值和实践中的双重困境，已经在过去的历史中得到了反复的验证。

西方在对陷入内部冲突的阿拉伯国家肆无忌惮地倡导人道主义干预的时候，常常有意无意回避一个常识性问题，那就是它们是真心关心这些国家人民的尊严和正义？抑或仅仅是为了增进自己在这一地区的特权和利益？迄今为止，人们可以发现的一个基本事实是，那些被西方通过各种人道主义干预方式改变政权的国家的人民并没有获得来自于西方在经济和社会稳定方面提供的任何支持，当初因失业、贫困而抗议原政府的民众不但没有因此改善自己的生存状况，反而陷入了持续的政治动荡和人身安全难以得到保障的境况。当前的西方在干预后采取的是不负责任的放任自流做法，它破坏了一批政权但不负责建设一批政权，打着解放被暴力统治的人民的旗帜破坏了原有国家秩序后又让这些人民陷入更加无穷尽的暴力和无序之中。这样只具有破坏性意义的人道主义干预不仅无益于国际体系的稳定有序，而且只能使世界重新陷入四分五裂的局面。

180 布鲁斯·克拉克：《为什么人人都仇恨西方》，英国《展望月刊》，1999 年 6 月号。

第八章　中国人权道路的普遍性寓意：在开放和合作中发展人权

在充分论证了中国人权道路在多元世界上存在的合理性和合法性基础上，需要进一步探讨的问题是，中国在坚持自己的人权道路的同时，并不否认其他人权道路的合理性，也从来不拒绝借鉴外部世界在发展人权方面取得的经验。在自主选择的基础上，中国始终以开放和合作的理念推进自己的人权发展，努力形成本国人权发展与世界人权发展的良性互动。

一、中国是世界人权发展的积极参与者

大致而言，中国参与推动世界人权发展主要以改革开放为历史起点。经过 30 多年的开放和努力，中国已发展成为世界上最为重视尊重和保障人权的国家之一，在参与和推动世界人权发展方面作出了不容忽视的重要贡献。可以说，参与推动世界人权发展构成中国对外开放总体战略进程的有机组成部分，在这一进程中，中国的经济社会发展取得了多大的显著成就，中国的人权建设就取得了多大的历史进步。

就历史渊源而言，中国是世界人权发展最早的参与者和推动者之一。早在 1945 年 4 月 25 日，中国就作为发起邀请国参加了在旧金山举行的联合国成立大会，为联合国的成立和《联合国宪章》精神的确立作出了积极的贡献，推动宪章在明确规定国家主权原则的同时高度强调了自己维护基本人权的宗旨。1947 年，联合国人权委员会成立之初，中国代表参与了《世界人权宣言》的起草过程。面对当时各成员国之间在人权立场上的激烈争论，中国代表强调，《联合国宪章》中提出的人权概念和人权标准不应该完全按照西方的理解，

中国的儒家文化也应成为普遍人权标准的一块基石[181]。可以说，《世界人权宣言》的制订也蕴涵着中国的积极作用。

新中国成立后，面对不断掀起高潮的世界性人权保障思潮和日益走向成熟的人权国际化进程，中国政府始终采取了积极支持和参与的立场。早在1955年4月，中国就参加了体现发展中国家共同人权主张的万隆会议，并为会议的成功作出了巨大的贡献。1971年恢复在联合国的合法席位后，中国进一步以积极的姿态出现在国际人权舞台上。中国一直派团出席联合国经社理事会和联大的历届会议，在会议上参加了审议有关人权的各种议题，阐述了自己对国际人权问题的看法，为不断丰富人权的内涵作出自己的贡献，得到了国际社会的充分理解和普遍称赞。

改革开放以来，中国在人权方面的开放意识不断增强，在积极开展与世界各国在人权领域的交流和合作的同时，日益主动承担广泛的国际人权义务，在国际社会赢得了越来越多的理解和支持。仅1980年以来，中国批准和参加的人权公约就有《经济、社会和文化权利国际公约》、《防止及惩治灭绝种族罪公约》、《禁止并惩治种族隔离罪行国际公约》、《消除对妇女一切形式歧视公约》、《消除一切形式种族歧视国际公约》、《关于难民地位的公约》、《关于难民地位的议定书》等19份国际人权方面的公约，签署了《公民权利和政治权利国际公约》等一大批国际人权文书。对于自己已经批准加入的人权公约，中国政府一贯按规定提交有关公约执行情况的报告，严肃认真地履行自己所承担的国际义务。在此基础上，中国在过去的30多年中，对世界人权的发展作出了日益突出的贡献。

改革开放初期，随着对外开放基本国策的确立，中国在推行经济领域的对外开放的同时，开始主动参与国际人权事务，尤其是在联合国人权舞台上发挥积极作用。1979年开始，中国派代表团作为观察员连续3年出席了联合国人权委员会会议。1980年，中国在联合国经社理事会第一届常会上当选为人权委员会成员国，并一直连任该委员会成员至今。1984年起，中国政府向人权委员会推荐的人权事务专家连续当选为防止歧视和保护少数小组的委员和候补委员，在该机构中，中国委员先后担任了下属的土著居民问题工作组和来文工作组的成员，发挥了重要的作用。

值得强调的是，中国从一开始就把参与推动世界人权发展的重心放在增进生存权和发展权这一包括中国在内的广大发展中国家最为关注的人权问题上。在《发展权宣言》的起草和制定过程中，中国代表发挥了至关重要的作用。

181 黄默：《国际人权四十年》，载于《知识分子》，1986年夏季号。

从1981年宣言开始酝酿起，中国代表就参加了负责起草工作的政府专家组所有的有关会议，宣言中的许多提法和观点都是由中国方面提出的。正是在中国与其他发展中国家的共同推动下，宣言很快制定出来并于1986年在联合国大会上得到了通过。中国还积极支持人权委员会发起的关于实现发展权问题的全球性磋商，支持将发展权作为一个单独的议题在人权委员会中加以审议，中国一直是人权委员会关于发展权问题决议的共同提案国。

冷战结束以来，国际人权局势发生重大变化，西方国家把人权外交的矛头指向中国，试图迫使中国按照他们的意志发展人权。在巨大的外部压力下，中国始终坚持人权属于主权和国家内部事务，坚决抵制任何干预中国人权事务的企图。在此基础上，中国广泛开展了人权领域的国际交流和合作，努力与普遍人权标准逐步融合。中国积极参与了联合国系统内许多重要国际人权体制文件的起草和制定工作，在《儿童权利国际公约》、《保护所有迁徙工人及其家属权利国际公约》、《禁止酷刑和其他残忍、不人道或有辱人格的待遇或处罚公约》、《个人、团体和社会机构在促进和保护世所公认的人权和基本自由方面的人权和基本自由方面的权利和义务宣言》、《保护民族、种族、语言、宗教上属于少数人的权利宣言》等文件的起草、审议和修改中，中国代表都是工作组成员，并提出了许多建设性的意见和修正案，受到各方面的高度重视，其中不少建议被正式载入了最后文本中。对于严重违反有关国际人权公约的行为，中国一贯主持正义，在捍卫发展中国家的民族自决权和制止大规模侵犯人权方面做出了不懈的努力。在公正合理地解决柬埔寨问题、阿富汗问题、巴勒斯坦和阿拉伯被占领土问题、巴拿马问题等一系列重大的国际人权问题上，中国多年来坚持不懈的努力是众所周知的，在国际社会树立起了维护人权的良好形象。

在对待《世界人权宣言》、《经济、社会和文化权利国际公约》和《公民权利和政治权利国际公约》这些核心国际人权约法的态度方面，中国的支持和赞同立场也是始终一贯的。早在1988年9月，中国外长在第43届联大上就发言指出，《世界人权宣言》是“第一个系统地提出尊重和保护基本人权具体内容的国际文书。尽管它存在着历史的局限性，但它对战后国际人权活动的发展产生了深远的影响，起了积极的作用”。1989年12月10日，中国在北京专门召开了《世界人权宣言》通过40周年纪念座谈会，时任全国人大常委会副委员长的费孝通教授高度评价道：“《宣言》作为第一人权问题的国际文件，为国际人权领域的实践奠定了基础，产生了深远的影响。”[182]经过多

182 《人民日报》，1989年12月11日。

年的慎重准备，1997年底，时任中国国家主席江泽民在访美前夕正式签署了《经济、社会和文化权利国际公约》；2001年2月28日，全国人大常委会通过了关于批准公约的决定。1998年底，中国签署了《公民权利和政治权利国际公约》，全国人大常委会正在认真地就批准问题进行深入的分析和论证。这一切，都充分体现了中国积极参与和推进世界人权发展、积极开展人权领域国际合作、在人权保障方面加强与国际社会合作的一贯立场，也表明了中国政府对于充分保障中国人民的公民、政治、经济、社会和文化权利的信心和决心。

当前，中国在致力于发展国家现代化的历史进程中，在参与推动世界人权发展方面采取了更加积极和开放的态度。中国政府旗帜鲜明地宣布，“中国愿意同国际社会一道，为建立一个公正、合理的国际关系新秩序，实现联合国维护和促进人权与基本自由的宗旨，继续作出不懈努力。”[183]2004年3月，中国将“尊重和保障人权”正式写入宪法；2007年10月，中共十七大又将“尊重和保障人权”写入了党的正式报告，强调“尊重和保障人权，依法保证全体社会成员平等参与、平等发展的权利”[184]。这一切，不仅充分体现了中国积极参与和推动世界人权发展，在国际人权事务中不断加强与国际社会合作的一贯立场，也表明了中国政府在世界人权发展事业中发挥更加积极主动作用的信心和决心，有助于我们树立良好的国际人权形象，为世界人权的发展和进步作出更大的贡献。

30多年的改革开放不仅是中国从逐步承认到尊重和保障人权的渐进发展进程，也是人权因素与对外开放的结合日益紧密、努力开展与世界各国的人权合作和对话、致力于树立良好的国际人权形象的进程，今天的中国正在不断总结经验的基础上，努力创新与本国国情相适应的参与推动世界人权发展的方式和路径，为中国的和平发展和构建和谐世界的目标创造良好的外部环境。近年来，中国在参与推动世界人权发展的实践中正显露出一些新的取向，积极致力于为世界人权发展作出更多更大的新贡献。

在基本的人权发展理念方面，中国在强调必须根据各国的具体国情选择适合自身特点的人权发展道路的同时，进一步强化了人权是一种世界各国广泛认同的普遍性价值的观念。在这一观念下，中国在认识和理解世界人权发展时体现出全新的思维方式和价值取向，越来越重视按照普遍的人权标准参与推动世界人权发展，也越来越重视对国际人权行为规范的接受和遵守。而且，中国还十分重视将这些新的人权思维和观念潜移默化地植入本国的人权政策

183 《十五大以来重要文献选编》（中册），人民出版社2002年版，第1354页。
184 《人民日报》，2007年10月15日。

和经济社会发展战略，以开放的、柔性的、对话和沟通的观念指导制订国际国内人权政策，努力在新的价值体系中重构自己参与推动世界人权发展的思维方式和价值体系。

中国参与推动世界人权发展的核心和宗旨，是为中国现代化建设服务，努力为中国和平发展创造一个良好的国际环境，共同促进人类文明的繁荣和进步。在参与推动世界人权发展的实践中，中国更加注重将参与推动世界人权发展与树立良好的国际人权形象、改善中国现代化建设的外部环境紧密地结合在一起考虑，积极通过加强对外人权交流和合作体现中国作为一个负责任大国应承担的国际人权责任，以免国际上的某些人权消极因素给中国带来不利的国际影响，进一步改变在国际人权斗争中的被动局面，日益占据主动地位。中国参与国际人权事务的程度越高，在世界人权发展中发挥的作用就越来越大，国际地位和国际影响也就越来越强，在承担国际人权义务的同时也将充分地享受到世界人权发展带来的权益，中国的和平发展就将拥有一个相对宽松的国际环境，在相对平稳的轨道上逐步深化。

在目标和重心上，中国在过去很长一段时期参与国际人权事务时或者是较为被动地接受既有的国际人权规则和限制，或者比较多地强调对国际人权规范的公正性与合理性进行革命性改造；较多重视的是参与国际人权事务本身，较少考虑利用参与机会增进自己与世界各国在人权领域的合作和沟通，从而在一定程度上限制了中国在推动世界人权发展方面所能发挥的更大作用。当前，中国在参与推动世界人权发展的实践中，更加强调自己的目标是与世界各国进行超越社会制度和意识形态的合作，相互尊重、友好相处、互利合作，与世界各国一起共同对付人类生存和发展面临的挑战；在实践重心上，则更加重视广泛开展国际人权领域的交流和合作，通过各种形式拓宽与世界各国沟通的渠道，在国际上争取越来越多的理解和支持。这都极大地改善了中国与其他国家的人权关系，为中国更好地推动世界人权发展奠定了坚实的基础。

在根本立场上，中国在新的形势下不仅不放弃维护自己的国家主权，更将通过开放的人权步骤和积极的行动措施使主权得到更加强有力的保障。参与推动世界人权发展本质上是主权国家的主动行为，只有国家基于主权原则而主动参与国际人权事务才是对本国的人权发展有利的。中国的社会制度、核心价值观和推动世界人权发展的宗旨在许多方面与目前在国际人权事务中占据强势地位的西方国家是不一致的，中国在现阶段又处于明显的弱势地位，尤其是最近一段时期，一些西方国家出于意识形态偏见、霸权心态和维护既得利益的需要，利用民族、宗教等问题对中国施加政治压力和舆论攻击，肆意诋毁中国。因此，中国在参与推动世界人权发展时仍然必须始终坚持自己的国家主权内部事务不容干预的立场，决不因某些短期的或局部的利益而以放弃主权为代价。

在战略视野上，中国日益注重全方位地参与和推动世界人权发展。在联合国人权舞台上，中国作为联合国人权理事会理事国，积极参加了理事会成立以来在促进世界人权方面的工作，并将争取竞选连任理事国，接受理事会普遍定期审议机制的审议。中国与其他国际人权组织和联合国的其他人权保障机构开展密切合作，共同促进国际人权，积极行使自己在国际人权事务中的权利和义务，充分体现了一个负责任的大国在世界人权发展中应有的作用。中国本着“求同存异”、“和而不同”的原则与世界上许多国家开展了人权对话，力争在平等和相互尊重的基础上，通过对话与交流增进与不同人权立场国家之间的沟通和了解。2000年以来，中国先后与美国、欧盟、英国、挪威、瑞典、澳大利亚等发达国家开展了人权对话和合作，通过这些定期对话和合作的方式，中国增进了与这些国家彼此的了解，减少了分歧，扩大了共识。除发达国家外，中国还与尼日利亚等人权状况和人权立场近似的发展中国家举行了多次人权磋商，协调了相互的国际人权政策。

在战略姿态上，中国更加注重基于战略考虑而在世界人权发展方面采取主动行动，不再是在外力压制或者形势逼迫下消极被动地参与国际人权事务。而且，尽管目前中国在大多数时候还是参与既有的国际人权事务或开展国际人权合作，并不试图重新构建国际人权体制和机制，但中国始终坚持对自己的承诺和行为负责，负责的前提是所参与的国际人权事务和接受的国际人权规范必须有助于增进中国和世界的人权事业。中国只接受和承诺自己能够做到和可以做到的条件，对于无理的要求或以中国的现实做不到和不可能做的条件，中国决不接受。这种姿态既可以充分体现中国积极参与和推动世界人权发展的立场，又反映了中国在国际人权问题上的负责任态度。

用发展的眼光看，当今世界正在进入一个新的大变革和大调整时期，世界人权发展的时代内涵和特征正在发生着潜移默化的深刻变化，经济全球化、信息技术、互联网、非政府组织都在不断冲击和改变着人们对于人权的传统认识。当今中国参与和推动世界人权发展的方式和路径酝酿着新的变迁，为此，中国必须在理论上有进一步的创新、在实践中取得进一步的突破。中国综合国力和国际地位的日益提高决定了国际社会对于中国在世界人权领域的地位和作用既充满期待又存在各种疑虑，中国必须以此为契机，更加深入广泛地促进世界人权的发展和进步，在国际人权领域树立负责任的大国形象，努力推动构建和谐的国际人权关系。

二、中美人权对话：在差异中寻求共识

中国与西方国家人权斗争的集中体现，是中美之间在人权问题上的冲突和较量。美国出于种种战略考虑，长期对华实施人权外交，试图从根本上改变中国的国家性质和社会制度。面临美国方面对中国主权和内政的干涉和侵犯，中国方面采取了针锋相对的应对措施，始终坚持人权问题在本质上属于一国内部管辖、尊重国家主权和不干涉内政原则是公认的国际法准则的立场。在中国方面的坚定立场和强烈抵制下，美国利用人权问题推行自己的价值观念、意识形态、政治标准和发展模式的战略目的没有能够实现。今天的中国在与美国的人权冲突和较量中更加充满自信，更加注重从自己的历史和国情出发，根据长期实践的经验维护和保障人权，在国际社会树立起了良好的人权形象，中国发展人权的经验也正日益得到越来越多国家的理解和尊重。

对华人权外交是美国人权外交的一部分。作为一种外交战略，美国正式提出人权外交始于20世纪70年代末的卡特政府时期；而作为一种外交理念，则早在建国之日起，美国的最高权力者们就已酝酿着将自己的人权理念推向世界的想法。杰斐逊早在建国之初就坚信，“整个世界迟早会从我们所主张的人权问题上获得好处。”[185]1913年美国出兵干涉墨西哥，威尔逊总统在向国会陈述出兵的理由时提出，墨西哥的韦尔塔“独裁”政府严重地侵犯了人民的权利，是“屠夫政府”。[186]这是美国第一次正式将人权作为外交武器加以使用。1917年4月2日，威尔逊又将人权与美国参加第一次世界大战的理由联系起来。他认为，德国政府“把人道和权利的一切考虑统统弃之不顾，胡作非为”，因此，“必须使世界适宜于民主的推行，世界和平必须树立在经过考验的政治自由基础之上”。[187]富兰克林·罗斯福深受威尔逊的影响，1941年1月6日，在请求国会为援助西欧民主国家而通过的《租借法案》的咨文中，罗斯福提出了著名的“四大自由”的主张，他宣称：“自由意味着人权至上，我们支持为争取或保卫人权而斗争的人。”[188]从而在支持人权的理由下使美国参与反法西斯战争具有了充足的合理性和合法性。

二战结束后，苏联成为美国称霸世界的唯一对手，美苏两国在东欧、中东和世界其他地区展开了激烈的争夺。杜鲁门政府很快就摒弃了罗斯福政府

185 托马斯·杰斐逊：《杰斐逊文选》，商务印书馆1963年版，第36页。

186 斯科特·尼尔林和约瑟夫·弗里曼：《美元外交》（Dollar Diplomacy），纽约，1925年版，第97页。

187 阿瑟·S·林克主编：《伍德罗·威尔逊文件集》（The Papers of Woodrow Wilson），第41卷，普林斯顿大学出版社，1984年，第519—527页。

188 关在汉编译：《罗斯福选集》，第207页。

外交政策中的理想主义成分，制定和实施了“遏制”苏联的“冷战”政策，强调凭借美国的雄厚实力与苏联展开全球范围的对抗，对国际人权的发展开始采取抵制立场。20世纪50年代中期到70年代中期，是国际人权发展最为迅速的时期之一，美国政府却始终对国际人权运动持怀疑和观望态度，一度放弃了将人权作为外交政策资源的做法。直到70年代中期以后，随着美国的政治、经济实力的不断下降，国际环境和美国国内形势的动态变化都严重制约着美国现实主义外交政策的顺利推行，以“实力”与“对抗”为主导的现实主义外交政策开始走进死胡同。为了弥补由此出现的“实力差”，美国才重新将人权纳入了外交政策之中，并在卡特政府时期正式概括为“人权外交”。

1975年，美国国会通过的《国际发展和食品援助法案》明确规定，总统“不能向坚持违反国际认可的人权的任何国家提供经济援助”，这在客观上起到了促使卡特提出人权外交的作用。1976年卡特政府就任后，重新把人权放在了外交政策中的重要地位。在就职演说中，他就明确表示，“我们对维护人权的承诺必然是绝对的”，“在今天作出新的开端的时候，对美国来说，最崇高和最有雄心的任务，就是帮助建立一个真正人道的、正义的、和平的世界。”[189] 在整个任期中，他不断表示对人权的高度重视，坚持“人权问题是我的政府主要关心的问题”，“对于人权所负有的义务”是“美国对外政策的一项原则”。[190] 卡特政府人权外交的提出，是当时美国为了弥补其维护世界霸权地位所需的经济实力差距而采取的一种“应急措施”，但它为以后历届美国政府把人权与外交政策紧密结合，使人权外交成为美国重要的外交武器开了先河。

新中国成立初期，尽管当时的美国还没有形成人权外交的系统政策，但它从未放弃过促使中国放弃社会主义制度的努力，也实际上常常利用民主和人权来试图达到目的。1949年7月20日，当新中国成立已成定局之时，美国国务卿艾奇逊在致杜鲁门总统的一封信中，提出了鼓励和支持中国“民主个人主义者”，使中国“和平演变”为资本主义的斗争策略。1953年1月，准备走马上任国务卿的杜勒斯提出对中国等人民民主国家的“解放问题”，宣称要以意识形态作为手段促进这些国家的“解放”，他特别强调，“它必须是而且可能是和平方法。那些不相信精神的压力、宣传的压力能产生效果的人，就是太无知了。”[191]1958年8月11日，美国国务院发表了不承认中华人民共

189 《美国历届总统就职演说》，（台北）黎明文化事业公司1984年版，第286—287页。

190 美国新闻署1977年5月22日电。

191 美国新闻处华盛顿1953年1月20日电。

和国的备忘录。备忘录称，“美国认为，共产主义在中国的统治不是永久的，它有朝一日总会消失的。它（美国）想通过不给北京外交上承认的做法，来加速这种消失的过程。”[192]

由于20世纪五六十年代美国一直推行孤立遏制中国的政策，两国在经济、政治和军事上均处于严重对抗的态势，外交上很少进行直接接触，这决定了美国虽然始终有着改变中国社会制度的战略意图，但由于缺乏必要的渠道和途径而无法实施。

1972年2月，尼克松访问中国，结束了美国持续20多年的对华“封锁”和“孤立”政策，中美关系跨入了一个新阶段。这一积极的步骤对中美双方都带来了益处。但同时，这也使美国对华人权政策的酝酿步入了一个新的阶段。从20世纪70年代末开始，随着中国实行改革开放政策，美国开始把人权外交的矛头对准中国。1979年1月邓小平访美期间，卡特总统首次提出恢复外国在中国传教自由和中国移民自由等问题。1979年3月，美国国会两院先后通过《与台湾关系法》，强调“维护并促进全体台湾人民的人权是美国的目标”。1979年8月，美国副总统蒙代尔访华期间在北京大学发表演讲，声称他“代表卡特总统给中国人民带来一个信息，这是关于美国、关于它在世界上的目的，以及我们对中美关系所抱的希望的信息。……我们对人权、同情心和社会正义抱有根本的信念。美国的民主制度使这些价值观标准得以制度化”。[193]只不过，当时出于对抗苏联的战略需要，中美两国关于人权问题上的分歧尚未公开化。

1981年里根上台后，美国政府逐渐把中美两国在人权问题上的分歧公开化。1983年2月8日，美国国务院发布的各国“人权状况”报告在涉及中国部分公开提出，中国的“政治结构继续在对个人权利和自由施加重大限制，尽管中国总趋势是向一个较为开放的社会演变”。[194]同年4月4日，美国司法部宣布美国移民和归化局同意让中国网球运动员胡娜在美“避难”，理由是她被强迫加入中国共产党，而里根总统宣称他“宁肯收养她也不会强迫她返回中国”，[195]从而引发了中美之间在人权问题上的第一次公开冲突。

1986年8月1日，美国众议院外交委员会通过一项决议，要求中国“改善人权”，攻击中国的计划生育政策。决议还要求中国保证新闻、宗教信仰、

192《1958年8月11日美国国务院关于不承认我国的备忘录》，见《杜勒斯言论选辑》，世界知识出版社，1959年，第403页。

193 美国副总统蒙代尔在北京大学的演讲，《人民日报》1979年8月29日。

194 刘连第、汪大为编著：《中美关系的轨迹——建交以来大事纵览》，时事出版社，1995年，第107页。

195 南希·塔克（Nancy B. Tucker）：《中国和美国：1941—1991》（China and America: 1941-1991），《外交》季刊，1991/1992冬季号，第87页。

集会、游行等方面的自由，保证正当的法律程序。该决议是美国方面对中国人权问题所进行的第一次全面攻击。同时，美国还把矛头对准中国社会制度并在西藏问题上制造事端。1987 年 6 月 18 日，美众议院通过关于中国人权问题的修正案和关于中国在西藏侵犯人权的修正案。前一修正案称，中国领导应当采取必要的步骤去建立一个更民主的社会，一个实行保护所有在那个国家生活的基本人权和自由以及开放的政治体制的民主社会，力图把中国的改革开放引向美国所希望的方向。后一修正案则无端指责“中华人民共和国在 1949 年用武力把自己的法律强加于西藏，并通过派驻占领军继续对西藏人民进行控制”。

1989 年“六四”风波爆发后，美国的对华战略发生重大逆转，从过去鼓励和诱导中国内部发生有利于美国利益的变化转变为谴责和制裁。按照美国学者的说法，“天安门危机把人权问题带到了中美关系的核心，并把它变为冲突的主题”。[196]“六四”风波发生当天，美国总统布什立即发表声明，宣布谴责中国政府平息暴乱的行动。6 月 5 日，布什宣布了第一批制裁中国的措施，包括中止中美军事领导人之间的互访，暂停美国对中国的一切武器销售和商业性出口，禁止海外私人投资银行在中国的活动，停止根据 1988 年的协议使用中国火箭发射美国的商业卫星，停止向中国出口核电站和有关技术的许可证。与此同时，国会一些议员先后提出了几十个法案，要求政府实行更严厉的对华制裁。6 月 6 日，美国参议院一致通过决议，要求总统对中国实施国际制裁，要求政府停止资助对华贸易，严格控制对华军售许可证，要求“美国之音”电台增加华语节目以强化对中国的批评和谴责。6 月 29 日，美国众议院以 418 ：0 票通过“对外援助法”修正案，虽然该修正案提出的一揽子制裁措施与政府采取的措施相近，但它以法案的形式提出，目的在于使对华制裁长期化和复杂化。7 月 14 日，参议院又以 81 ：10 票的压倒性优势通过了“国务院授权法”关于中国部分的修正案，该修正案在政府已采取制裁措施的基础上，增加的措施包括继续中止海外私人投资公司为对华投资提供保险或其他资助，停止发放控制犯罪和侦查设备的出口许可证，中止同中国的核能合作等。修正案还要求总统重新考虑同中国的正式经济关系，包括双边贸易协定和中国的最惠国待遇地位。

在国会的激烈态度和强硬立场压力下，美国的对华人权外交在 90 年代初期逐步具备雏形。1990 年 2 月，布什签署“国务院授权法”，进一步把对中

196 埃兹拉·F·沃格尔主编：《与中国共处：21 世纪的美中关系》（Living with China: U.S.-China Relations in the Twenty-First Century），纽约，1997 年版，第 169 页。

国的制裁措施扩大到了几乎所有经济领域；2 月 11 日，美国国务院发表的年度国别人权报告则开始将中国列为重点目标，指责中国存在严重的人权问题，包括谋杀、失踪、死刑、压制劳工权利、迫害宗教界人士等；3 月，在联合国人权委员会会议上，美国第一次提出有关中国人权问题的决议案；4 月，布什发布行政命令，以中国在美国的公民回国后可能受到迫害为由，同意给这些人在美国居留的权利；5 月 12 日，布什签署公告，宣布 5 月 13 日为“全国支持自由和人权日”，表示要“督促中国政府对去年示威中所表达的争取自由的基本愿望作出积极的反应”。

苏联和东欧集团解体后，中国成为美国人权外交攻击的主要目标。克林顿上任之后，形成了系统的对华人权战略。1992 年 4 月 1 日，克林顿作为总统候选人第一次发表对外政策讲话时，就提出要将人权作为对华政策的核心。他说：“在中国，那些年迈的统治者对民主、人权和控制危险武器技术扩散的必要性表示出不加掩饰的蔑视，总统（乔治・布什）却对这些统治者百般娇纵。在我们看来，这种忍让在冷战时期作为一种战略需要也许是对的，因为那时中国是一支抗衡苏联的力量；但是现在我们的对手已经认输，打中国牌已经毫无意义。”[197] 同年 11 月，克林顿再次许诺，他当选总统后要在中国人权问题上采取强硬政策，他说：“我认为，我们也必须强调，需要在人权和对人格的尊重方面取得进展。我认为，在最近的几个月里，有一些迹象表明，只有我国政府采取坚定有力的态度，才会有助于实现那个目标，”因此，“我赞成在人权和贸易方面没有出现一些变化之前对中国享有的贸易最惠国待遇地位施加一些限制。”[198]

克林顿政府对华人权外交攻势的第一个主要步骤，就是宣布将人权与中国的最惠国待遇挂钩，试图以此向中国政府施压，干涉中国的人权事务。1993 年 5 月 28 日，克林顿发布了关于延续中华人民共和国最惠国贸易地位条件的行政命令，宣布延长中国的最惠国待遇 12 个月，明年是否延长将取决于中国是否在改进人权状况方面有重大进展。克林顿在同日发布的政策声明中声称：“我的政府决心支持和平的民主改革和转向市场的改革。我相信我们还是能够看到这些原则在中国普遍实行的。……我们坚决要求中国在人权问题上有重大的改进。”[199] 这是美国政府第一次明确地将中国的最惠国待遇与人权问题联系起来，其用意是想通过贸易手段来迫使中国加快走向市场经济和政治自由化，最终和平演变社会主义中国。

---

197 转引自李云龙著：《中美关系中的人权问题》，新华出版社，1998 年，第 153 页。
198 新华社华盛顿 1992 年 11 月 19 日电。
199 《总统关于中国最惠国地位的声明》，新华社华盛顿 1993 年 5 月 28 日电。

2001年“9·11”事件后，国际恐怖主义这一日益猖獗的不安定因素对国际格局产生了难以估量的严重影响，出于打击恐怖主义活动的共同要求，国际关系的战略结构发生了巨大变化，中美双方在打击国际恐怖势力方面找到了新的利益结合点，这在客观上有助于缓解美国对中国的人权压力。近年来，美国在战略层面上改善同中国的关系，中美关系中的积极面有所加强。2001年10月，江泽民和布什在上海出席亚太经济合作组织第九次领导人非正式会议期间举行首次会晤，双方决定共同努力发展中美建设性合作关系。2002年2月，布什总统访华，两国元首在北京就充实两国建设性合作关系达成共识。10月，国家主席江泽民访美，两国元首举行会谈，就发展中美建设性合作关系和重大国际及地区问题深入交换了看法，达成了一系列重要共识，再次强调了中美平等友好合作对两国和世界的重要性。双方决定加强两国高层战略对话和交往，在双向互利的基础上加强反恐交流与合作，加强在经济贸易方面的合作，恢复两军交往和副外长级战略安全、军控和防扩散等磋商。由此可见，反恐和维护本土安全是美国政府目前的中心任务，美国必须在较长时期内顾及同中国的合作，从而为中美关系的稳定发展提供了相对较长的时间框架。

虽然随着反恐等现实战略利益的需要，近年来美国实施对华人权外交的力度有所下降，但在根深蒂固的意识形态偏见下，美国不会也不可能彻底放弃在人权问题上对中国的攻击，最多是在实施的方式和手段上有所变化。事实上，每年美国仍然利用国别人权报告攻击中国的人权状况，不断利用民族、宗教、互联网新闻自由、维权人士和各种突发事件进行恶意炒作，大做人权文章，肆意抹黑中国。2008年拉萨发生“3·14”打砸抢烧严重暴力犯罪事件后，美国一些主流媒体和敌对势力罔顾事实、歪曲真相，篡改、捏造、造谣、污蔑无所不用其极，联合上演了一场反华大合唱。北京奥运会前夕，美国为首的一些西方国家也试图利用奥运火炬传递等机会干扰这场世界各国共襄的体育盛会，企图把奥运盛事变成攻击中国人权的大好良机。由此可见，美国决不会放弃任何可以诋毁或向中国发难的机会，中美之间在人权问题上的外交和舆论较量仍将是长期的、尖锐的、复杂的斗争。

20世纪90年代中期以后，随着中国经济的持续发展和国际影响力的不断提升，美国方面逐渐意识到，对华实施强硬的人权战略不仅无助于在国际上孤立中国、进而改变中国的社会主义制度，反而使自己在更为重要的共同战略和经贸方面的利益受到损失。美国既然没有能力遏制中国的和平崛起，也就不得不改变战略思维，把人权降低到对华战略中的次要地位。其最显著的表现是将给予中国最惠国待遇与中国的人权状况脱钩并在人权问题上以对话代替对抗。[200] 美国对华战略的变化为中美人权对话机制的形成提供了契机。当然，中美人权对话机制的出现本身并不意味着中美人权矛盾的消解。事实上，中美人权对话由于双方存在结构性矛盾而数次中断。

1996 年春，当时的美国国务卿克里斯托弗在上任后首次发表的对华政策讲话中表示美国将从战略上考虑中美关系，宣称美国支持中国成为一个稳定、开放和成功发展的国家，中美两国应以公开和建设性的方式来维护双边在许多方面存在的共同利益，两国的分歧必须通过接触和对话来解决。随着美国对华战略的整体性转向，美国对华人权政策也出现了松动。美国国务院在 1997 年的国别人权报告中缓和了批评中国的语调，承认中国的人权状况正在发生积极的变化，并宣布不再在联合国人权委员会会议上提出谴责中国的提案。基于美国方面在人权问题上态度的缓和，中国方面给予了相应的回应。1997 年，江泽民访问美国期间，虽然双方在人权问题上仍然没有达成一致，美国方面仍然坚持"中国不改善人权政策，美中关系就不可能完全实现正常化"，中国则表示民主、自由和人权是相对的、具体的，是由不同国家的具体国情决定的，人权问题应该在不干涉别国内政的基础上开展讨论，但在江泽民与克林顿会晤后发表的联合声明中，双方首次表示将致力于促进和保护人权及基本自由。联合声明说："尽管两国未能解决在人权问题上的分歧，但双方同意本着平等和相互尊重的精神，通过政府和非政府级别的对话讨论这一问题。两国同意就非政府人权论坛的结构和作用进行讨论。"[201] 这一声明的发表，为中美人权对话机制的建立奠定了重要基础。1998 年克林顿访华期间，中美在构建人权对话机制方面达成了新的进展，双方正式同意在政府和非政府级别进行人权对话，设立中美非政府人权论坛，同时宣布于 1998 年下半年开始举行美国国务院和中国外交部高级官员之间的新一轮人权对话。

1999 年 1 月，中国外交部长助理与美国负责人权事务的助理国务卿在华盛顿进行了中美政府间人权对话，双方承认并讨论了各自在人权问题上的分歧，表示将加强在相关法律方面的合作以及继续进行人权对话。此前，中国政府 1997 年签署了《经济、社会和文化权利国际公约》及 1998 年签署了《公民权利和政治权利国际公约》，也为中美人权对话提供了国际法规则。然而，由于美国轰炸了中国驻南斯拉夫大使馆，以及针对中国政府在 1998 年取缔非法的"民主党"行动，1999 年美国国务院发布的国别人权报告认定中国政府的人权纪录开始急剧恶化 [202]，为表示抗议，中国再次中断了中美人权对话。

200 周琪：《美国人权外交政策》，上海人民出版社 2001 年版，第 382—405 页。

201 韩云川：《中美人权之争》，宁夏人民出版社 2003 年版，第 311 页。

202 周琪：《美国人权外交政策》，上海人民出版社 2001 年版，第 390 页。

2001 年“9·11”事件之后，中美再次恢复了人权对话，双方在 2001 年 10 月举行了政府间人权对话，中国代表团由外交部国际司司长率领，美国代表团则由负责民主、人权和劳工事务的助理国务卿率领。2004 年，美国再次无视中国在人权方面取得的巨大进步，不顾中方强烈反对，执意在联合国第 60 届人权委员会会议上提交反华提案，破坏了两国人权对话与交流的基础，中美人权对话被迫再次中断。此后，双方的人权对话直到 2008 年 5 月才得以艰难恢复。

从国际机制的角度来分析中美人权对话，可以得出这样的结论：虽然在机制运行的过程中，由于受到外部因素的影响而数次中断，但是中美人权对话机制作为国际机制而言，已经具备了相当的机制要素。1997 年中美联合声明作为双方人权对话的制度性指导文件，其对中美人权对话机制的基本原则、体制安排、基本规则及具体运作程序都作了一定的规定，使得中美人权对话向制度化发展方向迈进了一大步。首先，联合声明中明确提出中美人权对话机制的基本原则是平等和相互尊重，中美双方将“本着平等和相互尊重的基本精神”通过对话来讨论人权问题。第二，联合声明对对话机制的体制作了进一步的规定，即中美人权之争将主要通过对话这一方式来沟通并谋求解决。当然，中美人权对话机制同样缺乏具体的对话体制结构安排。第三，除了《世界人权宣言》及国际人权两公约之外，作为具体规定中美人权对话机制运作的 1997 年中美联合声明也是重要的对话规则之一。就中美人权对话机制的具体运作程序，联合声明提出对话应该在政府和非政府两个级别进行。双方还拟通过建立非政府人权论坛来将非政府层面的人权对话加以推动和细化。就中美人权对话的实际发展而言，中美人权对话机制主要是在政府间层面进行。美方参与人权对话的是负责人权事务的助理国务卿及相关政府人权机构的官员及人权事务专家，中国参与人权对话的是外交部、公安部及司法部等相关部门的政府官员。

回顾和总结 20 年来中美人权对话的发展过程，可以发现，这一机制的建立及运行虽然经历了种种曲折并且出现了数次中断，中断时间最长的一次长达 6 年，但是，中美之间开展人权对话对于缓解两国之间在人权问题上的分歧和对立是有效的。当然，由于战略需要，中美之间除了人权对话机制之外还存在着经济战略对话机制等沟通渠道，因此在实践过程中，虽然中美人权对话机制一度中断，但是中美关于人权的对话并没有中断。在中美其他对话框架内，人权问题仍然不时地成为对话议题之一。同时，从长远看，人权对话是不同国家解决差异和矛盾的必然选择，只有通过对话和合作的方式，中美之间的人权对立才有可能得到切实的缓解，中美在其他重大问题上的战略合作才能更加稳定和持久。当然，必须看到的是，中美人权矛盾是双方之间结构性和制度性的对立，虽然其间蕴涵着美国利用人权工具迫使中国在其他重要的战略性问题上让步的策略考虑，但更为本质的问题是，美国实施对华人权战略是基于其对中国这样一个实力不断上升的社会主义大国的担忧，是出于社会制度和意识形态的需要。这就决定了中美人权对话机制的效用将局限在人权问题的技术层面，无法化解中美之间人权意识形态上的根本矛盾和对立。

即使是在技术层面，中美人权对话机制的推进也因为存在诸多问题而举步维艰。具体而言，中美人权对话机制面临的首要问题就是对话的非公开性。所谓的非公开性不是指对话停留在“秘密外交”式的层面，而是指在非政府层面的对话缺乏公众的参与。公众对人权对话本身的认识和认同几乎为零。事实上，中美之间的人权对话就级别而言已经拓展到了民间，但即使非官方的对话也主要停留于高层学者或知名人士，国内公众的知晓度并不高，这在一定程度上限制了公众对于人权对话的认同。其次，讨论问题范畴的有限性。就目前而言，中美人权对话的话题主要集中在双方争执和对立的问题上，还没有扩展到更加广泛的人权合作和促进方面。这种对话话题的选择和预设使得中美人权对话机制先天不足，即对话过程中双方由于分歧的不可调和而针锋相对，各说各的，无法真正通过对话达到合作的目的。同时，针锋相对的对话方式也进一步影响了对话的和谐氛围，使得对话本身成了一种力求达成一致的谈判。这种谈判式的对话也必然使得对话往往因为巨大分歧而被迫中断。事实上，对话与谈判在概念上是不同的。对话是以“商”为特点，即双方接受各自观点和立场上的分歧，在搁置分歧的前提下通过对话寻求共性继而推进合作。谈判则是以“辩”为特点，其目的是通过谈判证明我对你错继而进一步说服对方采纳己方观点。[203] 再次，在对话过程中，平等这个基本对话原则没有得到很好的执行，双方的实际对话态势处于不对等状态。应该承认，由于人权对立主要是美国方面挑起的，因此实际上人权对话的内容主要是美国方面决定的，中国在对话中仍然处于相对的弱势和被动地位，这也是制约人权对话机制发挥效力的重要原因。最后，制度化水平不足。虽然中美人权对话机制具有制度化的文件及具体的运作程序。但是，从机制化意义上而言，双方人权对话尚处于规则安排的起步阶段。双方没有对如何维护和保证对话机制的正常运行、对造成对话中断的责任方采取何种惩罚等问题达成一致。目前中美人权对话机制仅仅是确立了对话这一合作框架本身，而没有对框架

---

203 （美）琳达·埃莉诺、格伦娜·杰勒德：《对话：变革之道》，教育科学出版社 2007 年版，第 16—17 页。

进行细化。而且，在实践过程中，中美人权对话机制的制度性文件——1997年中美联合声明也没有得到有效的执行，进一步影响了中美人权对话机制的制度化程度。在实践中，对话机制也随时由于中美战略关系态势的变化而导致作用减弱甚至中断。

除中美人权对话外，中国与其他国家也积极开展双边和多边人权对话。近年来，中国本着“求同存异”、“和而不同”的原则与世界上许多国家开展了人权对话，力争在平等和相互尊重的基础上，通过对话与交流增进与不同人权立场国家之间的沟通和了解。近年来，中国分别与澳大利亚、加拿大、英国、欧盟、挪威、德国、荷兰等举行了多轮人权对话或磋商，与越南、老挝、厄立特里亚、塞拉利昂、津巴布韦等许多发展中国家进行了交流与合作，主办了亚欧非人权研讨会、中非人权研讨会以及中欧、中澳、中加、中挪等多种形式的多边和双边人权研讨会。与此同时，中国人权研究会等非政府组织与联合国人权高专办以及美国、德国、奥地利、爱尔兰、埃及、越南等国的政府、议会代表团及各国非政府人权组织也开展了广泛交流与合作。通过这些对话、交流与合作，增进了中国与国际社会在人权问题上的相互了解和信任，增强了共同分享经验、共同应对挑战的基础。

三、为人权发展提供多元选择：中国人权道路的普遍性意义

中国经济的崛起是近代以来世界经济和国际关系中的独特现象，没有任何先例可循，这不仅是因为中国的经济发展意味着一个奉行社会主义制度的发展中国家在资本主义制度主导下的世界市场和国际体系中的崛起，还在于这一崛起的方式打破了长期以来大国只能通过战争和暴力方式才能得到快速成长的国际惯例。中国的经济发展是在没有对任何国家构成威胁的前提下以自身的改革和开放逐步实现的，这一新的崛起方式，无论是对世界市场、国际体系还是世界市场与国际体系的互动，都会产生前所未有的溢出效应，潜移默化地改变着世界经济和国际体系的结构态势和运行方式。与经济崛起的方式相一致，中国的人权道路也是在西方世界的不断指责、扭曲和干涉中逐步成长起来的，同样没有先例，但它以自己的坚持和不断成长，正在给世界提供一种新的人权发展选择。从长期看，对经济社会发展状况类似的国家选择一条与本国国情相适应的人权道路是具有深刻的启发和借鉴意义的。

从人权的世界性传播历程中可以看到，西方人权道路的世界性扩张只不过是从冷战结束后才形成的，如果把这一过程放在人类历史中，可以发现这不过是一个极其有限的历史时段，而且在各种因素的抵制和销蚀中已经呈现

出明显的衰落迹象。仅仅在此意义上，试图用单一性来替代多元性、用特殊性来等同普遍性的人权指责是没有价值的，人权的普遍性意义在于它是不同特殊性的人权发展道路的整合和交融，中国人权道路的普遍性也即寓于其中。

从广义的层面分析，中国人权道路具有的普遍性意义体现为两个层面：一是如上所述，中国人权道路本身就是世界人权发展多元化的有机组成部分，与各国的人权道路共同构成了人权的普遍性；二是中国的人权道路在世界人权发展中具有溢出效应，为人类共同的人权发展提供了有价值的普遍性元素。

中国人权道路的溢出效应当然首先是在国内人权领域内得到体现，但从历史的角度出发，对于人权发展的跨国界溢出进行分析或许是更有价值的。由于社会制度和基本国情的不同，中国在进入国际人权体系、接受国际人权规则约束之初，就始终坚持从自身的国情出发，在不断总结自己的实践经验的基础上逐步完善具有中国特色的人权发展道路。中国一贯提倡世界的人权发展是多元模式并存，即使一些先发国家拥有更多的经验，也不能成为惟一的模式。当然，中国的内生型人权发展道路决不意味着中国的发展是封闭的，相反，中国始终注重借鉴人类文明的有益成果，在比较和借鉴中努力推进人权制度的自我完善和发展。这一点，是中国人权道路得以孕育出普遍性价值的前提和基础。

中国人权道路的溢出效应首先体现为中国的人权发展不仅是人权保障方面的发展，而且蕴涵着深刻的经济、政治发展内涵。经济发展与政治发展之间相互促进、互为依托和保障，共同构成人权发展的坚实基础。人权发展对国家的经济实力、民主政治和社会进步提出了更高的目标，要求中国全面深化经济体制改革，不断提升国家的经济实力，积极稳妥地推进政治体制改革，扩大民主，建设法治国家；反过来，经济和政治发展则为人权保障水平的持续稳定提高提供了良好的外部生态和制度环境，有助于不断提高中国人权道路的制度竞争力和国际影响力。具体说来，中国人权道路溢出的内在动因体现为：（1）中国人权发展是整体发展的概念，既是人权发展也是经济发展、政治发展和社会发展的有机整合；（2）中国人权发展的内在动因根本取决于政治理念的不断创新和政策导向的驱动；（3）人权发展反过来推动了经济、政治体制的改革和调整，人权、经济、政治呈现出多层次、多向度的互动模式。分析中国人权道路的溢出效应，缺乏对人权与经济、政治发展的互动阐释是不完整的。

在动因层面上，可以从三个角度分析中国人权道路的溢出效应：其一，中国的人权发展是在与国情相适应、具有中国特色的前提下，与世界人权发展的普遍潮流相适应；其二，中国的人权发展是人类进步的有机组成部分，为世界的进步、和平与发展作出了积极贡献；其三，中国开放的人权发展观充分体现了包容的精神，有助于增进不同人权道路之间的对话和交流，协力构建兼容并蓄的和谐人权世界。在此前提下，对中国人权道路的溢出效应的基本判断是：中国是内生型人权发展的国家，中国的人权发展是内在的完善过程，不具有外部性的扩张特质，因而是促进世界人权进步与不同人权道路差异化并存的坚定力量；中国人权发展的重要宗旨在于为国家成长提供稳定的支持，在国际上不挑战现存国际人权体系，也不试图输出自己的人权制度模式和政治价值；中国是一个发展中国家，有待进一步提高的经济发展水平决定了现阶段的人权保障水平处于渐进的、不断提高的过程，不能用理想化的人权标准来加以衡量；中国在国际人权事务中不仅需要与发达国家保持合作关系，更要加强与发展中国家的协商机制，这也是由中国作为发展中国家的基本定位决定的。

由此引申，中国人权道路本身具有的溢出效应体现为：（1）在一个拥有13亿人口的国家里维护人权并致力于不断提高人权保障水平本身就是对世界的巨大贡献，中国是世界上人口最多的国家，中国如果没有一个稳定的人权局面，不但经济发展难以持续，对于世界的和平与发展也将造成灾难性的后果；（2）与经济、政治体制改革相适应的人权制度调整保障了经济发展始终在相对稳定有序的轨道上运行，防止了许多国家在发展进程中出现严重的政治动荡、进而导致经济发展进程中断的悲剧出现，这样的人权发展方式被证明是有效的，为世界提供了一条与西方模式不同的新的可供选择的人权发展道路；（3）中国的人权既注重自上而下的推动，又注重对自下而上经验的总结，既注重发展经济、社会和文化权利，又注重保障公民权利和政治权利，这一基于国情的人权道路对于世界各国、尤其是发展中国家的人权具有借鉴意义；（4）中国的人权发展强调与经济、政治、社会和文化的协调进步，始终高度强调“以人为本”的发展理念，既不超前激进也不保守消极，这对其他国家同样提供了有益经验。

中国人权发展的内在动因隐含着中国人权发展道路的特殊性和价值与效应的普遍性问题。这一假设命题目前已得到理论和经验的初步支持，在解释角度上超越了西方中心主义的思维模式和解释逻辑，从世界发展的多元模式和人类文明的共生性和互动性入手，厘清了中国与世界的人权关系。中国的人权发展不是游离于世界之外进行的，承认中国是世界体系中的有机组成部分，就必须承认中国的人权发展具有溢出效应。这一意义蕴涵着三个方面的基本指向：（1）整体性指向：中国的人权发展对于世界作为一个整体是具有积极意义的。包括中国的人权发展是对不同社会制度和发展道路应彼此尊重，在竞争比较中取长补短，在求同存异中共同发展这一国际关系核心价值的有力支持；中国的人权发展理念超越了单一的“华盛顿共识”，推动了国际人权关系的民主化和发展道路的多样化进程；中国在人权发展进程中的制度安排和组织形式为其他国家提供了有益的借鉴；（2）主体性指向：中国是在一个经济社会发展水平相对较低的国家中取得的人权发展经验，因而它的经验主要针对的是经济社会状况相对接近的发展中国家和新兴国家，不能过度扩大中国发展的主体性范式意义；（3）结构性指向：尽管中国人权发展的主体性效应主要投射于发展中国家和新兴国家，但它对世界经济、政治、社会和文化等结构性人权要素具有的意义同样是深刻的，中国的发展正在改变世界经济的结构态势，这样的影响同样会投射到人权领域，产生相应的结构性效应。而且，这样的效应不是主观上的正向和反向臆断，而是需要各方的客观对待和理性解读。

就客观性而言，中国人权发展具有普遍性意义的动因或许还在于：中国的人权发展道路始终是世界多样化人权发展道路的有机组成部分，丰富了人类社会的人权发展经验和智慧，有助于推动多种人权形态的和谐并存，构建和谐的人权世界。特别要强调的是，中国的人权发展是开放性的，始终高度重视从其他国家人权建设的经验和教训中汲取丰富的养分，既注重研究发达国家的人权发展经验，也及时总结苏联等前社会主义国家在人权问题上的失败教训。但同时，中国也绝不照搬或模仿，而是从自己的国情出发，在总结自己的实践经验的基础上探索适合本国的人权发展道路；强调各国在人权问题上应相互尊重，共同协商，不应把自己的意志强加于人。除政府间交往外，中国还日益重视与各国执政党、议会、地方及非政府组织之间的人权沟通和交流，以各种方式从各种渠道借鉴各国的有益人权经验。这对于全球化时代不同国家之间的人权沟通和交流方式提供了一条有益的非强制性选择途径。

中国是内生型发展的国家，中国的人权发展是内在的完善过程，不具有外部性的扩张特质。经济和社会发展的现实需要，决定了中国必须把主要精力放在国家自身的人权发展上，走和平的人权发展道路。同时，内生型的人权发展理念不等于封闭式的发展，也不等于经济学意义上的内向型模式，实际上，中国目前已经成为包括人权开放度在内的国际化程度最高的国家之一。中国人权的内生型发展强调的是和平的人权发展、内在的人权发展。在内生型人权发展理念下，人权发展的根本目标和本质要求是维护和增进人民在国家中的当家作主地位，在中国共产党领导、人民当家作主和依法治国之间建构起有机统一的内在机制。

由内生型人权发展理念决定，中国在国际人权事务中始终一贯的基本立场是坚持独立自主的人权发展政策，在始终把国家主权和安全放在第一位的基础上，坚持走和平的人权发展道路。中国不会对现存国际人权体系构成挑战，也不会试图输出自己的制度模式和人权价值，把自己的模式和价值视为惟一正当的选择并强制性要求其他国家接受和认同。近代以来，中国是被动卷入国际体系中来的，在国际体系中长期处于被安排和受损害的边缘地位。新中国成立后，尽管西方国家的孤立和封锁一度导致中国游离于国际体系之外，但改革开放以来，中国日益清醒地认识到，没有对外开放和与外部世界的相互促动，中国就不可能彻底摆脱经济上落后、政治上被动的状况，就不能充分利用有利的国际环境为现代化建设服务；反之，没有对国际体系的积极参与，中国的对外开放将无法在一个有利的国际环境中进行，就不能有效地利用外部世界提供的战略资源增强自己的经济实力和国际影响力，实现中国的和平发展目标。这一点，也为中国对国际人权事务的参与奠定了核心立场。

近年来，中国经济的持续稳定增长和综合国力的迅速提高在国际上引起了少数国家的不安，一些周边国家也对中国未来的国际战略有所猜疑，一些人甚至臆造出了“中国威胁论”，宣称中国的强大将对世界的稳定产生严重的威胁。同时，一些国家的冷战思维仍然存在，当前还出现了扩大军事集团、加强军事同盟、贫富差距进一步扩大、利用人权等问题干涉他国内政等新的现象。多极化趋势在全球或地区范围及政治经济诸领域有了新的发展，国际结构和各种力量出现了新的分化和组合，特别是大国关系近年来经历着重大而又深刻的调整。所有这些，都对中国提升在国际人权事务中的地位和作用、扩大中国人权道路的影响力提供了新的机遇和挑战。如何更好地抓住机遇、迎接挑战，也要求中国在投射自己的道路溢出效应的政策和策略上有新的思路和创新措施。

“负责任大国”是当今中国的战略定位，“负责任的人权大国”则应是中国在国际人权事务中的战略定位，这对于中国人权道路进一步在国际社会扩散溢出效应有着特殊重要的意义：（1）树立国际人权形象。中国良好的国际人权形象不是仅仅依靠自己的政策宣传和对外行为就可以树立起来的，所谓形象是国际社会中其他国家对中国的态度和倾向，而这样的态度和倾向只有通过中国在相互之间的交往和合作过程中采取的负责任行动才能得到体现；（2）消除误解或敌意，尤其是消除那些因对中国人权的实际情况缺乏了解而造成的误解。中国的社会制度决定了它的人权道路必然会引起一些误解或敌意，只有通过“负责任”的姿态、使那些抱有误解或敌意的国家和人士看到中国并不威胁他们的安全和利益，才有可能得到缓解或消除；（3）深化对国际人权规则的理解和利用。中国“负责任大国”形象得以树立的重要前提是对自己认同和接受的国际规则的遵守和履行，在这一过程中，不仅可以加深自己对人权规则的理解和认识，更有助于在合理和合法的情况下利用这些规则来更大限度地增进自己的人权影响力；（4）参与国际人权决策。中国坚持自己“负责任大国”的战略定位不是为了对现存国际人权规则一味地服从，而是在融入规则的基础上更好地参与国际人权决策，这一点，是中国“负责任大国”战略定位的重要目标。

在“负责任大国”的定位基础上，中国已逐步实现了从传统人权秩序的挑战者到参与者和维护者的战略性转变，在重大全球人权问题和地区性人权问题领域与世界各国开展和推动了广泛而深入的国际合作，对于世界人权的发展日益主动地提供越来越多的国际公共产品，发展起来的中国正致力于为构建“和谐人权世界”作出应有的贡献。

中国的人权道路是一个历史的渐进过程，没有也不可能固化为一种静态的制度模式，它的溢出效应也不是人为推进而是以其现实合理性而逐步产生的。中国政府始终致力于促进国家的人权建设，尽力在提高国家经济、政治和社会生活的民主化水平的同时提高国家对人权的保障水平，这是中国人权道路得以产生溢出效应的内在根源。但是，中国政府和人民也看到，人权的发展不是一蹴而就的，由于各国的历史背景、社会制度、文化传统、经济发展的状况有巨大差异，因而对人权的认识和理解往往并不一致，人权建设中遵循的理念和制度安排也各有不同。进一步来说，观察一个国家的人权建设状况，不能割断该国的历史，不能脱离该国的国情。衡量一个国家的人权保障水平，不能按一个模式或某个国家和区域的情况来评判，更不能把某种特定的人权模式作为样板在全世界推广。这是中国人权道路的基于成就而溢出与西方的强制推行之间最根本的差别所在。

第九章　发展中的人权道路：人权建设的新态势和新导向

中国人权道路最为重要的外在特征之一是发展性和动态性。中国从来不认为自己的人权状况已经达到了无可挑剔的完美地步，而是始终根据经济社会发展的现实可能对人权保障的方式和路径不断进行适应性调整。在动态的调适过程中，中国的人权建设也不断呈现出新的发展态势和导向。

一、中国人权道路的经验性成就

从经验层面分析，中华人民共和国成立以来尤其是改革开放30多年来，中国人权发展呈现给世界的是一条理念逐步清晰、步伐不断快速、方式更加多样、成效更加显著的轨迹，今天的中国进入了有史以来人权状况最好的时期，初步走出了具有中国特色的社会主义人权发展道路。这条道路展现给人们的经验性成就主要表现在：

第一，人权意识在公民中得到广泛普及，以合法有序的方式维护自己的权利成为大多数公民的自觉行动。人权意识的广泛培育和日益内化于中国人的日常行为是中国特色人权发展模式的基础和前提。人权在本源上是一种蕴涵于人类意识深层的价值理念，只有大多数人都具备了这样的自觉意识，尊重和保障人权的理念才有可能真正内化于中国社会的发展与进步之中。尽管不能排除人权相关的制度建设有可能在一定程度上促进人权意识的培育和内化，但一个社会如果大多数人没有自觉的廉政意识，即使有了自上而下构建起来的完备的人权保障制度，也难以营造出尊重人权的政治文化生态。在此意义上，如果说改革开放初期中国人权意识的觉醒更多是一种与市场主体相适应的自发表现的话，近10年来中国经济社会的转型发展则使人权意识成为公民身份确认的重要体现。人权不再限于少数人的话语工具和舆论的宣传口号，从广大公民对政府信息的知情权诉求到对公共事务的积极参与，从日益强烈的表达愿望到无所不在的权力监督，人权意识的普及程度都由此可见一斑。

第二，“以人为本”的理念塑造为中国人权发展奠定了核心宗旨和价值归宿。人权的发展是理念、制度和国家意志与社会共识的有机整合，最终通过促进人的发展和进步得到体现。换言之，从终极意义上说，人权发展本身并不是人类追求的最终目的，它在根本上是为了保障人的自由而全面的发展。在中国这样一个具有5000年封建专制历史的国家中，绝大多数人都不具备理性和自觉的人权意识，这就客观上决定了政府在人权的意识培育和制度规范的制订中具有特殊的主导和引领作用，进而要求政府在权力运行中必须从“以人为本”的宗旨出发。当然，这里的“人”不仅是指具体的某个个人或具有特殊利益诉求的社会群体，而更多的是指构成这个国家和社会主体的“最大多数人”，只有“最大多数人”从“以人为本”的政治价值中公平地分享到了经济发展带来的好处，才可以确认人权取得了实质性的发展。中共十六大以来，“以人为本”的理念在执政党和政府的国家治理理念中牢固树立，对人的尊重和关注日益成为制度建设、政策制定和程序设计的核心价值，尊重和保障人权的宪法原则在“以人为本”的执政过程中得到了切实的体现。

第三，人权建设的推进力度极大加强。从发展的取向看，人权受到的重视程度越高，人权建设受到的阻力就相对较小，成本就会相应地降低，侵犯人权的行为就将相应减少。在此意义上，近年来中国对人权问题的高度重视是推动人权不断发期的重要动力，无论是经济、社会和文化权利还是公民权利与政治权利保障都得到了全面的推进。尤其是2009年4月，中国政府发布了《国家人权行动计划（2009—2010年）》，这是中国历史上第一份以人权发展为主题的国家规划，对全面推进中国的人权发展作出了全方位的规划和部署。该计划历经两年的实施取得了圆满的成功后，中国又制定了第二份更加长期的新的行动计划，这样大规模的人权建设推进举措，在世界上是绝无仅有的。

第四，人权保障的制度化和法治化水平不断提高。人权不受尊重在很大程度上与相关法律的缺失有关，近年来中国法治化水平的极大提高正在使人权得到越来越有效的发展。无论是《刑法》的多次修改还是《选举法》等一系列涉及公民权利的法律的制定与实施，都把中国的人权发展有效纳入了法制的轨道。到2010年底，中国已制定现行有效法律236件、行政法规690多件、地方性法规8600多件，中国特色社会主义法律体系已经形成，社会生活的各个领域和人权保障的各个方面实现了有法可依，尊重和保障人权的原则日益有机贯穿于立法、行政和司法的各个环节之中。

第五，经济社会发展提供的资源性保障为人权发展提供了坚实的物质基础。人权的发展是政治权力与经济实力双向度正向互动的结果，除了政治权力的推动外，人权建设需要成本，经济能力的提高和社会的总体发展是人权发展的重要助推器。近年来，中国进入了一个经济发展保持高速增长、经济实力急剧提升、经济影响不断扩大的成长时期，在先后克服了加入世贸组织（WTO）初期的阵痛和全球金融危机的冲击等不良因素的影响后，稳步成为世界第二大经济体。这不仅极大地提高了中国的生存权和发展权保障水平，也使中国能够拥有更多的资源改善人权的保障条件和水平，尤其是在就业权、受教育权、生活保障权、健康权等与民生相关的权利保障方面，中国是公认的近年来发展最快的国家之一。

第六，对政府权力的制约和监督力度不断加大。这是人权发展的另一个核心环节。人权保障的重要目标是防止侵犯人权的行为发生，而在现实的国家政治生活中，最有可能侵犯人权的主体是拥有公共权力的政府机构，这就使制约和监督权力成为必须，只有实现了对权力的有效监督和制约，侵犯人权的行为才能得到最大限度的减少。进入21世纪以来，中国把完善监督和制约机制提升到了国家制度建设高度，致力于建立健全决策权、执行权、监督权既相互制约又相互协调的权力结构和运行机制，以制度化的方式保证公共权力机构按照法定权限和程序行使权力，构建起了党内监督、人大监督、民主监督、舆论监督以及社会监督和网络监督有机整合的权力监督体系，为防范权力侵犯权利行为的发生创造了良好的条件。

第七，对侵犯人权行为的社会容忍度降低，对保障人权的社会参与度日益提高。公民社会的快速发育是近年来中国政治发展中最引人注目的取向之一，这不仅有助于培育人权意识滋生的社会土壤，也使侵犯人权行为的监督和制约主体不断扩大。随着公民权利意识的不断增强，经济和社会生活中发生的侵犯人权行为越来越受到社会的普遍谴责，越来越多的社会组织乃至公民个体主动参与到保障人权的行动之中。尤其是随着互联网在中国的飞速发展，网络日益成为最为社会化的人权保障参与平台，政府与社会通过网络渠道也日益形成了在人权保障领域的良性互动。

简言之，经过30多年的发展，人权已经成为中国社会普遍关注的重大问题，人权建设成为国家整体建设的有机组成部分和软实力提升的重要体现，中国对自己的人权道路更加具有自信、自省和自觉。这一点，不仅是中国政府和人民的集体共识，也得到了世界上任何不持偏见的国家和人民的普遍认同。

人权发展是一个没有终点的历史进程，在人类社会真正实现“人的自由而全面的发展”这一终极价值之前，任何国家都没有理由认为自己的人权状况已经达到了完美的水平。对于中国这样一个仍然处于发展中国家行列的巨型国家而言，过去十年的人权建设虽然取得重大的进步，但要使每一个社会成员的各项基本权利得到切实保障，每一个社会成员生活得更有保障、更有尊严、更加幸福，仍然是一个长远的目标。

二、变迁中的人权建设生态

从现实分析，进入21世纪以来，中国的经济社会发展开始进入一个转型期，中国面临的人权发展环境、人权发展目标和任务、人权保障对象以及人权发展的平台和渠道等都日益发生重大变化。这些变化不仅是中国人权发展在当前存在一些不适应性的根源所在，也凸显出传统的人权发展方式需要进行进一步的调整和变革，为中国的人权建设提供充足的支持和保障。

第一，人权发展环境的变化是促使中国加快改进人权发展方式的外部性压力。当前，中国所处的历史方位和空间方位，亦即面临的世情、国情与党情都发生了空前的变化，这促使人权建设道路和方式也必须进行相应的调整和变革：

世情变化对人权建设构成的外部性压力主要体现在三个方面：其一，中国在世界市场上强势崛起的同时，来自各方面的猜疑和限制越来越大，西方对中国不断掀起的人权指责凸显了我们有效应对的手段还存在不足；其二，国际体系的动荡和不确定性在有助于增强中国的国际地位的同时，也使中国在国际人权舞台上面临着越来越多的难题，尤其是在承担国际人权义务、提供人权保障的公共产品、参与人权事务的全球治理等方面都存在选择上的两难；其三，西方从来没有放弃在政治制度和意识形态上对中国的指责和扭曲，而且，中国的开放度越高，西方价值和理念的渗透力就越强，一些人就越可能趋于认同西方的人权价值，中国人权建设面临的外部和内部风险也就越大。

国情的变化同样是巨大的：其一，国力的极大增强，中国已经成为世界上第二大经济体，拥有了越来越强大的资源动员能力用于提高人权保障水平；其二，主流意识形态的凝聚力和共识建构功能弱化，民众的“不信”逐步成为主流社会不能回避的现实，这导致中国在人权建设方面面临陷入“塔西陀陷阱”（当政府的人权保障努力遭遇严重的公信力危机时，无论它在人权问题上说真话还是假话，也不论是在做好事还是在办坏事，都会受到质疑和曲解，认为它是在说假话、办坏事）的危险；其三，收入分配制度的缺陷造成贫富差距拉大，降低了民众对人权保障水平的评价度；其四，社会结构多元化对人权事务的治理提出了新的难题；其五，生态问题日益成为紧迫的难题，环境污染正在被一些力量有意识利用为攻击中国人权状况的新理由。以 PM2.5 为例，最初只是美国驻华使馆为了贬低北京的空气质量而故意制造的一个话题，但很快，这一话题就在国内外舆论中形成了高度共识，而鉴于对空气质量的批评极易引起民众的关注和赞同，从而在国内外形成了一股强大的压力，在这一压力下，中国政府选择了让步，开始把 PM2.5 纳入日常气象监测，中国空气质量在民众心中的形象随着评价标准的变化一落千丈，有关力量进一步利用民众由此产生的不安，对中国的环境政策进行严重扭曲，甚至以此彻底否定改革开放以来中国的发展成就。对于这一新的动向，如果中国不及时通过更大的人权保障决心来扭转被动局面，将对中国的人权建设产生深刻的损害。

党情的变化主要表现在：其一，近 10 年来中国共产党的党员人数急剧增加，目前已达 8500 万，党员管理难度增大，同时，由于对新党员的理想信念要求有所降低，他们对党的忠诚度有着巨大的差别，大量不合格党员进入党内甚至受到重用，导致中国共产党的先进性体现不足，对中国式人权的理解容易出现偏差，对中国特色人权道路的信心有待提升；其二，党风党纪有所懈怠，一些党员干部不分场合肆意质疑和批评党的政策，或者严重脱离民众，官僚化倾向十分严重，与人权高度相关的民众疾苦和权益保障很难得到他们的真正重视；其三，党内出现严重的腐败现象，而且这一现象迄今为止尚未得到实质性的扭转，对中国的人权形象产生了巨大的负面影响；其四，党的基层组织建设有所滞后，尽管党支部进社区、进楼宇、进私企等活动在持续推进，但客观上的实际效果并不显著，很难发挥基层党组织应有的民众权益保障的功能。这一切，都是中国共产党领导中国人权建设面临的巨大考验。

第二，国家建设目标和任务的变化为中国人权建设注入了新的内在动力。中共十八大提出了中国将在 2020 年全面建成小康社会、2050 年建设社会主义现代化国家的新目标，这一目标的提出意味着未来一段时期中国人权建设的任务将更加繁重。

全面建成小康社会和国家现代化需要人权建设方式的现代化，小康社会的建成和现代化国家建设目标的实现包涵了人权建设的诸多内容，但在目标的实现过程中，中国将不可避免地面临许多新的障碍和新的问题，传统粗放的人权保障方式越来越难以适应新目标和新任务，只有通过不断改进人权保障方式，才能妥善应对新的国家建设任务对人权建设提出的新要求。

具体而言，首先，经济持续健康发展需要重新定位市场条件下的人权保障方式。在经历了30年的超高速发展之后，中国经济开始进入一个新的转型时期，打造中国经济“升级版”成为中国发展面临的紧迫任务，政府需要把市场的权力更多地还给市场，但同时对市场与生俱来的弊端不能放任自流，政府如何更好地处理人权与市场之间的关系随之成为重要的课题；其次，扩大民主要求人权保障更加注重放在民主的制度框架内加以考量，仅仅通过嵌入式的保障方式难以满足民众不断增长的权利诉求；再次，文化强国目标要求中国在人权保障中注重提升软实力，不仅着眼于通过改进方式来提升人权保障水平，更要把提升人权水平的出发点和落脚点归属到增进国家对民众的凝聚力、提高民众对人权发展的理性共识和行动认同上来；最后，人民生活水平全面提高、全体人民公平地分享经济发展的成果需要中国不断改善收入分配方式，提升民众的公平感和尊严感，防止社会的碎片化。

第三，人权保障对象的变化使人权发展的动力和压力并存。随着社会结构和社会价值的日趋多元化，享受人权保障的对象不再是过去那样的一个整体，而是构成更加复杂、诉求更加多元，传统的人权保障方式必须随之进行重大调整。这具体体现为保障对象的整体性弱化。长期以来，中国的人权保障比较习惯用“人民”这一整体性的概念来加以表述，但在多元的群体构成现实下，“人民”日益成为一个相对空泛的概念，在人权保障实践中逐步碎片化为无数价值取向、利益诉求、社会行为、道德自觉不同的群体和个体，这使得中国在强调“人民”这一概念时常常陷入对象泛化的误区，一些试图针对“人民”采取的人权保障行动实际上的受益者不过是被极大地窄化了的利益群体，从而导致一项人权政策的出台往往会受到非受益群体的批评和质疑。

与执政对象整体性下降相适应，一系列新的因素也在促使中国有必要加快改进传统的人权保障方式的步伐。这主要包括：其一，利益诉求多元化。这是社会结构多元化的必然结果，不同职业、收入水平、居住环境、兴趣爱好，乃至不同城市、不同价值观念的人们之间都有着不尽相同的权利和利益诉求，这促使政府在提供相关保障过程中面临的是不同的利益对象，不可能通过一项统一的政策满足多方的诉求；其二，社会抗争行为的大量出现。据不完全统计，近年来中国每年发生的社会抗争事件超过10万起，这使得传统的按照人民内部矛盾和敌我矛盾标准进行不同对待的处理方式难以适应，尤其是一些冲击政府的行为已实际上远远超出了维权的范畴（尽管它的起因可以归为维权）。从政治效应看，一味地对民众的非理性行为作出让步并不利于树立政府威信；其四，利益实现途径选择不同。在市场高度发育的今天，越来越多的人不再依赖于政府提供的权利实现途径，大量的群体游离于主流体制之外，加之主流利益实现通道本身相对狭窄，那些对政府的利益依赖度日益下降的民众与政府的距离感不断加大；其五，民众个体存在感增强，30 多年改革开放的效应之一在于民众的个体意识不断增强，在权利和利益受到损害时，许多人常常选择自我维权的方式，公共利益和公共价值不再受到尊崇，社会共识极大地弱化。

第四，互联网对改进执政方式的“双面刃”效应。在影响当前中国人权发展的各种因素中，互联网在中国的迅速发展具有特别重要的双重意义。目前中国网民总数已经超过 6 亿，成为世界上网民人数最多的国家，尤其是近年来兴起的微博用户在短时间内迅速超过 4 亿，这一数量庞大的人群利用网络的自由传播功能成为每个人都可以任意发布信息的所谓“自媒体”。如何加强网络生活管理，推进网络依法规范有序运行，对中国的互联网治理方式提出了严峻的挑战。

有必要强调，互联网对中国人权发展既是挑战，也是新的机遇。从本质上说，互联网至少在目前而言还主要是一种工具性的技术手段和信息交流平台，其本身对人权发展并无所谓“好”或者“坏”之分，是构成机遇还是挑战根本上取决于是否能够善加利用。在此意义上，国家有必要首先以善意的态度来对待互联网的高速发展，将其视为发展人权的新的平台和路径：其一，有助于提高人权保障效率。互联网是便捷的通讯、沟通、资料收集、信息发布平台，通过这一平台，国家人权政策和保障人权的政策措施可以得到及时的发布，决策合理性可以得到迅速的反馈，政策执行可以更好地进行监控，社会各界的监督作用也可以更加有效地发挥；其二，有助于更加便捷地增强国家与民众之间的人权互动和沟通，更加及时了解人权舆情的瞬间变化，及时制订合理的应对措施或处理手段，防止因信息掌握的滞后而导致政策因应的失措；其三，人权政策的科学性和民主性更加凸显。网络言论并不都是非理性地一味指责政府人权决策，大多数网民更愿意从理性的立场出发对公共人权政策提供建设性的思考和建议，从大量的建设性意见中，国家在人权决策中可以更加充分地吸纳民间智慧；其四，有助于在重大公共人权事件中及时利用互联网发布权威信息，消除网络谣言的不良影响。网络既是大量人权谣言的滋生场所，但同时也是正面信息的发布场所，只要国家更加重视运用这一高效的信息发布手段，就能更好地及时消除谣言的不良后果。

另一方面，互联网的主要特质之一在于它的可控性更弱，这对中国长期以来形成的控制性人权保障方式提出了严峻的挑战。一直以来，中国在人权发展中遵循的是可控性的理念，无论经济、社会权利的促进还是政治权利与公民权利的保障都必须在可控的前提下进行，这一思路固然有力地保证了人权发展的同时良好的政治秩序和社会稳定局面得到了维持，但从长期看，正如在发展市场经济的同时越来越难以控制人们的市场行为一样，中国也必须面对的客观趋势是人们通过互联网表达自己价值判断、发表非主流言论乃至散布谣言、诋毁政府和社会的行为越来越难以控制。如果不能改变互联网的这一状况，或许控制性干预就是低效率乃至无效的，可能的有效方式是一方面防止互联网与主流舆论的合谋导致网络言论成为现实生活的主导话题和主流判断，如果坚持控制性思路的话，需要控制的不是互联网言论本身，而是控制互联网言论对现实社会生活的影响；另一方面，将互联网言论纳入有效的法律规范，对一切违反法律的言行进行及时的制止和惩治。

在辩证看待互联网对中国人权发展可能产生的双重效应基础上，中国还有必要对一些基本的问题在认识上加以澄清。这包括：

其一，网络言论由于其匿名特性而被认为难以有效监控，但实际上，在信息高度发达的今天，任何匿名的言论都是可以查出其来源的。在这一意义上，网络实名制更多具有的是象征性的威慑意义，对网络谣言的治理也不是治本之策，对于有效治理网络言论并不一定具有实质性的意义，反而可能造成监管方式简单粗暴的网络形象。更好的选择只能是加快法治化的步伐，只有建立起法治化的网络言论治理体系，互联网言论自由的有序发展才是可持续的。

其二，网络民意是有限的民意，随着互联网的强势崛起，网民的人权意见对政府决策构成了越来越大的制约，网络民意正在有意无意地被渲染为大众民意，导致一些政府部门常常在网民意见的压力下作出决策让步。而事实上，且不论6亿网民尚没有超过民众的半数，这一群体本身也是碎片化存在的，从来就没有所谓的“网络民意”，真正关注人权事件并在其中积极发言的只不过是极少数的一些网民。如是在决策中过多考虑所谓的网络民意，将可能使公共政策出现巨大的偏差。

其三，警惕网络舆论绑架民意，以公意的借口为政府设立公共人权议题。近年来，网络舆论已不再满足就一些已经发生的公共人权事件发表言论，日益开始主动制造人权议题，利用这些议题的网络关注度反过来对政府施加压力，试图迫使政府按照它们的意志来设立公共人权议程和制订公共人权政策。更值得警惕的是，许多网络人权议题的制造者已经不是一般的网民，背后常常隐藏着特定利益集团的影子，成为利益集团达到经济目的乃至政治目的的手段。

其四，网络在特定情况下可能为异议力量操控，成为煽动民众非理性情绪的工具，对社会秩序造成严重的冲击。近年来发生在中东西亚地区的“阿拉伯之春”已经充分证明，网络在社会骚乱中起着关键性的信息传播和政治煽动作用，中国一些地区发生的较大规模的群体性事件中，大多数人也主要是通过网络进行相互联络和交流的，对此必须严加防范。

其五，限制主流平面媒体使用来自于网络的信息资源是中国面临的紧迫要务。众所周知，由于网络的自媒体特性，大量的网络人权信息来自未经证实的传言，常常带有发布者个人强烈的主观性甚至主观上的恶意，如果类似信息仅仅在相关网民中传播的话，一般并不能产生巨大的社会反响，但是，一旦主流媒体给予关注，它所产生的社会效应就会成倍放大。而主流媒体的关注一则由于从业者职业精神退化，同时也由于一些人基于对现实的不满而有意识加以渲染，以至于在许多情况下，一些捏造的网络人权信息已经被证明为虚假，而一些主流媒体还会以所谓“辟谣”或者“真相调查”的方式再次进行传播，使相关政府部门不得不进行被动的应对，从而既导致政府公信力进一步下降，也使政府在特定的人权问题领域越来越陷入被动局面。为此，中国必须对主流媒体的负面作用有充分的认识，最近开始的网络谣言治理中，一些主流媒体要么把责任推给政府监管不严，要么责怪网民缺乏辨别意识，对自身在传谣乃至制造谣言中应承担的责任只字不提。针对这一状况，一方面需要对主流媒体的传谣行为进行必要的整治和查处，为其采用网络信息设立限制性的红线；更为重要的是，主流媒体必须首先改变针对政府的公共政策进行肆意攻击和指责的价值理念，最大限度减少对负面新闻的渲染和故意将一切人权问题都归结于政府治理不力的取向。

三、转型与中国人权发展的双重制约和难题

21世纪初，中国开始进入经济社会发展的转型时期。与之相适应，中国的人权建设在经历了改革开放以来的启蒙和初步发展后进入一个快速发展的时期，尤其是自2004年将“尊重和保障人权”正式载入宪法以来，中国的人权发展成为世界性的重大话题，取得了举世瞩目的巨大成就。转型与人权发展在时间节点上的重合显然不是无意识的巧合，内在蕴涵着深刻的互动相关性。透视二者之间的多层次互动逻辑，不仅有助于从过去十余年人权发展的轨迹中更好地吸取有益的经验，更将推动中国在深刻认识和把握人权建设的历史规律的基础上走出一条具有本国特色的人权发展道路。

从广义的层面看，中国发展的转型始于改革开放，从计划经济向市场经济的转变不仅从根本上改变了中国的发展方式，为中国经济的高速成长注入了前所未有的内在动力，也逐步改变了中国人的思维方式和生活方式，中国社会也随着收入分配差距的不断拉大而日益呈现出多元的结构态势。在以经济体制改革为先导经济转型促动下，中国民众长期以来形成的集体主义意识

渐趋淡化，以个体意识为基础的权利意识随之滋生并在日益激烈的市场化竞争中日益强化，中国对于人权的理解和认识逐步深化。

当然，改革开放初期的转型是一个自为发生的过程，在转型意义上还只是处于萌芽状态，中国真正进入转型期主要是从21世纪初期才实质性开始的，这不仅体现为人们对转变的理性认识并努力采取措施加以有意识地推动，更以世纪初经济社会生活发生的一系列重大变化为显性标志：2001年，中国在历经多年艰巨谈判后正式加入世贸组织，中国的经济发展全面融入世界经济全球化的格局之中，促使中国的发展方式作出重大调整；与此同时，中国的人均GDP突破3000美元，在发展阶段上开始从贫困国家向中等收入国家迈进；2003年，中国提出构建社会主义和谐社会的目标，社会建设成为国家建设新的重心。这一切，投射到人权建设领域的最显著影响，是2004年3月14日十届全国人民代表大会第二次会议通过了宪法修正案，“国家尊重和保障人权”正式写入宪法第三十三条。这是中国现行宪法自1982年颁布实施以来，经过四次修正后首次加入的条款，标志着中国的人权发展进入了一个全新的时期。

从世界各国人权发展的普遍规律看，转型时期的到来都是促使人权建设进入快速发展时期的重要转折。以美国为例，美国的转型期大致出现于19世纪后半期到20世纪初期。南北战争后，由于扫除了南方奴隶制对经济发展的制约，美国成为经济发展最快的国家。1861—1873年，其工业年均增长速度达5%，远远高于其他工业国家。19世纪末期，随着新的技术革命的发生，美国经济实力进一步增强，超过英国成为世界上经济实力最强的国家，工业产品占全世界的三分之一。但在经济实力不断增强的同时，政治的腐败、经济的垄断、社会道德的沦丧带来了一系列严重的人权问题，最终引发了20世纪初期“进步主义运动”的兴起。运动的结果，是政党分赃制的结束、《反托拉斯法》的制定、“揭露黑幕”、市政州政改革，等等。以此为标志，人权在美国才开始走出虚置于宪法条文的状态，成为社会进步和发展、甚至民主国家和专制国家区别的根本标志。

对中国的人权发展而言，转型期的到来也对中国人权的发展产生了深刻的内在影响。一方面，转型意味着中国人权发展的经济和社会生态发生了巨大的变化，另一方面，中国人关于人权的理念、价值、内涵也发生着潜移默化的变化，人权的发展方式和路径随之呈现出新的变革。具体而言，转型与人权发展的互动相关性体现为：（1）中国经济日益向常规发展模式转变，超常规发展阶段中人们对权利的维护要求、判断标准、行为准则等都发生了相应的变化，维护人权正在逐步转化为越来越多理性公民的自觉行为；（2）与经济发展转型相适应，对应的政治发展理念也正在从以高度集中和控制型的政治发展观向“以人为本”观念下的科学的民主政治观转变，人权的制度化保障水平日益提升；（3）推动人权建设的方式与路径逐步由政府包揽型向政府主导、社会协同、公民参与的共建型模式转变，对于政府功能的路径依赖有所淡化；（4）人权的制度保障、法制保障和对权力的制约和监督日益走向有机融合，人权建设受到正反两个方面的双重推动；（5）社会力量参与推动人权建设的主动性和有效性不断增强，进而有力地推动着各级政府进一步加快人权建设的步伐；（6）普遍的文化心理越来越趋向于把损害人权视为有损社会公平的重要因素，人权的内涵和判断标准日益与国际人权规约的规范相一致。

当然，转型对人权发展造成的负面效应也是同样不容忽视的。从外部性效应看，中国日益强大的经济实力促使西方对中国的态度在过去的威胁、傲慢基础上增加了新的内涵，这就是对中国发展的焦虑和不安。而且，在此消彼长的发展趋势下，西方对中国的发展更加缺乏制约手段，恐惧、傲慢和焦虑构成西方一些人扭曲中国人权形象的复合性内在逻辑链，他们从来不会认真考虑中国人民是如何看待自己的人权状况的，不愿承认中国的人权状况始终处于不断的发展和进步之中，只要有机会就会采取一切手段扭曲中国的人权状况和国家形象。从内部性效应看，与转型相适应的经济社会生活的急剧变化不可避免地促使人们产生不稳定感，社会的分层和不同社会群体的贫富差距拉大的现实决定了不同社会群体权利和利益取向的日趋对立，加之一些个人和群体的权利因各种原因受到损害，容易导致极端维权意识滋生和蔓延，一些人可能采取非理性乃至社会抗争的方式进行维权，从而对社会稳定和理性人权意识的养成产生消极影响。这是转型的代价，也从另一方面倒逼着中国进一步加快人权发展的步伐。

四、以人权建设推动国家建设和国家成长

在讨论人权问题时，一个常常被人忽视但却难以回避的问题是：人权发展本身是不是终极的目的？在一些人看来这或许是不言而喻的，但随之而来的问题是，如果人权发展是目的本身，那么发展的终点只能是实现人的自由而全面的发展，显然，这是一个超越现实的目标。而一切国家在推动人权发展时都不得不面对的是自身的经济、政治、社会和文化现实，不得不在现实的条件下选择自己的人权发展道路和模式，这一现实决定了人权发展作为目的本身只能存在于理想的层面，人权必须与国家的保障条件相适应。一个基本的事实是，在长期以自由为傲的美国，“9·11”后为了更为现实的国家安

全而不得不对民众的自由施加了巨大的限制，在“爱国者法案”的名义下，人们的通讯自由受到监视，言论受到限制。这一切又反过来验证了另一个判断，那就是人权在这里并不像政治家们声称、许多民众天真地相信的那样是至高无上的，这也就是西方被一再指责为虚伪和双重标准的原因所在。

在当前的中国，人权建设构成国家建设和国家成长的有机组成部分，人权有助于推动中国的现代国家建设，同时在国际社会展现中国良好的国家现象，加快国家的成长步伐。可以预料，经济社会权利的改善将成为今后一个时期人权保障的新亮点。以此为导向，各级政府依法治理的意识和水平将逐步提高，严重侵犯人权的事件将进一步减少。由此决定，中国人权的总体形势处于一个相对平稳的时期，这可以从如下几方面得到验证：一是中国在人权问题上将采取更加自信的态度，同时，各级政府在治理过程中守法的程度也在逐步提高；二是从历来的规律看，美国总统的第二届任期内由于不再考虑选票的因素，一般会在对华政策上采取更为务实的态度，加之美国尚未走出经济危机，更多需要的是与中国合作而不是搞人权对抗；三是欧洲国家由于主权债务危机对中国帮助的依赖程度提高，对中国的态度也日趋务实，政府层面一般不愿主动挑起事端；四是突发人权事件的爆发点也在减少，如莫言获得诺贝尔文学奖已有效地淡化了对刘晓波的关注，达赖问题逐步疲态化，甚至中方在领土问题上的强硬立场也有助于消减各方对人权的关注度；五是国内可以被西方借题发挥的事件有所减少。

当然，仍然存在一些不确定的因素，可能对中国的人权形势产生不利影响：一是互联网管理问题；二是国内的社会抗争事件仍然居高不下，维稳的压力导致政府常常难以把保障人权放在重要位置；三是腐败问题、移民问题等，虽然与人权不直接相关，但对人权形势也会产生影响。

2012 年 11 月中共十八大的召开预示着中国的人权发展走到了一个新的历史起点，在这一起点上，人们有必要关注如下几个方面的人权发展的新导向：

第一，执政党领导、政府主导和社会参与“三位一体”协同推动成为中国人权发展的主体要求和根本路径。在新时期人权发展的进程中，执政党将继续发挥总揽全局的领导作用，规划和主导人权发展的宏观思维和战略方向；政府则需要进一步加强人权保障的制度建设并不断增强制度的权威性和执行力，更要鼓励社会各界的主动有序参与，使理性有序地发展人权成为全社会的基本共识，努力形成“三位一体”协同推进中国人权建设的新格局。

第二，中国将继续致力于探索自上而下与自下而上相结合的人权发展道路。在中国这样一个曾经经历 5000 年专制统治的国家，大多数人尚未树立起自觉而理性的人权意识，这一基本的现实决定了中国的人权发展在很长一段时期内必须通过自上而下的方式加以推动。但在这一过程中，随着民众人权意识的逐步培育和养成，越来越多的人开始采取自觉的维权行动，努力通过自下而上的方式加快中国人权发展的步伐，这就促使中国的人权发展道路日益呈现出典型的国家特征，孕育出两条路径并存且相互融合的新态势。

第三，渐进式地协调推进仍然是中国人权发展的基本方式。改革开放以来，通过试错的方式逐步探索中国发展人权的道路，进而实现人权的渐进式发展是中国的重要经验。中国始终坚信，人权发展不是一朝一夕的事情，任何期望中国可以在一夜之间全面改善人权状况的主张都是不切实际或者是别有用心的。因此，中国的选择是优先保障人民的生存权和发展权，在此基础上逐步改善其他的经济、社会、文化权利和公民权利与政治权利。同时在这一渐进的推进过程中，中国从来没有在强调一种权利的同时忽视其他权利，而是注重根据中国经济社会发展的步伐来不断协调人权发展的重心，最终实现人权的全面发展。而且，中国不仅重视保障人权，更加注重不断改善人权发展的环境与生态，使人权的发展奠立在更加坚实的政治、经济、文化和社会土壤之上。人权发展的渐进性和协调性是过去 30 多年中国人权发展的重要经验，今后仍将是中国人权发展的基本方式。

第四，理性的人权意识和有序的维权行动始终是人权发展的限制性前提。改革开放以来，尤其是在过去 10 年中，中国民众的权利意识及维权行动呈现出井喷式爆发的急剧发展态势，但同时也必须看到，由于长期的思维定式，许多人对于人权的理解具有明显的感性色彩，易于根据自身的个体利益需求来决定自己的权利观念和行动取向，尤其是在与切身利益相关的权利问题上容易采取非理性的行动，这对中国人权的进步构成了极大的障碍。在今后的进一步发展中，如何培育民众理性的人权意识，促使其在法律规范的约束下有理有节地维护自身权益，越来越成为一个亟待解决的重大问题。

第五，多层次、全方位、系统化构成中国人权发展的基本属性。人权发展不是一个单一的概念，而是在理念、制度、程序层面蕴涵着多重价值属性，包括政治属性、经济属性、文化属性、法制属性、民族属性、操作属性等许多方面的内涵，这些属性要求必须从多层次、全方位的角度系统理解人权建设。此外，多层次、全方位、系统化的人权建设还要求在积极稳妥地推进人权保障水平不断提高的同时，不能忽略从根本上消除妨碍人权发展的经济和社会土壤，使中国的人权发展始终跟上国家成长和民族复兴的步伐。

第六，弱势群体的权利保障引起更多的关注和更大的重视。中国社会结构的多元化是一个不可逆转的发展进程，在这一日趋复杂的社会结构中，弱势群体的存在将在很长时间内难以改变，而且，弱势不仅仅指经济收入的相对较低，在不同的职业、年龄、地域、信息等经济社会生活的各个方面都存在着不同形态的弱势群体。在未来中国的人权发展中，进一步强化对弱势群体的权利保障不仅是社会进步的客观要求，也关系着全体社会成员平等参与、平等发展的权利能否得到切实的实现。

第七，对于个体人权的保护越来越成为人权保障的重要方面。由于历史的原因，长期以来，中国对生存权、发展权等集体人权给予了高度的重视，而随着国家经济发展水平的不断提高，中国在人权发展中继续强调优先维护生存权和发展权的同时，对于公民个人权利的保障将越来越引起社会的普遍关注。事实上，近期修改的《刑法》明确将“尊重和保障人权”纳入正式条款，已经明确地发出了新的信号，那就是个人权利和集体权利将受到国家法律的同等保护。而对个人权利保护的日益重视，既体现了更加全面的人权保障观，也将极大地抵消西方对中国人权保护状况的扭曲和攻击。

第八，在坚持人权发展的自主意志基础上推进世界人权的包容性发展。中国在人权问题上的一贯立场是根据自己的国情独立自主地进行人权建设，同时也始终以开放的心态加强国际人权领域的交流与合作，但由于西方国家始终对中国的人权发展持有偏见，推动包容性的人权发展将成为中国今后的重要任务。这一包容性具有双重涵义：其一是中国自身人权发展的包容性，对于中国这样一个经济发展起步相对较晚，政治发展进程中又先后经历了多次曲折的国家来说，以包容的心态积极借鉴国际社会在保障人权方面的有益经验，尤其是尊重和接受普遍的国际人权规范更是推进人权发展的必然选择，当然，这样包容性必须是审慎的、有区别的、有选择的，必须与中国的基本国情相适应；其二是国际社会对不同国家人权发展道路和模式的包容性，既然人类是多元文明并存的大家庭，在保障人权方面当然也应该存在不同的选择，这应该是基本的共识，但在西方的人权话语强势及其根深蒂固的意识形态偏见难以改变的现实下，增进人权发展的包容性对中国而言是一项艰巨的任务。

主要参考文献

《马克思恩格斯选集》（1—4卷）［M］，北京：人民出版社，1995

《列宁选集》（1—4卷）［M］，北京：人民出版社，1995

《毛泽东文集》（1—8卷）［M］，北京：人民出版社，1996

《邓小平文选》（1—3卷）［M］，北京：人民出版社，1993—1994

董云虎主编，《中国人权年鉴》［M］，北京：当代世界出版社，2000

董云虎、常健著，《中国人权建设60年》［M］，南昌：江西人民出版社，2009

董云虎等编，《世界各国人权约法》［M］，成都：四川人民出版社，1993

董云虎、刘武萍编著，《世界人权约法总览》［M］，成都：四川人民出版社，1990

高连升著，《当代人权理论》［M］，北京：军事科学出版社，2004

韩德培、李龙著，《人权的理论与实践》［M］，武汉：武汉大学出版社，1995

何志鹏著，《人权全球化基本理论研究》［M］，北京：科学出版社，2008

胡锦光、韩大元著，《当代人权保障制度》［M］，北京：中国政法大学出版社，1993

李步云著，《论人权》［M］，北京：社会科学文献出版社，2010

李步云主编，《人权的若干理论问题》［M］，长沙：湖南人民出版社，2007

李林著，《走向人权的探索》［M］，北京：法律出版社，2010

李龙、万鄂湘著，《人权理论与国际人权》［M］，武汉：武汉大学出版社，1992

李青著，《科学发展观视阈中的“以人为本”》［M］，北京：时事出版社，2009

刘楠来著，《发展中国家与人权》［M］，成都：四川人民出版社，1994

刘楠来等编，《人权的普遍性和特殊性》［M］，北京：社会科学文献出版社，1996

罗玉中、万其刚著，《人权与法制》［M］，北京：北京大学出版社，2001

莫纪宏著，《国际人权公约与中国》［M］，北京：世界知识出版社，2005

庞森著，《人权 ABC》［M］，成都：四川人民出版社，1991

沈宗灵等编，《西方人权学说》（上、下册）［M］，成都：四川人民出版社，1994

孙哲著，《新人权论》［M］，郑州：河南人民出版社，1992

王运祥、刘杰著，《联合国与人权保障国际化》［M］，广州：中山大学出版社，2002

夏勇著，《人权概念起源》［M］，北京：中国政法大学出版社，2001

肖君拥著，《人民主权论》［M］，济南：山东人民出版社，2005

许崇德等著，《人权思想与人权立法》［M］，北京：中国人民大学出版社，1992

徐显明著，《人权研究》（1—5 卷）［M］，济南：山东人民出版社，2001

张继良著，《中共人权理论与中国人权立法》［M］，北京：中国社会科学出版社，2004

钟瑞添著，《当代中国与人权》［M］，桂林：广西师范大学出版社，1998

中国联合国协会编，《中国的联合国外交》［M］，北京：世界知识出版社，2009

周琪主编，《人权与外交：人权与外交国际研讨会论文集》［C］，北京：时事出版社，2002

朱锋著，《人权与国际关系》［M］，北京：北京大学出版社，2000

［奥］曼弗雷德·诺瓦克著，柳华文译，《国际人权制度导论》［M］，北京：北京大学出版社，2010

［美］杰克·唐纳利著，王浦劬等译，《普遍人权的理论与实践》［M］，北京：中国社会科学出版社，2001

［美］科恩著，聂崇信、朱秀贤译，《论民主》［M］，北京：商务印书馆，1988

［美］肯尼思·华尔兹著，信强译，《国际政治理论》［M］，上海：上海人民出版社，2003

L. 亨金著，信春鹰等译，《权利的时代》［M］，北京：知识出版社，1997

［美］罗伯特·基欧汉著，苏长和、信强、何曜译，《霸权之后：世界政治经济中的合作与纷争》［M］，上海：上海世纪出版集团，2006

［美］罗伯特·基欧汉、约瑟夫·奈著，门洪华译，《权力与相互依赖》（第 3 版）［M］，北京：北京大学出版社，2002

［美］塞缪尔·亨廷顿著，张岱云等译，《变动社会中的政治秩序》［M］，上海：上海译文出版社，1989

［美］托马斯·伯根索尔著，潘维煌、顾世荣译，《国际人权法概论》［M］，北京：中国社会科学出版社，1995

［美］托马斯·伯根索尔、黛娜·谢尔顿、戴维·斯图尔特著，黎作恒译，《国际人权法精要》第 4 版［M］，北京：法律出版社，2010

［美］熊彼特著，《资本主义、社会主义与民主》［M］，北京：商务印书馆，1999

［美］约翰·罗尔斯著，《正义论》［M］，北京：中国社会科学出版社，2001

［英］洛克著，叶启芳等译，《政府论》（下篇）［M］，北京：商务印书馆，1997

［英］戴维·赫尔德著，燕继荣译，《民主的模式》［M］，北京：中央编译出版社，2008

［英］威廉·葛德文著，何慕李译，《政治正义论》［M］，北京：商务印书馆，1982

董云虎，《“人权”入宪：中国人权发展的一个重要里程碑》［J］，载《人权》，2004（2）

董云虎，《中国人权事业全面发展的新指针》［J］，载《人权》，2007（6）

段小蕾，《浅谈我国国际人权活动的成果和积极意义》［J］，载《人权》，2010（1）

顾肇基著，《关于人权理论与实践的若干问题》［J］，载《北京师范学院学报》（社会科学版），1991（1）

黄默，《国际人权四十年》［J］，载《知识分子》，1986 年夏季号。

李影、刘世华，《历史节点上的中国人权建设》［J］，载《东北师大学报》（哲学社会科学版），2012（5）

李影、刘世华，《试论中国式民主的“以人为本”理念》［J］，载《社会科学战线》，2011（8）

罗艳华，《中国外交战略调整中的“人权问题”》［J］，载《国际政治研究》，2001（1）

门洪华，《国际机制的有效性与局限性》［J］，载《美国研究》，2001（4）

秦亚青，《国际制度与国际合作——反思新自由制度主义》［J］，载《外交学院学报》，1998（1）

苏长和，《发现中国新外交——多边国际制度与中国外交新思维》［J］，载《世界经济与政治》，2005（4）

苏长和，《中国与国际体系：寻求包容性的合作关系》［J］，载《外交评论》，2011（1）

孙力，《邓小平人权思想对马克思主义的开拓创新》［J］，载《社会科学》，2005（5）

王晨，《中国改革开放与人权发展30年》［J］，载《人权》，2009（1）

谢鹏程，《论社会主义法治理念》［J］，载《中国社会科学》，2007（1）

袁兵喜，《近代西方人权理念兴起的成因探析》［J］，载《湖南社会科学》，2010（6）

国务院新闻办公室，《中国的人权状况》［R］，1991年11月

中国人权研究会，《中国的人权：关于人权的白皮书汇编》［G］，北京：五洲传播出版社，1997

中共中央文献研究室，《建国以来重要文献选编》（1—20卷）［G］，北京：中央文献出版社，1992

中国人权发展基金会，《中国人权的基本立场和观点》［Z］，北京：新世界出版社，2003

中国人权发展基金会，《西方人权观与人权外交》［Z］，北京：新世界出版社，2003

中国人权发展基金会，《人权与主权》［Z］，北京：新世界出版社，2003

李君如主编，《中国人权事业发展报告2011》［R］，北京：社会科学文献出版社，2011年8月。

郭济思，《联合国人权理事会：谱写国际人权事业的新篇章》［N］，载《人民日报》，2006年6月19日，第7版。

Alan Gewirth, *Human Rights: Essays on Justifiation and Applications* [M]. University of Chicago Press, 1982.

Arvind Sharma, *Are Human Rights Western? A Contribution to the Dialogue of Civilization* [M]. Oxford University Press, New Delhi, 2006.

Center for Human Rights, *United Nations Action in the Field of Human Rights* [M]. New York, United Nations, 1995.

David P. Forsythe, *The Internationalization of Human Rights* [M]. Lexington Books, 1991.

Howard Tolley, Jr. *The U.N. Commission on Human Rights* [M]. Westview Press, 1987.

Hancocok, Jan, *Environmental Human Rights: Power, Ethics and Law* [M]. Ashgate Publishing Company, 2003.

Jack Donnelly, *International Human Rights* [M]. Boulder, CO: Westview Press, 1993.

Jack Donnelly, *Universal Human Rights in Theory and Practice* [M]. Second Edition, Cornell University Press, 2003.

Karl Loewenstein, *Political Power and Governmental Procedure* [M]. Chicago, 1957.

Kathleen E. Mahoney and Paul Mahoney, *Human Rights in the Twenty-First Century: A Global Challenge* [M]. Martinus Nijhoff Publishers, 1992.

Louis B. South, *The International Protection to Human Rights* [M]. Indianapolis, 1973.

Michael. O'Flasherty, *Human Rights and the UN: Practice before the Treaty Bodies* [M]. Sweet & Maxwell, London, 1996.

Macfarlane, Leslie John, *The Theory and Practice of Human Rights* [M]. Maurice Temple Smith, London, 1985.

Robert Alexy, *A Theory of Constitutional Rights* [M]. translated by Julian Rivers, Oxford University Press, 2002.

Roberta Cohen, "Human Rights Decision-Making in the Executive Branch: Some Proposals for a Coordinated Strategy," in Donald P. Kommers and Gilburt D. Loescher, *Human Rights and American Foreign Policy* [M]. Notre Dame: University of Notre Dame Press.

Robert O. Keohane, *After Hegemony: Cooperation and Discord in the World Political Economy* [M]. Princeton University Press, 2005.

Robert O. Keohane, *International Institutions and State Power: Essays in International Relations Theory* [M]. Westview Press, 1989.

Stephen D. Krasner, *International Regimes* [M]. Cornell University Press, 1983.

Ton J. M. Zuijdwijk, *Petitioning the United Nations: A Study in Human Right* [M]. St. Martin's Press, 1982.

Ann Kent, "China's Growth Treadmill: Globalization, Human Rights and International Relations" [J]. in *The Review of International Affairs*, Vol. 3, Issue 4, 2004, Pages 524-543.

Jack Donnelly, "International Human Rights: a Regime Analysis" [J]. in *International Organization*, Summer 1986.

Ken, Ann, "China and the International Human Rights Regime: A Case Study of Multilateral Monitoring: 1989-1994" [J]. in *Human Rights Quarterly*, Vol. 17, 1995.

Lowell Dittmer, "Chinese Human Rights and American Foreign Policy: A Realist Approch" [J]. in *The Review of Politics*, Vol. 63, No. 3, Summer 2001.

McGregor, Richard & Parker, George, "Mandelson Calls on China to Help: Solve Europe's Textile Crisis" [J]. in *Financial Times*, 2005.

Robert O. Keohane, "International Institution: Two Approaches" [J]. in *International Studies Quarterly*, Vol. 32, No. 4, Dec. 1988.

后 记

本书是作者对中国人权道路的一种个人化的认识和理解，试图从一个具有国家情怀的人权研究者的角度理解中国的人权状况和人权进步的内在逻辑。这样的解析立场可能会受到一些质疑，但作者始终坚信，人权保障在理念上是所有人都无条件赞成和支持的，但在人权保障的方式和路径的选择上则不应该也不可能是一成不变的。尤其对中国的人权发展而言，任何无视世界上最多的 13 亿人口、5000 年文明的延续、世界第二大经济体、社会主义制度等根本条件存在的人权发展主张都是没有任何现实意义的。对于 13 亿中国人而言，只有他们自己才有资格决定自己应该如何保障人权，如何走出一条适合自己的人权道路。这一立场，在本书中贯穿始终。

作者对人权问题的思考和研究始于 20 多年前。20 世纪 90 年代初期，在先师刘星汉教授的建议下，以美国政治和外交为研究方向的作者开始从分析人权外交的角度进入到人权研究领域，试图从美国的国内政治中探讨人权外交的内在根源。在大致经历了 10 年的人权外交与美国政治制度的研究尝试后，作者开始意识到，仅仅从外交和对外政策的视角理解美国对中国实施人权外交的根源是远远不够的，人权也绝不仅仅是一个外交问题。2001 年，在领导和同仁的支持下，上海社科院人权研究中心得以成立，作者开始从政治的视角进行人权问题的研究，在这一过程中，研究重心也逐步从国际人权领域转移到中国人权方面。在某种意义上，这本书是过去 10 多年来作者从事中国人权问题研究心得的集中呈现。

首先感谢中国人权研究会对本书的资助和支持。作为中国人权研究会理事，作者在与研究会的长期合作中一直受到来自研究会领导的关心和帮助，副会长董云虎教授、副秘书长陈振功先生等人的热情推荐使课题得以顺利立项，任丹红女士在本书写作的全过程给予了关心和指导。王林霞女士、姚俊梅女士、吴雷芬女士等也从各个方面给予了大量的支持和帮助。感谢南开大学常健教授、北京大学罗艳华教授、中国社科院柳华文教授、中央党校李云龙教授等人权学者，与他们的多年交流不断增进了我对中国人权问题的理解和认识。

当然，也要感谢我所在的上海社会科学院的领导和同事们，特别是政治与公共管理研究所的同仁们，与他们的长期共事和学术交流促使我不断深化自己对中国人权发展中人权本质性问题的思考，其中本书第八章第二节是我与朱雯霞小姐共同承担的一项上海市社科基金课题的部分成果，学术助理骆明婷小姐一如既往地负责了本书校正和一些文献资料的收集工作，他们的支持和帮助是作者今后继续进行相关研究的动力。

正如上面一再提及的那样，尽管本书写作过程中受到了来自各方面的支持和启发，但本书主要还是作者对中国人权发展进行的思考和分析，当代人权在实践中的高度政治性和复杂性决定了个人的理解和分析可能是片面的和失之偏颇的。对本书涉及的观点和看法，作者承担全部的责任，同时希望得到来自学界同仁和各界的批评指正。

刘杰

2013 年 11 月于上海社会科学院